DAS GROSSE WEIHNACHTSBUCH FÜR KINDER

Für meine Eltern

CIP-Kurztitelaufnahme der Deutschen Bibliothek

Das große Weihnachtsbuch für Kinder / hrsg. von Marion Pongracz.
Bilder von Monika Laimgruber.
Wien; München: Betz, 1986.
ISBN 3-219-10350-2

B 405/1
Alle Rechte vorbehalten
Umschlag, Illustrationen und Layout von Monika Laimgruber
© 1986 by Annette Betz Verlag im Verlag Carl Ueberreuter, Wien – München
Druck und Bindung: M. Theiss, 9400 Wolfsberg
Printed in Austria
9 11 12 10 8

Advent, Advent

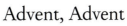 6

Der Nikolaus kommt heut ins Haus

 14

Am Fenster blüht der Eiskristall

 26

Es stand ein weißer Mann im Schnee

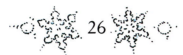 36

Ein Tännlein aus dem Walde

 46

Lieber guter Weihnachtsmann

 58

Christkindchen, ich will artig sein

 66

Christkind ist da

 86

Die Weisen und Könige knieten hin

 130

Ich wünsch Euch ein glückliches Jahr

 148

Es war einmal eine Glocke

Es war einmal eine Glocke,
die machte baum, baum ...
Und es war einmal eine Flocke,
die fiel dazu wie im Traum ...

Die fiel dazu wie im Traum ...
Die sank so leis hernieder,
wie ein Stück Engleingefieder
aus dem silbernen Sternenraum.

Es war einmal eine Glocke,
die machte baum, baum ...
Und dazu fiel eine Flocke,
so leis als wie ein Traum ...

So leis als wie ein Traum ...
Und als vieltausend gefallen leis,
da war die ganze Erde weiß,
als wie vom Engleinflaum.

Da war die ganze Erde weiß,
als wie von Engleinflaum.

CHRISTIAN MORGENSTERN

Der 4. Dezember

»Heute müssen wir Kirschzweige schneiden«, sagt Mutter, »für jeden von uns einen.«
»Und dann?« fragt Schnüpperle.
»Dann bindet jeder ein buntes Bändchen an seinen Zweig, damit er ihn wiedererkennt, und dann stellen wir sie alle zusammen in eine Vase.«
»Und dann?« fragt Schnüpperle.
»Dann werden sie zu Weihnachten blühen. Und wer die meisten Blüten an seinem Zweig hat, der wird im nächsten Jahr das meiste Glück haben.«
»Bestimmt ich!« sagt Schnüpperle. »Bestimmt!«

Schnüpperle denkt eine Weile nach, dann klettert er auf Mutters Schoß. »Und du«, sagt er, »du und ich, wir beide, nicht?«
»Wenn ich viel Glück habe«, sagt Mutter, »dann gebe ich Annerose und Vater etwas davon ab.«
»Ich auch«, sagt Schnüpperle. »Kann ich Susanne auch einen Zweig bringen? Susanne soll auch viel Glück haben. Susanne gibt mir bestimmt was ab. Sie borgt mir auch immer ihren Lutscher, wenn ich keinen habe. Und wenn sie viel Glück hat, schenkt sie mir vielleicht einen Lutscher für mich allein, weil es von dem Zweig kommt. – Warum müssen wir heute Zweige schneiden? Wir hätten's doch schon gestern machen können, damit wir das Glück nicht verpassen.«
»Kirschzweige werden am Barbaratag geschnitten«, sagt Mutter, »und der ist heute.«
»Was ist Barbaratag?« fragt Schnüpperle. »So was wie Nikolaustag?«
»Ja, so.«
»Gibt's auch einen Annerosetag und einen Susannetag?«
»Ja.«
»Aber man bekommt nichts geschenkt bei den Mädchen, bloß wenn es Männertage sind, nicht?«
»Am Barbaratag bekommt man Kirschzweige.«
»Ach ja. Heißt es Barbaratag, weil man Zweige bekommt?«
»Nein, weil man an die heilige Barbara denken soll«, sagt Mutter.
»Bin ich auch heilig?«
»Aber nein, Schnüpperle.«
»Aber mein Knie ist heilig.« Schnüpperle zieht das Hosenbein hoch. »Ist doch wieder heilig geworden, als ich so doll hingefallen bin.«
»Dein Knie ist geheilt, Schnüpperle, aber die Barbara ist heilig, das ist anders.«
»Wie denn?«
»Sie hat ganz fest an den lieben Gott geglaubt und an den Herrn Jesus.«
»Tu ich auch«, beharrt Schnüpperle.
»Soll ich's nun erzählen oder nicht?« fragt Mutter. Schnüpperle senkt den Kopf.
»Barbaras Vater wollte nicht, daß sie an den lieben Gott glaubt und an den Herrn Jesus«, sagt Mutter, »und deshalb hat er sie in einen tiefen Turm werfen lassen.«
»Türme sind doch hoch!« sagt Schnüpperle.
»Der war hoch und tief und finster und kalt.«

»Und schimmlig auch und große Spinnweben?«
Mutter nickt.
»Und da hat er sie reingesteckt?«
Mutter nickt.
»Hat er ihr auch nichts zu essen gegeben?«
Mutter schüttelt den Kopf.
»So'n Oller, so'n Böser. So'n Lumpenhund!« Schnüpperle erschrickt und sieht Mutter unsicher an. »Bei so einem kann man's ruhig sagen, bestimmt. Hat Vater auch schon gesagt.«
»Na«, sagt Mutter, »ich weiß nicht!«
»Wie lange war die Barbara denn im Turm?«
»Sehr lange. Aber weil sie immer weiter zum lieben Gott gebetet hat, ist eines Tages ein Engel gekommen und hat sie herausgelassen.«
»Und mit in den Himmel genommen?« fragt Schnüpperle. Mutter nickt.
»Schön«, sagt Schnüpperle. »Und der böse Vater, hat der geweint?«
»Nein. Der liebe Gott hat einen Blitz geschickt, und der Blitz hat den Vater erschlagen.«
»Da hat er den Dreck!«
»Schnüpperle!«
»Na ja! Gehn wir jetzt Kirschzweige schneiden, Mutter?«
»Jetzt noch nicht, erst am Nachmittag, wenn Annerose da ist. Es muß auch schon dämmrig sein, weißt du.«
»Dämmrig«, sagt Schnüpperle vor sich hin, »dämm-rig.«
Schnüpperle kneift die Augen zu. »Bei mir ist es schon ganz duster, du-ster, duuu-ster, und knistern hör ich's auch, oooch!« Schnüpperle legt sich die Hände vors Gesicht. »Mutter, ich denk jetzt an die heilige Barbara und an den schimmligen Turm mit den großen Spinnweben. Ich grusel mich nämlich so gern, wenn du bei mir bist.«

BARBARA BARTOS-HÖPPNER

Am 4. Dezember

Geh in den Garten
am Barbaratag.
Gehe zum kahlen
Kirschbaum und sag:
»Kurz ist der Tag,
grau ist die Zeit.
Der Winter beginnt,
der Frühling ist weit.
Doch in drei Wochen,
da wird es geschehen:
wir feiern ein Fest
wie der Frühling so schön.
Baum, einen Zweig
gib du mir von dir!
Ist er auch kahl,
ich nehm ihn mit mir.
Und er wird blühen
in leuchtender Pracht
mitten im Winter
in der heiligen Nacht.«

JOSEF GUGGENMOS

Sterntaler

Es war ein kleines Mädchen,
das war ganz allein auf der Welt.
Es hatte kein Bett, es hatte kein Haus,
und es hatte auch kein Geld.

Da dachte das kleine Mädchen:
Was soll ich so allein?
Es nahm sein letztes Stückchen Brot
und ging in die Welt hinein.

Da kam ihm ein Mann entgegen,
der war vor Hunger halb tot.
Da gab ihm das kleine Mädchen
sein letztes Stückchen Brot.

Dann kam ein graues Weiblein
mit einem mageren Zopf,
dem schenkte das kleine Mädchen
seine Mütze für den Kopf.

Da kam ein kleines Kindchen,
das sprach: Ich frier so sehr.
Da schenkte das kleine Mädchen
sein letztes Hemdchen her.

Da kam ein Stern von Himmel,
der sagte: Ich hab dich gern.
Er nahm das Mädchen an der Hand,
da wurde es auch ein Stern.

FRIEDL HOFBAUER

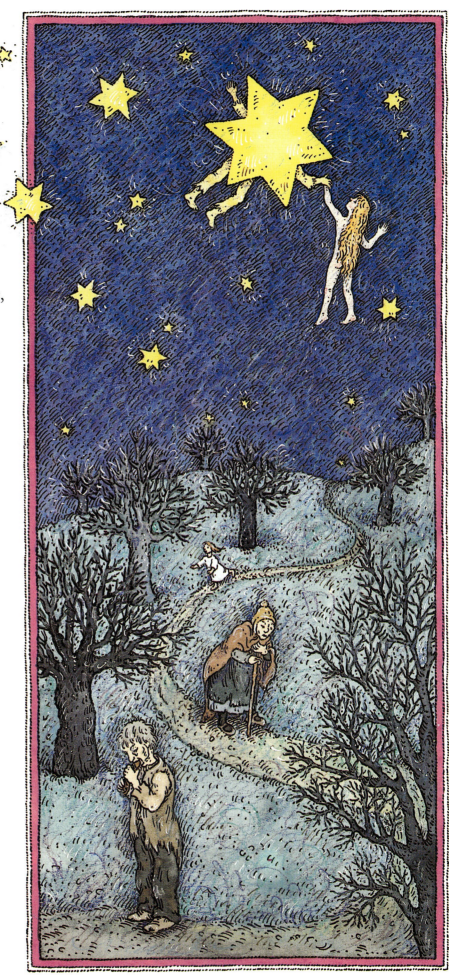

Zwischen Ochs und Eselein

In der Marillengasse 4 kann keiner überhören, daß Weihnachten immer näher rückt. Denn jeden Morgen, zehn Minuten vor sieben, ertönt aus der Pittiseder-Wohnung »Ihr Kinderlein kommet«, von Pia Maria auf dem Klavier gespielt. An einer bestimmten Stelle, bei »der Vater im Himmel«, spielt sie den höchsten Ton jedesmal falsch. Da hört man Frau Pittiseder aus der Küche rufen: »Mit der rechten Hand ein B!« Bald weiß das ganze Haus, daß Pia Maria an der bestimmten Stelle ein B spielen muß.

»Hoffentlich kann sie das B bald«, sagt Herr Doktor Bierer. »Die Sophie-Charlotte singt das Lied schon mit dem falschen Ton.«

»Das I in H-iii-mmel ist zu hoch!« sagt Herr Rabenberger.

»Ja, weil sie zum I kein B spielt«, sagt Bärbel.

Hubert fragt Pia Maria: »Du hüpfst wohl aus dem Bett und übst noch im Nachthemd?« Er würde nämlich lieber erst um Punkt sieben Uhr aufwachen.

»Gar nicht wahr«, sagt Pia Maria. »Im Pyjama.«

»Nur damit du zu Weihnachten deinen Eltern das Lied vorspielen kannst?!« fragt Hubert. »Kauf doch eine Schallplatte.«

»Selber spielen ist lustiger«, antwortet Pia Maria. »Jetzt noch nicht, weil ich noch Fehler mache. Aber dann, wenn ich's richtig kann, ist es lustiger. Außerdem würde ich das Lied auch gern der Omama vorspielen.«

»In Sankt Pölten?«

Pia Maria schaut auf einmal traurig drein.

»Das wissen wir noch nicht«, sagt sie. »Die Omama ist böse auf uns, weil wir nach Wien gezogen sind. Wahrscheinlich wird sie gar nicht zu uns kommen, und wir nicht zu ihr.«

»Schreib ihr halt«, sagt Hubert, »daß sie trotzdem kommt.«

»Wenn ich das Lied kann«, sagt Pia Maria, »dann könnte ich ihr schreiben: Omi, komm, ich spiel dir ein neues Lied vor. Vielleicht kommt sie dann lieber.«

Jetzt ärgert sich Hubert nicht mehr so sehr, wenn er Pia Maria üben hört. »Heute hat sie das B in der rechten Hand erwischt«, sagt Frau Bierer beim Frühstück.

Na endlich, denkt Karin.

»Sie hat das B«, sagt Gerold zu Michael.

»Jetzt wird Ruhe sein«, sagt Frau Breitwieser.

Sie irrt sich.

Denn Frau Pittiseder hat erfahren, daß sie zu Weihnachten in der Kirche Hirten- und Krippenlieder singen soll. Sie freut sich sehr. Sie kramt das Notenalbum mit den Weihnachtsliedern hervor und beginnt zu üben. »Auf, auf nun, ihr Hirten«, singt sie schon in aller Früh.

Frau Pittiseder übt den ganzen Vormittag. Kein Mensch im Haus hat sich früher vorstellen können, daß man Weihnachtslieder so genau und unermüdlich üben muß. Kein Mensch hat sich vorstellen können, daß es so viele Weihnachtslieder gibt. Jetzt erfahren die Hausbewohner, ob sie wollen oder nicht, daß die Hirten das Christkind in die Arme schließen und mit ihm einen »Hopsassa«-Tanz tanzen. Daß das Christkind in der Krippe weint, weil ihm kalt ist. Daß Josef Flöte spielt und Maria Schlaflieder singt. Und daß der hohe Weihnachtsstern vor Freude springt und sprüht. Und daß das Kind zwischen Ochs und Eselein liegt und keine Angst hat vor dem warmen Schnauben der Tiere.

Manchmal singt Frau Pittiseder einen einzigen Takt zehnmal hintereinander, wenn sie glaubt, daß ihre Stimme nicht süß genug klingt. »Freuet euch zur Stund«, schallt es aus dem zweiten Stock, »Freuet euch, freuet, freuet...«

»Dort oben ist eine Schallplatte stecken geblieben«, sagt eine Patientin zu Herrn Doktor Bierer. »Bis jetzt hab ich immer nur das Surren Ihres Bohrers für das entsetzlichste Geräusch gehalten, aber eine Schallplatte, die bei freuetfreuetfreuet stecken bleibt, ist auch furchtbar.«

Kurz vor elf Uhr sieht man Frau Pittiseder die Stiegen herunterlaufen. Auf dem Gang singt sie nicht, sie summt nur. Sie läuft schnell, denn sie will Pia Maria von der Schule abholen. Weil sie vor lauter Singen gar nicht zum Kochen gekommen ist, kauft sie auf dem Markt ein frischgegrilltes Huhn.

Nach dem Mittagessen herrscht Ruhe, weil Frau Pittiseder mit Pia Maria die Aufgaben macht und mit Michi rechnen übt. Alle im Haus hoffen, daß die Pittiseder-Kinder recht viele Aufgaben bekommen. Meistens sind sie aber um halb vier damit fertig, das erkennt man daran, daß Frau Pittiseder wieder singt.

Wenn Herr Pittiseder die anderen Hausbewohner auf dem Gang trifft, lächelt er sie freundlich an.

»Unsere Musik stört Sie hoffentlich nicht allzusehr?« fragt er. »Wissen Sie, meine Frau freut sich, daß sie in der Kirche singen wird. Wenn sie es gut macht, meint sie, daß sie vielleicht öfter singen darf. Darum übt sie so fleißig.«

»Aha«, sagen die Hausbewohner, und keiner bringt es übers Herz, dem freundlichen Herrn Pittiseder ins Gesicht zu sagen, daß die Musik sie stört.

»Er ist ein liebenswürdiger Mensch«, sagt Frau Rabenberger zu Frau Steinkopf.

»Er liebt seine Frau«, sagt Frau Steinkopf, »sonst würde er die Singerei nicht aushalten.«

Mit der Zeit aber scheint es, als würden sich die Leute in der Marillengasse an die Lieder der Frau Pittiseder gewöhnen.

»Zwischen Ochs und Eselein«, summt Rudi Rabenberger, und die Bärbel schaut auf und fragt, wie er das meint.

»Hat nicht Bett noch Wiege«, brummt Frau Blaha, wenn sie vom Mistkübelausleeren kommt, »hat nur ein armen Stall.«

Frau Bierer singt ihre Sophie-Charlotte mit einem Christkind-Wiegenlied in den Schlaf: »Heia, heia, mein Kindlein im Stroh.«

Drei Tage vor Weihnachten verstummt der Gesang im zweiten Stock. »Hoffentlich ist Frau Pittiseder nicht krank«, sagt Frau Rabenberger zu ihrer Bärbel. »Das wäre doch arg, kurz vor Weihnachten, knapp vor ihrem Konzert.«

Aber Frau Pittiseder ist nicht krank.

Sie sitzt vor dem Klavier, hält die Hände vors Gesicht und weint. »Ich bring's nicht fertig, es gelingt mir nicht, es macht mich noch verrückt«, schluchzt sie.

Herr Pittiseder streichelt sie.

»Es war doch schön?!« sagt er.

»Es war schön!« sagen Pia Maria und Michaela.

»Nein, es war nicht schön!« ruft Frau Pittiseder. »Es klingt nicht, wie ich es gern hätte, und außerdem komm ich mir blöd vor, wenn ich dauernd singe: Nun soll es werden Frieden auf Erden, und Freu-eu-euet euch! Weil wir nicht einmal in der Familie Frieden haben, ich meine, mit der Omama, und weil wir uns auf Weihnachten gar nicht richtig freuen!«

Da ist es auf einmal still im Zimmer, und der Vater schaut die Kinder an, und die Kinder schauen den Vater an.

Dann sagt Pia Maria: »Ich hab der Omi eine Zeichnung geschickt, wie sie zu uns kommt am Heiligen Abend mit einer großen Tasche voll Geschenken und einem Kuchen. Ich hab daruntergeschrieben: Omi, komm. Ich kann ein neues Lied.«

»Ich hab mit der Omama telefoniert«, sagt Michaela. »So zwei-, dreimal, wenn ihr am Abend im Theater wart. Wegen der Meisenringe hab ich telefoniert und überhaupt.«

»Nach Sankt Pölten telefoniert?« fragt der Vater.

»Ja, mit Vorwahlnummer«, sagt Michi. »Ich kann die Nummer schon auswendig.«

»Und du?« fragt Frau Pittiseder und schaut ihren Mann an. »Hast du auch schon geschrieben oder telefoniert?«

»Nein«, sagt Herr Pittiseder. »Wenn wir schreiben oder telefonieren, dann tun wir's gemeinsam.«

»Ich will nicht, daß du mit deiner Mutter meinetwegen dauernd bös bist«, sagt Frau Pittiseder.

»Sie war nicht nett zu dir«, sagt Herr Pittiseder. »Sie hat uns alle herumkommandiert.«

»Wir schreiben ihr trotzdem«, ruft Frau Pittiseder und wischt die Tränen fort. »Ich mag nicht ›Frieden, Frieden‹ singen, wenn mir selber keiner gelingt.«

Am 23. Dezember bekommt die Pittiseder-Omama einen langen Brief. Sie brummt vor sich hin, dann geht sie zu ihrem Kasten, holt vier Geschenkpäckchen heraus und legt sie in eine große Tasche. Sie wickelt einen Weihnachtsstollen in Silberfolie und dann noch einmal in grüngoldenes Seidenpapier. Sie hängt fünf neue Meisenringe an den Nußbaum. Dann bringt sie der Nachbarin den Ersatzschlüssel für das Haus.

»Ich fahr nämlich über die Feiertage nach Wien zu den Kindern«, sagt sie. »Die Schwiegertochter singt, und ich muß mich ein bisserl um die Enkerln kümmern.«

»Sie sind ein guter Kerl, wirklich wahr«, sagt die Nachbarin.

»Naja«, brummt die Pittiseder-Omama. »Naja, jeder hat seine guten und schlechten Seiten...«

LENE MAYER-SKUMANZ

Der Nikolaus kommt heut ins Haus

Heiliger Sankt Nikolaus,
wir stelln dir unsre Schuh' hinaus.
Leg uns doch was Schönes ein,
wir wolln recht fromm und fleißig sein.

Im Jahre 300 lebte in Myra in Kleinasien ein frommer Bischof, der die Kinder liebhatte. Auf ihn geht der in aller Welt bekannte Brauch zurück, die Kinder am Nikolaustag zu beschenken. Meistens kommt der Nikolaus am Abend des 5. oder 6. Dezember, natürlich überall auf verschiedene Art.
Die Kinder stellen einen Teller oder Schuh vor die Tür und finden am anderen Morgen herrliche Überraschungen. Manchmal reitet der Nikolaus auf einem Esel oder führt ihn neben sich her. Er trägt die Geschenke, und für ihn legen die Kinder ein Stück Brot oder Zucker in die Schuhe.
In vielen Familien tritt der Nikolaus selber auf. Er weiß über alle Dummheiten der Kinder erstaunlich genau Bescheid und freut sich sehr, wenn sie ihm einen Vers aufsagen können. Dann schüttet er seinen Sack aus, und alle fallen über die Gaben her und sammeln sie ein. Auch der Name ist nach Gegenden und Ländern verschieden. Bald heißt er Nikolaus, bald Nikola oder Niki. Weiter tritt er als Santa Claus oder Knecht Ruprecht, Ruß- oder Pelzmärtel auf. Im Rheinland wird er vom schwarzen Piet begleitet. Dort trägt der Nikolaus ein Bischofsgewand, während er sonst meist mit einem Kapuzenmantel bekleidet ist. Der lange weiße Bart darf natürlich nicht fehlen. In unserem Nachbarland Holland fährt der Nikolaus auf einem Schiff von Spanien her und landet in einer der Amsterdamer Grachten. Ebenso erwarten ihn auch die Kinder der Rheinschiffer. In Norddeutschland kommt er angeritten, in Norwegen auf einem Rentierschlitten. In England fährt er durch den Kamin und steckt seine Gaben in Strümpfe, die die Kinder dort aufgehängt haben. In Rußland heißt er Väterchen Frost, in Frankreich père natal, zu deutsch Weihnachtsvater. In Italien beschert eine Frau namens Befana die Kinder.

Dich rufen wir, Sankt Nikolaus!
Auf Erden geht die Not nicht aus.
Du weißt es wie kein anderer.
Geh um,
du gütiger Wanderer!

Geh um, hab auf die Menschen acht.
Geh um. In dunkler, kalter Nacht
sitzt mancher in seinem Jammer.
Hilf du,
wirf Gold in die Kammer!

Du Mann aus Myra, deine Zeit
ist nie vorbei, ist jetzt, ist heut.
Geh um in viel Gestalten.
Hilf mir,
dein Amt zu verwalten.

JOSEF GUGGENMOS

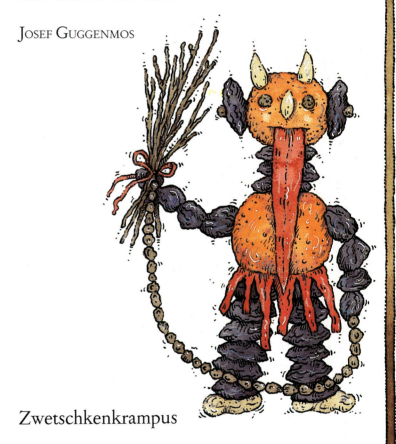

Zwetschkenkrampus

Rosinenaugen und Hörndln aus Mandeln,
brennrotes Röckchen aus Kreppapierbandeln,
dürre Zwetschken
vom Kopf bis zu den Füßen,
Schuhe aus Aschantinüssen –
so steht er und streckt die Zunge heraus
und glaubt, er schaut zum Fürchten aus.
Hi hi!

FRIEDL HOFBAUER

Lieber, guter Nikolaus,
Lösch uns unsre Vieren aus,
Mache lauter Einsen draus,
Bist ein braver Nikolaus.

BERLIN

Wer kommt denn da geritten?
Herr Wude Wude Nikolaus,
Laß mich nicht lange bitten,
Und schüttel Deinen Beutel aus.

NORDDEUTSCHLAND

Niklaus, komm in unser Haus,
Schütt Dein goldig Säcklein aus,
Stell den Esel an den Mist,
Daß er Heu und Hafer frißt.

HESSEN

Herein, herein, Herr Nikolo,
es seien brave Kinder do,
sie beten gern, sie lernen gern,
der Nikolo wird ihnen was verehr'n.

SCHLESIEN

Santi Niggi Neggi,
hinterm Ofe steggi,
gim mer Nuß und Bire,
so köm i wieder fire.

ALEMANNISCH

Wo die Kinder folgen gern,
da bring ich Nuß und Mandelkern,
Äpfel, Birnen, Hutzeln und Schnitz
für den Hansl und Heiner,
für den Franzl und Fritz.

SÜDDEUTSCHLAND

Sintaklaas, Sintaklaas,
Setz die Segel und bring mir was,
Deinen Weg verfehlst Du nicht,
Auf der Brücke brennt ein Licht.

DIE KINDER DER RHEINSCHIFFER

Holler, boller, Rumpelsack,
Niklas trug sein Huckepack,
Weihnachtsnüsse, gelb und braun,
runzlich, punzlich anzuschaun.

Knackt die Schale, springt der Kern,
Weihnachtsnüsse eß ich gern.
Komm bald wieder in mein Haus,
alter guter Nikolaus.

HUNSRÜCK

Nikolaus, Du frommer Mann,
Komm mit Deinem Schimmel an
Und dem schwarzen Piet.
Alles, was man wünschen kann,
Spielzeug, Kuchen, Marzipan,
Bring uns bitte mit.
Haben wir nicht recht getan,
So verzeih uns, heil'ger Mann,
Schimmelchen und Piet.

WESTFALEN

Nun höret einmal,
Doch fürchtet euch nicht,
Vom Pelzemärtel
Die ganze Geschicht'.

Es wird schon finster um und um. –
Der Pelzemärtel geht herum
Und sucht nun auf die Kinder.
Da will ich sehen, wie's euch geht,
Wenn er vor unsrer Türe steht
Und schaut ins Eck so hinter!

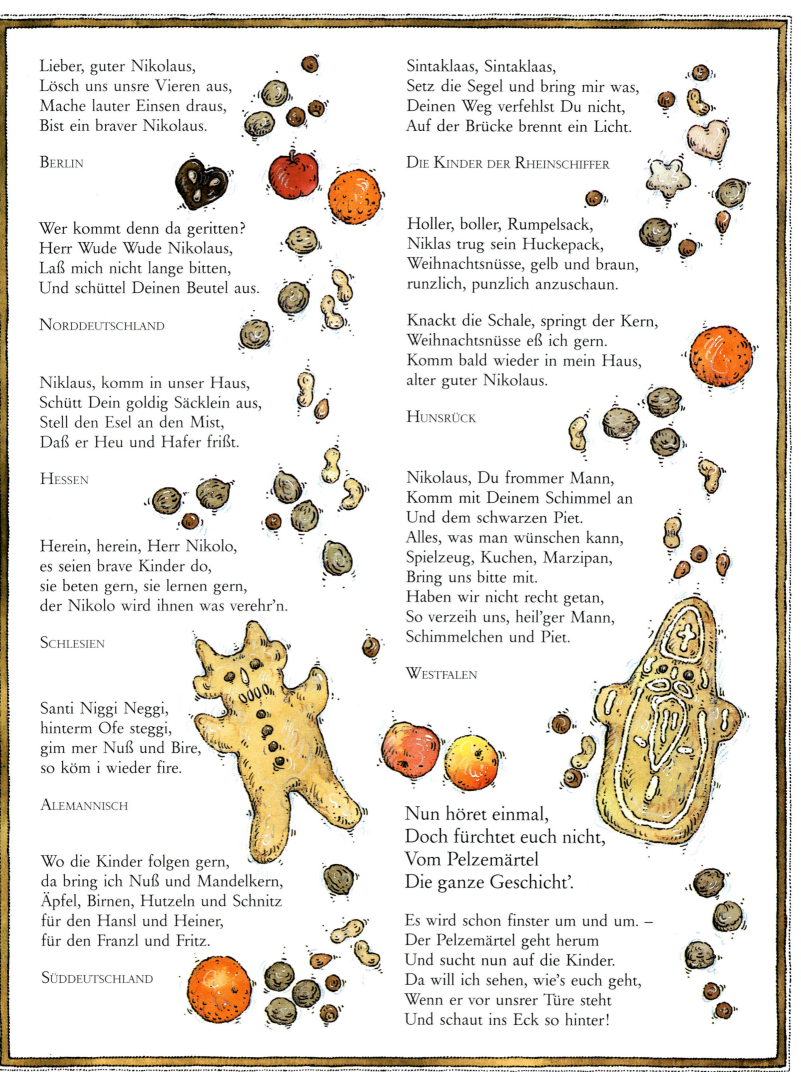

Doch seid nicht bang und nicht besorgt,
Ihr habt ja immer gern gehorcht,
Das soll euch nicht gereuen.
Stellt euch nur um den Vater her;
Und brummt er wie ein alter Bär,
Er wird euch doch erfreuen.

Doch horcht, was schlurft denn vor dem Haus?
Ich meine gar, jetzt ist er drauß,
Und streift sich ab die Füße.
Da hör ich so ein Knick und Knack,
Das ist gewiß der weite Sack
Voll großer, welscher Nüsse.

Es schellt und gellt, das Haus geht auf;
Er geht die Stiege schon herauf
Mit seinen großen Socken.
Das kollert
Und bollert,
Das holpert
Und stolpert,
Doch seid nur nicht erschrocken.

Die Kinder schauen
Voll Angst und Grauen
Und wagen keinen Schnauf.
Pelzmärtel trappt,
Die Klinke klappt,
Die Stubentür geht auf.

Da steht er denn im Zottelrock
Mit einem ungeheuern Stock
Und hat von fürchterlicher Art
Gar einen langen, langen Bart;
Schleppt auch zwei Säcke mit sich her,
Den einen voll, den andern leer,
Der ist geschnallt in seinen Gurt;
Jetzt aber murmelt er und schnurrt:

Weil in die Stuben
Ich zu dir komm,
Sag, sind die Buben
Auch brav und fromm?

Hören sie in einem fort
Auf des Vaters erstes Wort?

Führen die Mädchen
Nadel und Fädchen?

Sind sie zu der Arbeit flink
Auf der Mutter ersten Wink?

»Sie hören gern und gehorchen
Und machen uns wenig Sorgen!«

Plumps,
Da tut's einen Fall,
Pumps,
Da tut's einen Knall;
Offen ist der große Sack
Und da geht es: knack, knack, knack,
Und die Nüsse
Kriegen Füße,
Rudeln
Und hudeln
Da hinaus
Und dort hinaus
Und wackeln die ganze Stube aus.
Und die Kinder
Springen hinter,
Und packen
Und sacken
Und haschen
Und klauben
In Taschen
Und Hauben.
Das freut den Pelzemärtel sehr
Und sagt: »Nun geb ich euch noch mehr.«

Und wirft auch noch in jedes Eck
Einen großen, großen Märtelsweck,
Bestreut mit Zucker und Mohn,
Und spricht mit freundlichem Ton:

»Fürchtet euch nicht
Vor meinem Gesicht,
Bin jedem Kinde gut,
Das nichts Böses tut,
Gebt mir eine Patsch.
Platsch,
Das freut mich heut,
Ihr kleinen Leut.«

FRANZ GRAF POCCI

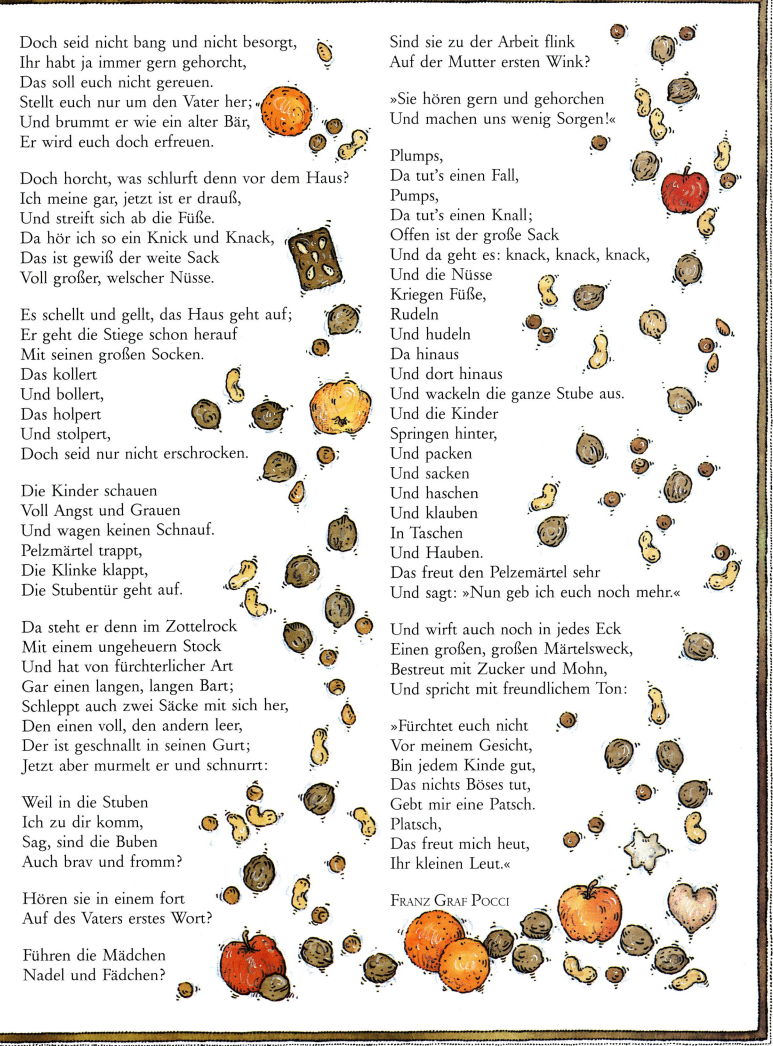
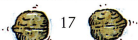

Geschichte eines Pfefferkuchenmannes

Es war einmal ein Pfefferkuchenmann,
von Wuchse groß und mächtig,
und was seinen innern Wert betraf,
so sagte der Bäcker: »Prächtig.«

Auf dieses glänzende Zeugnis hin
erstand ihn der Onkel Heller
und stellte ihn seinem Patenkind,
dem Fritz, auf den Weihnachtsteller.

Doch kaum war mit dem Pfefferkuchenmann
der Fritz ins Gespräch gekommen,
da hatte er schon – aus Höflichkeit –
die Mütze ihm abgenommen.

Als schlafen ging der Pfefferkuchenmann,
da bog er sich krumm vor Schmerze:
an der linken Seite fehlte fast ganz
sein stolzes Rosinenherze!

Als Fritz tags drauf den Pfefferkuchenmann
besuchte, ganz früh und alleine,
da fehlten, o Schreck, dem armen Kerl
ein Arm und schon beide Beine!

Und wo einst saß am Pfefferkuchenmann
die mächt'ge Habichtsnase,
da war ein Loch! Und er weinte still
eine bräunliche Sirupblase.

Von nun an nahm der Pfefferkuchenmann
ein reißendes, schreckliches Ende:
Das letzte Stückchen kam schließlich durch Tausch
in Schwester Magretchens Hände.

Die kochte als sorgliche Hausfrau draus
für ihre hungrige Puppe
auf ihrem neuen Spiritusherd
eine kräftige, leckere Suppe.

Und das geschah dem Pefferkuchenmann,
den einst so viele bewundert
in seiner Schönheit bei Bäcker Schmidt,
im Jahre neunzehnhundert.

JEAN PAUL

Der kleine Nikolaus

Am Nikolausabend sprang plötzlich die Tür auf – ein sehr, sehr kleiner Nikolaus kam herein!
Er hatte meinen dicken Wintermantel an, den er auf dem Boden hinter sich herzog. Mein einziger Hut war ihm über Stirn und Ohren gerutscht. In einer Hand hielt er einen Müllsack, in der anderen einen alten Reisigbesen.
Der kleine Nikolaus schlurfte auf mich zu – in meinen Winterstiefeln! –, blieb vor mir stehen und sagte mit einer tiefen Stimme:
»Bist du der Vater von Felix und Clemens?«
Ich nickte.
»Aha«, brummelte der kleine Nikolaus, kramte dann ein altes Heft aus dem Müllsack und sagte: »Leider, leider sehe ich da viele große Sünden! Zum Beispiel gibst du deinen Kindern viel zu wenig Süßigkeiten. Außerdem schickst du sie zu früh ins Bett, und fernsehen dürfen sie auch sehr selten. Und was ganz Schlimmes: Du spielst zu wenig mit ihnen!«
Jetzt machte der kleine Nikolaus den Müllsack auf und sprach:
»Zur Strafe stecke ich dich nun in den Sack!«
Folgsam stieg ich in den Sack, aber er reichte mir nur bis an die Knie.
Der kleine Nikolaus war sprachlos.
»Na gut«, brummte er dann, »diesmal hast du noch Glück gehabt, doch um die Rute kommst du nicht herum!«
»Nein«, schüttelte ich den Kopf, »ich glaube nicht, daß du der richtige Nikolaus bist!«
»Wieso nicht?« fragte er erstaunt.
»Weil der richtige Nikolaus nicht bestraft, sondern lobt und etwas Schönes mitbringt«, antwortete ich.
»Der wirkliche Nikolaus«, erzählte ich, »war nämlich ein sehr guter Mensch. Und weil er besonders die Kinder liebte und sie beschenkte, feiern wir jedes Jahr zu seinem Andenken das Nikolausfest.«
»Aber der Nikolaus hat doch eine Rute!« rief der kleine Nikolaus.

»Nein«, sagte ich, »der richtige Nikolaus war ein Bischof und trug deswegen immer einen Bischofsstab mit sich. Die Rute haben Väter und Mütter dazuerfunden, die glauben, daß ihre Kinder nur gehorchen, wenn man ihnen Angst macht.«
»Und der richtige Nikolaus«, fragte der kleine Nikolaus, »beschenkt auch die Kinder, die nicht immer so brav waren?«
»Natürlich«, erwiderte ich, »schließlich sind die Erwachsenen ja auch nicht immer nur brav.«
»Und das stimmt wirklich, daß auch die nicht so braven Kinder ein Geschenk bekommen?« wollte der kleine Nikolaus wissen.
»Ja«, bestätigte ich, »das ist wahr.«
»Also gut«, sagte der kleine Nikolaus erleichtert, »ich bin nämlich gar nicht der richtige Nikolaus, ich bin der Clemens. Aber du hast mich nicht erkannt, oder?«
»Nein«, wehrte ich ab, »darauf wäre ich nie gekommen, daß du der Clemens bist!«
»Gut«, sagte der kleine Nikolaus Clemens, »dann hole ich jetzt schnell den Felix, und dann soll der richtige Nikolaus kommen, ja!«

WINFRIED WOLF

Der kleine Flori und der Nikolaus

Der kleine Flori war vom ersten Schultag an ein ganz schlimmer Schlamper. Dauernd ließ er irgend etwas im Schulzimmer liegen, die Mütze oder seine Handschuhe, die Fibel, das Rechenbuch, die Tafel, ein Heft oder das Federmäppchen. Manchmal vergaß er sogar alles miteinander und lief mit leerem Schulranzen heim. Und es kam noch schlimmer: Eines Nachmittags nämlich, als Flori die vergessene Fibel holen wollte, lag sie nicht mehr auf seiner Bank; Flori suchte und suchte, aber die Fibel war wie weggeblasen. Am nächsten Tag konnte Flori das Rechenbuch nicht finden, am übernächsten Tag war die Tafel fort. Das war kurz vor dem Nikolaustag, und die Mutter meinte: »Ich glaube, diesmal bringt der Nikolaus höchstens eine Rute.«

Aber das glaubte Flori auf keinen Fall. In den vergangenen Jahren war der Nikolaus immer nett zu ihm gewesen. Sicher würde er auch in diesem Jahr nichts von der Schlamperei gemerkt haben und wieder die guten Mandellebkuchen mitbringen, die Flori so gerne aß, und die nur der Nikolaus hatte.

Ja, und dann kam er, der Nikolaus! Er pochte laut an der Tür und stapfte herein in seinem roten Mantel und mit der Bischofsmütze aus Gold. Auch einen vollen Sack hatte er dabei, und Flori schaute schon beim Beten nur auf den Sack und überlegte, an welcher Stelle wohl die Lebkuchen für ihn stecken mochten. Aber der Nikolaus machte gar keine Anstalten, Lebkuchen aus dem Sack zu holen. Er sah den Flori mit gerunzelter Stirn an, so streng wie noch nie.

»Warst du auch brav, Flori!«

»Ja«, sagte Flori schnell, obwohl er natürlich genau wußte, daß das nicht ganz stimmte.

»So, so«, brummte der Nikolaus, »brav warst du? Und immer recht ordentlich? Und du hast nie etwas verschlampt oder vertrödelt?«

Jetzt sagte Flori gar nichts mehr. Nur sein Herz klopfte laut.

»Was meinst du wohl, was ich dir mitgebracht habe?« fragte der Nikolaus und griff nach seinem Sack.

»Ma-Ma-Mandellebkuchen«, stotterte Flori.

Aber der Nikolaus schüttelte den Kopf.

»Für Mandellebkuchen war im Sack kein Platz mehr«, sagte er, »weil ich doch so viele andere Dinge für dich einpacken mußte. Hier, dies zum Beispiel...« Und was holte er aus dem Sack? Die Fibel!

»Und dies...« Das Rechenbuch!

»Und das... Und das...« Die Tafel, Floris Pudelmütze, den linken Handschuh, die Bastelschere, drei Bleistifte, eine Schachtel Malkreide – eins nach dem anderen holte der Nikolaus hervor. Nur keinen Mandellebkuchen, nicht einmal ein einziges Stück!

»Also dann bis zum nächsten Jahr, kleiner Flori«, meinte der Nikolaus freundlich. »Und wenn ich dann nicht soviel Trödelkram für dich mitbringen muß, hab ich auch sicher Platz für Lebkuchen.« Und er stapfte wieder aus der Stube hinaus.

Da stand er, der Flori, und hatte nichts, überhaupt nichts vom Nikolaus bekommen! Eigentlich ist das eine traurige Geschichte.

Aber zum Glück geht sie gut aus. Weil nämlich der heilige Nikolaus ein guter Mann ist und weil sich der kleine Flori von diesem Tag an große Mühe gab und fast gar nichts mehr verschlampte, lag in der Woche vor Weihnachten auf einmal eine bunte Schachtel im Briefkasten. »An den kleinen Flori« stand darauf.

Könnt ihr euch denken, was in der Schachtel war? Mandellebkuchen natürlich, wie es sie nur beim Nikolaus gibt.

IRINA KORSCHUNOW

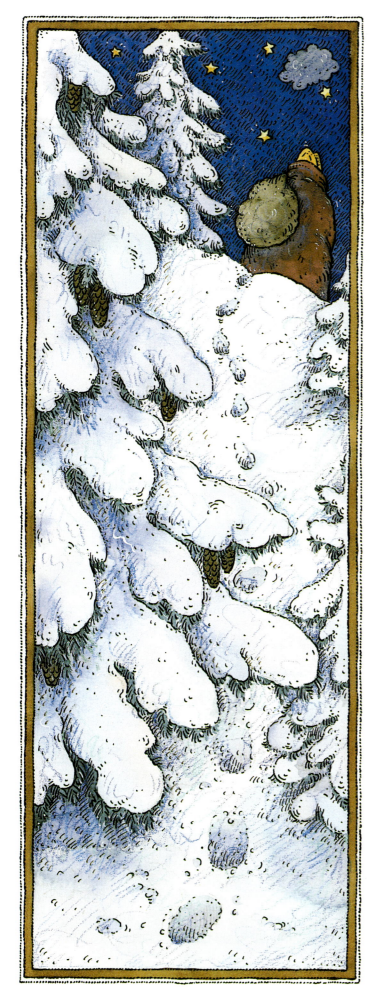

Knecht Ruprecht

Von drauß', vom Walde komm ich her;
Ich muß euch sagen, es weihnachtet sehr!
Allüberall auf den Tannenspitzen
Sah ich goldene Lichtlein sitzen;
Und droben aus dem Himmelstor
Sah mit großen Augen das Christkind hervor,
Und wie ich so strolcht' durch den finstern Tann,
Da rief's mich mit heller Stimme an:
»Knecht Ruprecht«, rief es, »alter Gesell,
Hebe die Beine und spute dich schnell!
Die Kerzen fangen zu brennen an,
Das Himmelstor ist aufgetan,
Alt' und Jung' sollen nun
Von der Jagd des Lebens einmal ruhn;
Und morgen flieg ich hinab zur Erden,
Denn es soll wieder Weihnachten werden!«
Ich sprach: »O lieber Herre Christ,
Meine Reise fast zu Ende ist;
Ich soll nur noch in diese Stadt,
Wo's eitel gute Kinder hat.«
»Hast denn das Säcklein auch bei dir?«
Ich sprach: »Das Säcklein, das ist hier:
Denn Äpfel, Nuß und Mandelkern
Fressen fromme Kinder gern.«
»Hast denn die Rute auch bei dir?«
Ich sprach: »Die Rute, die ist hier:
Doch für die Kinder nur, die schlechten,
Die trifft sie auf den Teil, den rechten.«
Christkindlein sprach: »So ist es recht;
So geh mit Gott, mein treuer Knecht!«

Von drauß', vom Walde komm ich her;
Ich muß euch sagen, es weihnachtet sehr!
Nun sprecht, wie ich's hierinnen find!
Sind's gute Kind', sind's böse Kind'?

THEODOR STORM

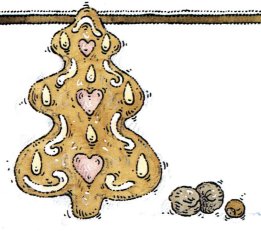

Was schenken wir dem Nikolaus?

Der Nikolaus kommt heut ins Haus
mit Äpfeln und mit Nüssen,
er teilt nur immer Gaben aus,
was schenken *wir* dem Nikolaus,
das möcht ich gerne wissen.

Ich zeichne ihm ein Schlittenpferd
zum Auf-dem-Himmel-Fliegen,
doch wenn er lieber Schlitten fährt,
dann soll er einen kriegen.

Ich back ihm einen Weihnachtsbaum
mit bunten Zuckerherzen,
mit Engelshaar aus Zuckerschaum
und vielen Mandelkerzen.

Ich näh ihm Schuhe, rot und weich,
voll Watte bei den Zehen,
damit wird er, das sag ich euch,
ganz wie auf Wolken gehen.

Und was wird deine Gabe sein?
Warum bist du so stumm?
Ich glaub, dir fällt wohl gar nichts ein,
du bist ein bißchen dumm.

Ich bin nicht dumm, ich denk nur nach,
denk mich ins Nachbarhaus,
dort sitzt Frau Meier, alt und schwach,
dort spiel ich Nikolaus.

Ich zeichne ihr ein Schlittenpferd
zum Auf-dem-Himmel-Fliegen,
doch wenn sie lieber Schlitten fährt,
dann soll sie einen kriegen.
Ich back ihr einen Weihnachtsbaum
mit bunten Zuckerherzen,
mit Engelshaar aus Zuckerschaum
und vielen Mandelkerzen.

Ich näh ihr Schuhe, rot und weich,
voll Watte bei den Zehen,
damit wird sie, das sag ich euch,
ganz wie auf Wolken gehen.

Und was wird eure Gabe sein?
Warum seid ihr so stumm?
Ich glaub, euch fällt wohl gar nichts ein,
ihr seid ein bißchen dumm.

Wir sind nicht dumm, wir denken nach,
du hast wohl wirklich recht,
wir kommen mit ins Nachbarhaus,
wir glauben, daß der Nikolaus
sich drüber freuen möcht –

FRIEDL HOFBAUER

Als die Großmutter mit dem Nikolaus sprach

Ich erzähle eine wahre Geschichte aus meiner Kinderzeit; vom Nikolaus und von der Großmutter.
Die Großmutter war klein und zart, und sie kam mir uralt vor. Das lag nicht an ihren Runzeln oder ihrem Haar mit den weißen Strähnen. Es waren die Kleider, die sie trug: immer dunkel und ganz altmodisch geschnitten. Sie hatte auch stets eine

schwarze Schürze umgebunden, sogar sonntags. Die Schürze vom Sonntag war aus Seide, und sie knisterte.

Jedes Jahr Anfang Dezember kam die Großmutter angereist. Sie blieb den Winter über bei uns in der Stadt. Wenn Großmutter kam, begann für mich die Weihnachtszeit. An den dämmrigen Winternachmittagen hockten wir zusammen im Wohnzimmer vor dem Kachelofen. Der Kachelofen war groß und grün und gemütlich warm. In den anderen Zimmern standen nur eiserne Öfen, die wurden nicht immer geheizt.

Der Kachelofen hatte ein Türchen, hinter dem sich eine Nische mit einer kleinen Eisenplatte befand. Auf dieser Platte konnten wir Äpfel braten. Während sie schmorten und ihr Duft durchs Zimmer zog, las mir die Großmutter vor. Wir bastelten auch Weihnachtsgeschenke zusammen.

Unser Lieblingsspiel aber war: »Wir reisen nach Bethlehem.« Das spielten wir jedes Jahr. Es ging über viele Tage, vielleicht sogar Wochen, und hat die ganze Wohnung auf den Kopf gestellt.

Wenn wir die Ausrüstung für die Reise zusammensuchten, war nichts vor uns sicher. Wir brauchten Bettücher für unsere Zelte – denn wo sollten wir auf der langen Reise ins Heilige Land sonst schlafen? Wir brauchten Kisten und Kartons, aus denen wir uns ein Schiff bauen wollten – wie sollten wir sonst das Mittelmeer überqueren? Wir brauchten Stühle und Decken, um Lasttiere zu machen, auf denen wir reiten konnten und die unser Gepäck trugen.

In dieser Zeit vermißte mein Vater ständig etwas: seinen Hammer, die Zange, Nägel oder die Rolle mit dem Bindfaden. Einmal behauptete er, jetzt sei sogar ein Fahrradschlauch verschwunden. Das stimmte. Den brauchten wir nämlich dringend für unseren Wasservorrat. Unser Weg führte ja durch die Wüste, und dort müssen die Reisenden bekanntlich verdursten, wenn sie nicht genug Wasser haben.

Es wurde jedesmal eine lange Fahrt mit vielen Abenteuern. Auf dem Landweg hatten wir Kämpfe mit Räubern und wilden Tieren zu bestehen. Auf dem Meer kamen wir in Stürme, bei denen unser Schiff beinahe unterging. Einmal habe ich die Großmutter gerade noch im letzten Augenblick am Rock festgehalten, sonst wäre sie über Bord gespült worden. Aber wir kamen jedesmal wohlbehalten in Bethlehem an. Und wie durch ein Wunder immer genau am 24. Dezember!

Auch sonst geschahen geheimnisvolle Dinge, wenn die Großmutter bei uns war. Einmal, als ich ins Bett gehen wollte, fand ich Goldstaub auf meinem Kopfkissen. Goldstaub! Woher kommt denn Goldstaub? Doch nur von einem Engelsflügel! Es mußte also ein Engel über mein Bett geflogen sein. Als ich die Großmutter danach fragte, lächelte sie, aber sie gab keine Antwort. Dann, eines Morgens, hing ein Stern an einem durchsichtigen Faden von der Decke herab. Niemand wußte, wer ihn aufgehängt hatte. Auch wie die winzige Krippe in der Nußschale zwischen meine Buntstifte geraten war, konnte keiner erklären.

Das Wunderbarste aber war Großmutters Bekanntschaft mit dem heiligen Nikolaus. Sie kannte ihn wirklich. Das weiß ich genau. Ich habe selbst erlebt, wie er mit ihr sprach, damals im Stadtpark.

Ich habe schon gesagt, daß die Großmutter altmodisch war. Aber nicht nur altmodisch in ihrer Kleidung, auch sonst. Sie redete oft von den Zeiten, in denen alles knapp gewesen war, und sie fand, die Leute sollten sparsamer mit dem Geld und den Sachen umgehen. Großmutter tat das. Deshalb wollte sie auch den dürren Ast mitnehmen, der im Stadtpark auf dem Weg lag.

»Der ist noch gut für den Ofen«, sagte sie. »Heb ihn bitte auf!«

Aber ich wollte nicht. »Nein!« sagte ich. Und als sie versuchte, den Ast selbst aufzuheben, zog ich sie fort. »Wir schleppen kein Holz nach Hause. Bei uns wird das geliefert.«

Damals wußte ich nicht, warum ich so patzig mit der Großmutter sprach. Aber jetzt glaube ich, es war wegen der Leute, die vorübergingen. Die sollten nicht denken, wir müßten unser Holz selber sammeln.

Die Großmutter zögerte. Ich merkte ihr an, daß sie nicht wußte, was sie jetzt tun sollte.

Plötzlich stand ein alter Mann vor uns. Wie hergezaubert stand er da. Groß und sehr würdig, mit einem weißen Bart und blitzenden Augen. Der Fremde bückte sich, hob das Holz auf und reichte es der Großmutter.

»Bitte sehr, meine verehrte gnädige Frau«, sagte er mit einer leichten Verbeugung. Seine Stimme klang tief und voll.

Mich durchzuckte es, als wäre ein Blitz in mich hineingefahren. Diese Stimme! Diese Augen! Dieser lange weiße Bart! Das konnte nur – das war bestimmt... Ich wagte nicht weiterzudenken.

»Meine verehrte gnädige Frau«, hatte er zur Großmutter gesagt. Er hatte sich vor ihr verbeugt, und die Großmutter hatte ihn angelächelt und ihm gedankt.

Und dann war er verschwunden. Genauso plötzlich, wie er gekommen war.

Auf dem Heimweg brachte ich kein Wort heraus. Ich stolperte über Bordsteine und Kanaldeckel, und in mir war alles durcheinander. – Jetzt hat er's gesehen, dachte ich. Jetzt weiß er, wie ich manchmal bin.

Die Großmutter ging still neben mir her. Der dürre Ast schleifte auf dem Boden. Unter der Haustür hielt ich's nicht mehr aus. Ich drückte mein Gesicht in Großmutters Mantelfalten und heulte los.

Die Großmutter ließ mich heulen. Sie tat nichts, um mich zu trösten, und ich dachte: Jetzt wird sie immer und ewig böse auf mich sein, und dieser... dieser fremde Mann im Park auch.

Aber dann merkte ich, daß sie sich zu mir herunterbeugte. Ich spürte ihren warmen Atem in meinem Haar, und ich hörte, daß sie ganz leise zu mir sprach. Was sie sagte, verstand ich nicht, weil ich noch immer heftig schluchzen mußte. Ich konnte gar nicht aufhören.

Da schob Großmutter mich ein wenig von sich und fragte: »Willst du ihn vielleicht hinauftragen? Er ist mir fast zu schwer.«

Ich wußte natürlich sofort, daß sie den Ast meinte, und einen Augenblick hielt ich die Luft an. Dann kramte ich ein Taschentuch hervor und schneuzte die Tränen aus der Nase.

»Gib her!« sagte ich, packte den dürren Ast und polterte damit die Treppe hinauf.

Wir warfen ihn gleich in den Kachelofen, und ich hörte, wie er knackte und knisterte.

Ob er weiß, daß ich ihn hochgetragen hab? überlegte ich. Die Großmutter nickte mir zu und lachte. Da wußte ich, daß alles wieder gut war, und ich war sehr zufrieden.

TILDE MICHELS

Am Fenster blüht der Eiskristall

Am Fenster blüht der Eiskristall
in seiner kalten Pracht.
Sogar der große Teich fror zu
in der vergangnen Nacht.

Der Atem fliegt aus meinem Mund
wie Rauch aus dem Kamin.
Ich stelle meinen Kragen auf
und stapfe stumm dahin.

Die Bäume sind so dick vermummt,
die ganze Welt ist weiß.
Was werden wohl die Fischlein tun,
die Fischlein unterm Eis?

Vera Ferra-Mikura

Die Frösche

Ein großer Teich war zugefroren.
Die Fröschlein, in der Tiefe verloren,
durften nicht ferner quaken noch springen,
versprachen sich aber im halben Traum:
fänden sie nur da oben Raum,
wie Nachtigallen wollten sie singen. –
Der Tauwind kam, das Eis zerschmolz;
nun ruderten sie und landeten stolz
und saßen am Ufer weit und breit
und quakten wie vor alter Zeit.

JOHANN WOLFGANG GOETHE

Die Vögel warten im Winter vor dem Fenster

Ich bin der Sperling.
Kinder, ich bin am Ende.
Und ich rief euch immer im vergangnen Jahr,
Wenn der Rabe wieder im Salatbeet war.
Bitte um eine kleine Spende.

Sperling, komm nach vorn.
Sperling, hier ist dein Korn.
Und besten Dank für die Arbeit!

Ich bin der Buntspecht.
Kinder, ich bin am Ende.
Und ich hämmere die ganze Sommerzeit,
All das Ungeziefer schaffe ich beiseit.
Bitte um eine kleine Spende.

Buntspecht, komm nach vurn.
Buntspecht, hier ist dein Wurm.
Und besten Dank für die Arbeit!

Ich bin die Amsel.
Kinder, ich bin am Ende.
Und ich war es, die den ganzen Sommer lang
Früh im Dämmergrau in Nachbars Garten sang.
Bitte um eine kleine Spende.

Amsel, komm nach vorn.
Amsel, hier ist dein Korn.
Und besten Dank für die Arbeit!

BERTOLT BRECHT

Die drei Spatzen

In einem leeren Haselstrauch
Da sitzen drei Spatzen, Bauch an Bauch.

Der Erich rechts und links der Franz
Und mittendrin der freche Hans.

Sie haben die Augen zu, ganz zu,
Und obendrüber, da schneit es, hu!

Sie rücken zusammen dicht, ganz dicht.
So warm wie der Hans hat's niemand nicht.

Sie hörn alle drei ihrer Herzlein Gepoch.
Und wenn sie nicht weg sind, so sitzen sie noch.

CHRISTIAN MORGENSTERN

Herr Wenzel und sein Gartenzwerg

Herr Wenzel war alt und einsam.
Niemand besuchte ihn. Bloß der Postbote kam einmal im Monat und zahlte ihm die Rente aus.
Die Kinder des Dorfes wagten sich nicht in die Nähe seines Hauses. Der mürrische Alte war ihnen unheimlich.
Am liebsten hockte Herr Wenzel im Schaukelstuhl und verschaukelte die Stunden. Wenn er vom Schaukeln genug hatte, kroch er ins Bett. Als an einem düsteren Dezembertag jemand an seine Tür klopfte, erschrak Herr Wenzel. Aber dann beruhigte ihn der Gedanke, daß Einbrecher wohl kaum an die Tür klopfen.
Er schob den Riegel zurück und schaute durch den Türspalt.
Draußen stand sein Gartenzwerg.
Herr Wenzel prallte zurück, als stünde ein Riese vor ihm.
»Du?« fragte er verblüfft.
»Ich!« sagte der Gartenzwerg. An seiner Zipfelmütze klebten faulige Blätter. An seiner Nase baumelte ein dicker Tropfen. Er schnupfte auf. Und mit leiser Stimme erklärte er: »Zwanzig Jahre stehe ich mit meiner Schubkarre unter dem Kastanienbaum und rühre mich nicht vom Fleck – jetzt habe ich das Faulenzen gründlich satt. Ich langweile mich. Außerdem habe ich dieses Jahr keine Lust, mich bis über die Ohren einschneien zu lassen.«
»Soso«, sagte Herr Wenzel ärgerlich. »Aber dein Platz ist im Garten, damit basta. Ich dulde keinen Gartenzwerg in meinem Haus.«
»Ab heute bin ich ein Stubenzwerg«, sagte der Gartenzwerg und spazierte über die Schwelle.
Herr Wenzel hatte den Besen seit Wochen nicht mehr angerührt. Jetzt packte er ihn und schrie: »Warte nur, dich kehre ich hinaus, du unverschämter Kerl!«
Doch der Gartenzwerg war schlau. Er hatte sich bereits unter einem Berg alter Stiefel und Lumpen verkrochen. Dort blieb er versteckt, bis Herr Wenzel die Suche aufgab und stöhnend zu Bett ging.
Am nächsten Morgen erlebte der alte Mann eine Überraschung. Der Fußboden war gefegt, die Tischplatte war geschrubbt, Töpfe und Pfannen waren gewaschen.
Der Gartenzwerg stand auf dem blank polierten Rand des Kochherdes und goß Kaffee auf.
»Guten Morgen«, sagte er. »Die Brote habe ich schon mit Butter bestrichen. Wenn du gewaschen bist, können wir das Frühstück essen.«
Herr Wenzel hatte sich schon lange nicht mehr gewaschen. Und gekämmt hatte er Haare und Bart höchstens mit den gespreizten Fingern.
Er glotzte vor sich hin. Eine Weile mußte er darüber nachdenken, ob er die Hände wirklich in die Waschschüssel tauchen sollte. Vielleicht verspottete ihn der Zwerg, wenn er es nicht tat. Also ging er schließlich hinaus, wusch und kämmte sich und guckte nach langer Zeit wieder in den Spiegel.
Merkwürdig, dachte er. Denn er gefiel sich. Er gefiel sich so gut, daß er den Mund zu einem Lächeln verzog. Und gelächelt hatte Herr Wenzel schon ein paar Jahre nicht mehr.
»Und was machen wir nach dem Frühstück, du verrückter Zwerg?« fragte er, als er sich an den Tisch setzte.
»Zuerst basteln wir ein schönes Futterhaus für die Vögel im Garten«, antwortete der Gartenzwerg. »Ist dir das recht?«
»Nein!« knurrte Herr Wenzel. Doch wenig später brachte er Bretter und Nägel aus dem Schuppen und baute ganz allein ein nettes Futterhäuschen.
Der Gartenzwerg saß daneben und stopfte Herrn Wenzels graue Socken mit himmelblauer Wolle.
In der Nacht fiel der erste Schnee. Still rieselte er auf das Haus und den Garten nieder.
Herr Wenzel stand am Morgen hinter der Fensterscheibe und schaute zu, wie die Vögel an sein Futterhäuschen kamen.
»Die freuen sich«, sagte der Gartenzwerg. »Freust du dich auch?«
»Naja, ein bißchen«, sagt Herr Wenzel. »Das Futterhaus ist mir eigentlich recht gut gelungen.«
»Recht gut?« rief der Gartenzwerg. »Es ist sogar prächtig!«
»Naja«, murmelte Herr Wenzel, und dabei wurde er ein klein wenig rot.
»Bevor der erste Frost kommt, solltest du das Fen-

ster putzen. An ein schmutziges Fenster können wir keine Weihnachtssterne hängen!« sagte der Gartenzwerg.

Herr Wenzel starrte ihn an. »Welche Weihnachtssterne?«

»Die Sterne, die wir aus Stroh und Silberpapier basteln werden«, sagte der Gartenzwerg, wobei er stillvergnügt die Däumchen drehte.

»Ich brauche keine Sterne im Fenster«, murrte der Alte. »Da hätten bloß die Leute, die draußen vorbeigehen, etwas zu gaffen.«

Der Zwerg hörte auf, die Däumchen zu drehen. Er seufzte. »Tut mir leid, daß du keine Sterne magst. Aber vielleicht erlaubst du mir, ein paar Butterkekse zu backen?«

»Kannst du das überhaupt?«

»Ist ein Kinderspiel!« sagte der Gartenzwerg.

Mag sein, daß er zuviel Holz in den Ofen geschoben hatte. Mag sein, daß das Kuchenblech zu lang im Backrohr geblieben war. Die Kekse gelangen nicht. Kekse, die kohlschwarz sind, kann man nicht essen.

Herr Wenzel schimpfte. Der Gartenzwerg weinte. Dann bat der Gartenzwerg Herrn Wenzel, die Haustür zu öffnen. »Ich gehe freiwillig auf meinen Platz im Garten zurück«, erklärte er mit zitternder Stimme. »Ich gehe, bevor du mich hinauswirfst.«

Der Schnee fiel nun dichter und dichter. Es wurde früh dunkel.

Herr Wenzel saß in seinem Schaukelstuhl und dachte an den Gartenzwerg, der draußen in der Kälte stand.

In der Nacht wälzte er sich unruhig von einer Seite auf die andere.

Frühmorgens hielt er nach dem Zwerg Ausschau. Der Zwerg stand unter dem Kastanienbaum. Bis über beide Ohren eingeschneit.

»Dieser verrückte Bursche sägt an meinen Nerven!« sagte Herr Wenzel empört. »Was bildet er sich eigentlich ein?«

Nach dem Frühstück goß er heißes Wasser in einen Eimer und putzte das Fenster. Dann klebte er knurrend und murrend aus Strohhalmen zwei große Sterne. Und aus Silberpapier faltete er zwei kleine.

Zu Mittag hörte es auf zu schneien. Die Sonne brach durch die Wolken. Im Haus gegenüber bewegten sich die Vorhänge. Die Leute spähten zu Herrn Wenzels Fenster hinüber.

An den Scheiben hingen zwei große Strohsterne und zwei kleine Sterne aus Silberpapier.

Da muß ein Wunder geschehen sein, dachten die Leute.

Plötzlich trat Herr Wenzel aus der Haustür und stapfte mit energischen Schritten zum Kastanienbaum.

»Komm herein, die Suppe ist fertig«, schrie er wütend, grub den Zwerg aus dem Schnee und trug ihn ins Haus.

»Jetzt ist der alte Wenzel total übergeschnappt!« flüsterten die Leute von drüben.

Sie wußten es nicht besser.

Vera Ferra-Mikura

Das Häschen und die Rübe

Felder und Hügel waren mit hohem Schnee bedeckt, und Häschen hatte nichts zu essen. Da ging es fort, um Futter zu suchen.

Es fand zwei gelbe Rüben.

Häschen aß eine Rübe und sagte: »Es schneit so sehr, und es ist so bitter kalt. Gewiß hat Eselchen nichts zu essen. Ich will ihm die Rübe bringen.«

Sofort lief das Häschen zu Eselchens Haus. Aber Eselchen war nicht zu sehen.

Häschen legte die Rübe hin und hoppelte fort.

Auch Eselchen war ausgegangen, um Futter zu suchen.

Es fand ein paar Kartoffeln und ging zufrieden nach Hause. Als es an die Tür kam, sah es die Rübe.

Woher mag diese Rübe sein? Eselchen wunderte sich.

Dann aß es seine Kartoffeln und sagte: »Es schneit so sehr, und es ist so bitter kalt. Gewiß hat Lämmchen nichts zu essen. Es soll die Rübe bekommen.«

Eselchen rollte die Rübe zu Lämmchens Haus. Aber Lämmchen war nicht da.

Behutsam legte Eselchen die Rübe hin und ging wieder fort.

Auch Lämmchen war ausgegangen, um Futter zu suchen.

Es fand einen Kohlkopf und ging zufrieden nach Hause. Als es an die Tür kam, sah es die Rübe.

Woher mag diese Rübe sein? Lämmchen wunderte sich.

Dann aß es den Kohlkopf und sagte: »Es schneit so sehr, und es ist so bitter kalt. Gewiß hat Rehlein nichts zu essen. Ich will ihm die Rübe bringen.«

Lämmchen nahm die Rübe und trug sie zu Rehleins Haus. Aber das Haus war leer.

Lämmchen legte Rehlein die Rübe hin und lief schnell wieder fort.

Auch Rehlein war ausgegangen, um Futter zu suchen.

Es fand grüne Blätter und ging zufrieden nach Hause. Als es an die Tür kam, sah es die Rübe. Woher mag diese Rübe sein? Rehlein wunderte sich.

Dann aß es die grünen Blätter und sagte: »Es schneit so sehr, und es ist so bitter kalt. Gewiß hat Häschen nichts zu essen. Ich werde Häschen die schöne gelbe Rübe schenken.«

Und gleich lief Rehlein zu Häschens Haus.

Aber Häschen hatte sich sattgegessen, war zu Bett gegangen und schlief. Rehlein wollte es nicht wecken und rollte die Rübe leise durch die Tür hinein.

Als Häschen erwachte, rieb es sich verwundert die Augen: Die Rübe war wieder da!

Es überlegte einen Augenblick, dann sagte es: »Gewiß hat mir ein guter Freund diese Rübe gebracht!« Dann aß es die Rübe auf.

Sie schmeckte sehr gut!

FRIEDL HOFBAUER

Bärenglück

Ein Bär läuft durch den Winterwald.
Der Winterwald ist bitter kalt.
Der Bär trägt einen Hut,
der ihn behüten tut.

Da hat der Bär den Hut verloren.
Da friert der Bär an Nas' und Ohren.
Da läuft er flink zur Mutter heim.
Da schlürft er Milch mit Honigseim.
Da brummt der Bär und lacht.
Jetzt schlaf schön. Gute Nacht!

HANS STEMPEL + MARTIN RIPKENS

Schlittenfahrt

Das ist ein fröhlich Fahren,
Der Schnee blinkt weiß und rein,
Im Schlitten sitzt behaglich
Das kleine Schwesterlein.

Es hat der eine Bruder
Als Pferd sich vorgespannt,
Der andre schiebt von hinten,
Der Spitz kommt nachgerannt.

Mit frischen, roten Backen
Geht es im Trab voran,
Mit Jubeln und mit Jauchzen
Auf glatter Schlittenbahn.

GEORG CHRISTIAN DIEFFENBACH

Zieh dein Mützlein auf die Ohren,
nachts hat's Engelhauch gefroren,
und der Wind mit seiner Scher'
schneidet Sterne, immer mehr.
Sterne dort und Sterne hier,
komm, wir kaufen Buntpapier,
und wir schneiden Sterne auch,
aber nicht aus Engelhauch,
weil wir ja nur Menschen sind.
Himmelsschnee schneit nur der Wind.

CHRISTINE BUSTA

Im Winter geht die Sonn
Erst mittags auf die Straße
Und friert in höchstem Maße
Und macht sich schnell davon.

Ein Rabe stelzt im Schnee
Mit graugeschneitem Rücken,
In seinen Fußabdrücken
sieht man jeden Zeh.

Der Winter ist voll Grimm.
Doch wenn die Mutter Geld hat
Und viele Briketts bestellt hat,
Dann ist er nicht so schlimm.

PETER HACKS

Wanderlied

Der Sommer ist verglommen,
der Herbst hat ausgeweint,
nun ist der Winter kommen,
der bitterböse Feind.
Die Erde liegt im Leichenhemd
und war einst jung und bunt.
Was suchst du noch, du bist hier fremd,
mein Bruder Vagabund.

Wie springt dir an die Waden
der scharfe Winterwind!
Du bist nicht eingeladen,
wo sie besoffen sind.
Dich ruft kein Wirt zum heißen Punsch
um Sankt Silvesters Stund:
Ein Rabe krächzt den Neujahrswunsch,
mein Bruder Vagabund.

Und wär der Himmel droben
von Samt und von Brokat,
und Sternlein eingewoben,
ein jedes ein Dukat –
wär keiner, der die Leiter stellt,
daß man sie holen kunnt.
So ist die Zeit, so ist die Welt,
mein Bruder Vagabund.

JURA SOYFER

Warum es keine Weihnachtslärche gibt

»Herbst, was hast du uns mitgebracht?« riefen die Bäume.

»Mitgebracht?« brummte der Herbst.

»Die andern haben uns die herrlichsten Dinge geschenkt!« schallte es von allen Seiten. »Der Frühling hat uns allen herrliche grüne Kleider gegeben!«

»Dazu hat er uns mit schneeweißen Blüten überschüttet!« riefen Birnbaum, Kirschbaum und Pflaumenbaum.

»Mich hat er mit rosafarbenen Blüten geschmückt!« rief der Apfelbaum.

»Mir hat er tausend rote Blütenkätzchen geschenkt!« rief die Fichte.

»Mir hat er auf jeden Zweig prächtige Blütenkerzen gesteckt!« rief die Kastanie.

»Und der Sommer!« riefen die Bäume. »Der Sommer hat uns Früchte gegeben!«

»Mich hat er mit blauen, weiß bereiften Kugeln behängt!« rief der Pflaumenbaum.

»Mich mit wunderhübschen roten!« rief der Kirschbaum.

»Uns hat er große, saftige Früchte beschert!« riefen Birnbaum und Apfelbaum.

»Mir hat er zierliche Zapfen auf die Zweige gesteckt!« rief die Lärche.

Die Bäume konnten nicht genug den Frühling und den Sommer loben. »Und du, Herbst«, riefen sie, »du nimmst uns die Früchte! Und was gibst du uns dafür?«

»Ich habe nichts mitgebracht. Ich kann euch nichts geben«, brummte der Herbst. »Ihr habt eure grünen Kleider noch, seid zufrieden!«

»Ach, unsere grünen Kleider«, hieß es. »An denen haben wir uns längst satt gesehen!«

Die Bäume standen still und traurig, bis sich eine helle Stimme vernehmen ließ: »Kannst du uns nicht wenigstens die Kleider färben? Ich wünsche mir ein goldenes!«

Alle schauten auf die Birke, die gesprochen hatte. Dann brach ein Sturm los: »Herbst, du mußt uns die Kleider färben!«

»Ich wünsche mir ein rotes Kleid!« rief der Kirschbaum.

»Ich ein braunes!« rief die Eiche.

»Ich ein violettes!« rief die Tanne.

»Ich ein ockerfarbenes!« rief die Lärche.

»Ich ein buntes!« rief der Ahorn.

Der Herbst schüttelte sein Haupt. »Ich würde euch gerne den Gefallen tun«, sagte er. »Aber was würde der Winter dazu sagen, wenn er kommt? Er würde toben! Ich kenne ihn: Er ist für das Schlichte, alles Buntscheckige ist ihm verhaßt. Nein, es kann nicht sein!«

»Oh, du willst nur nicht!« klagten die Bäume. »Der Winter hat gewiß nichts dagegen, wenn wir bunte Kleider tragen!«

»Wir könnten ihn ja fragen«, entschied der Herbst. Und er befahl dem Wind, eilig zum Winter zu laufen.

Bis zum Winter war ein weiter Weg. Der Wind rannte durch die Straßen der Dörfer und Städte, über die Fluren, durch die Täler, über die Höhen. Keuchend kehrte er zurück. »Der Winter ist außer sich«, berichtete er. »Er droht, allen Bäumen den Kragen umzudrehen, wenn er jeden in einem andersfarbigen Kleid vorfindet.«

Die Bäume steckten die Köpfe zusammen. Schließlich machten sie dem Herbst einen Vorschlag: »Gib unsern Blättern und Nadeln schöne Farben! Wir versprechen dir, sie alle abzuwerfen, ehe der Winter kommt, dann hat er keinen Grund, sich zu beschweren. Der Frühling gibt uns später wieder neue Kleider.«

»Hm«, meinte der Herbst, »dann steht ihr ja alle kahl da, wenn der Winter kommt. Ob er damit einverstanden sein wird? Ich glaube kaum. – Lauf, Wind, und frage ihn.«

Der Wind stöhnte, weil er den weiten Weg noch einmal machen mußte. Fauchend und heulend fuhr er über das Land, bis er dorthin gelangte, wo der Winter wohnte.

Der Winter erklärte: »Wenn den Bäumen so viel an bunten Kleidern gelegen ist, sollen sie ihre Freude haben! Aber ein Teil von ihnen muß grün bleiben. Ich will an Weihnachten nicht nur kahle Zweige sehen! Wind, höre gut zu, was ich dir sage! Die Laubbäume können sich ihr Laub vom Herbst färben lassen, wenn sie wollen; sie müssen es nur abgeworfen haben, bis ich komme. Die vier Nadelbäume aber – hast du verstanden? –, die vier Nadelbäume müssen grün bleiben. Wehe dir, wenn du meinen Befehl nicht ordentlich weitergibst!«

Der Wind, den schon der Herbst so viel herumgeschickt hatte, wollte wenigstens zur Zeit des Winters seine Ruhe haben. Er nahm sich daher vor, seine Botschaft an die vier Nadelbäume genau auszurichten. Als er zurückkam, rief er sogleich:

»Fichten, Tannen, Kiefern, Föhren,
ihr vier habt mir zuzuhören!
Bleibet grün, so wie ihr seid,
grün, grün, grasgrün allezeit!
Dieses muß ich euch berichten,
Tannen, Kiefern, Föhren, Fichten!«

Der Wind war überzeugt, seine Sache gut gemacht zu haben. Doch als der Winter kam und sich umschaute, da verfinsterte sich sein Gesicht. Er brüllte: »Wind, was habe ich dir aufgetragen?« und zeigte auf die Lärche, die mit kahlen Zweigen dastand. Unter ihr lagen die ockerfarbenen Nadeln verstreut, die sie abgeworfen hatte, wie die Laubbäume ihr Laub.

»Aber ich habe doch ausdrücklich allen vier Nadelbäumen befohlen«, stotterte der Wind, »der Fichte, der Tanne, der Kiefer, der Föhre...«

»Und der Lärche?« brüllte der Winter.

Da ging dem Wind plötzlich ein Licht auf: Er hatte die Kiefer, die auch Föhre heißt, zweimal genannt und die Lärche vergessen...

Ja, hätte der Wind damals nicht einen Fehler gemacht, könnten wir uns als Weihnachtsbaum eine kleine Lärche statt der Fichte oder Tanne ins Zimmer holen.

Aber seien wir dem Wind nicht auch noch böse. Er ist bestraft genug. Hört nur, wie ihn der Winter draußen durch die Gegend jagt!

JOSEF GUGGENMOS

Es stand ein weißer Mann im Schnee

Es stand ein weißer Mann im Schnee
mit einer roten Nase.
Die Sonne ist gekommen
und hat ihn mitgenommen.
Jetzt liegen ein Topf, eine Rübe, ein Besen
im grünen Gras.
Wie kommt denn das?
Und wer ist der weiße Mann gewesen?

FRIEDL HOFBAUER

Ein Schneemann für Isabell

Isabell wünschte sich einen Schneemann.
Du liebe Zeit! Dieser Wunsch war schwer zu erfüllen. Denn in dem Land, in dem Isabell wohnte, fiel niemals Schnee.
Trotzdem wünschte sich Isabell einen Schneemann. Es war ihr einziger Geburtstagswunsch.
Der Vater überlegte, wie er das machen sollte. Vielleicht gab es Schneemänner aus Pappe? Oder aus Watte?
Nein, das hätte Isabell gemerkt. Schneemänner müssen kalt sein. Und sie müssen eine Mohrrüben-Nase haben und einen Bratpfannen-Hut.
Da schrieb Isabells Vater eine Bestellung an das Versandhaus NÄGELI in der Schweizer Stadt Bern:
Schickt mit Eilpost einen SCHNEEMANN mit Nase und Hut für meine Tochter Isabell.
Die Leute von der Firma NÄGELI machten sich gleich an die Arbeit.
Sie holten Schnee vom Oberland und bauten einen dicken Schneemann mit langer Mohrrüben-Nase und einem Bratpfannen-Hut. Sie steckten den Schneemann in eine Kühltruhe und schickten ihn mit dem Flugzeug zu Isabell.
Auf dem Flugplatz warteten viele Leute. Sie hatten gehört, es würde eine berühmte Person ankommen.
»Was kommt denn für einer?« fragten die Leute. »Ein Schlagersänger? Ein Fußballspieler? Oder ein Präsident?«
Sie waren sehr neugierig. Aber noch neugieriger war Isabell.
Dann hörte man das Flugzeug brummen. Es landete. Die Kühltruhe wurde aus dem Flugzeug getragen. Alle konnten es sehen:

Zwei Männer öffneten den Deckel, und ein Schneemann schaute heraus.
Sie stellten ihn auf die Beine. Sie drückten ihm die Nase fest. Sie rückten ihm den Hut zurecht. So brachten sie ihn zu Isabell: ganz frisch, ganz weiß, ganz kalt.
Isabell strahlte vor Freude. Sie gab dem Schneemann die Hand. Da merkte sie, wie kalt er war.
Die Leute staunten. »Ah!« riefen sie und »Oh!« und »Bravo!«.
So etwas hatten sie noch nicht gesehen. Sie drängten sich um den Schneemann. Jeder wollte ihm die Hand geben.
Isabell war sehr stolz. Sie wollte ihn mit nach Hause nehmen und auf den Geburtstagstisch stellen. Aber vom vielen Händeschütteln und weil es in Isabells Land so warm war, wurde der Schneemann weich. Er sackte in den Knien zusammen, wurde immer kleiner. Zuletzt blieben nur die Mohrrübe und die Bratpfanne übrig und – das hätte ich beinahe vergessen – die beiden Kastanien-Augen.

War Isabell jetzt traurig?
Überhaupt nicht.
Sie hatte einem echten Schneemann die Hand gegeben, und all die anderen Leute hatten es auch getan. Sie hatte gefühlt, wie kalt er war. Sie hatte gesehen, wie gut ihm die Mohrrüben-Nase und der Bratpfannen-Hut standen.
Nun war er verschwunden. War nur noch eine Pfütze. In der Pfütze spiegelte sich die Sonne.
Na, wenn schon! Schlagersänger, Fußballspieler und Präsidenten waren schon oft angekommen. Aber ein Schneemann noch nie.

HANNA HANISCH

Schnüpperle backt Pfefferkuchen

In der Adventszeit muß Pfefferkuchen im Haus sein, sagt Mutter immer, deshalb backt sie heute. Noch nicht alles, nur so zum Kosten und Knabbern.

»Pfefferkuchen schmeckt vor Weihnachten ohnehin am besten«, behauptet Vater.

Mutter lacht. »Und wer langt an den Feiertagen am meisten zu?« fragt sie.

»Schnüpperle«, sagt Vater.

»Gar nicht wahr, du futterst am meisten. Und immer sagst du: das ist der letzte, sonst werd ich zu dick.«

»Sag ich das?«

»Ja, und dann nimmst du doch wieder einen.«

»Den allerletzten«, sagt Vater.

»Und dann den allerallerletzten!« sagt Schnüpperle. »Bis dir der Bauch weh tut.«

Als Vater gegangen ist, holt Mutter die Schüssel mit dem braunen Pfefferkuchenteig aus dem Keller. Sie schneidet einen dicken Klumpen heraus, und Schnüpperle bekommt ein Stück davon ab. Er kann damit backen, was er will.

»Ich mach einen Hund«, sagt Schnüpperle.

Mutter rollt ihm den Teig platt, dann nimmt sie sich ihren Klumpen vor. Sie sticht Herzen mit der Form heraus und Sterne und Halbmonde. Schnüpperle müht sich derweil mit dem Teigschaber ab.

»Ich glaube, ein Hund ist zu schwer«, sagt Schnüpperle. »Ich krieg den Kopf nicht richtig hin, und die Beine sind viel zu lang, wie'n Pferd!«

»Hals hat er auch keinen«, sagt Mutter.

»Was könnte ich denn sonst machen?«

»Ich wüßte was Einfaches, aber ob es dir gefällt...«

»Was denn?«

»Einen Schneemann.«

»Einen Schneemann? Aber braunen Schnee gibt's doch gar nicht«, sagt Schnüpperle.

»Wir könnten deinen Schneemann aber mit weißem Zuckerguß bestreichen.«

»O ja! Und die Augen?«

»Haselnüsse.«

»O ja! Und die Knöpfe auf dem Bauch?«

»Mandeln.«

»O ja! Und die Nase?«

»Ein Stückchen Zitronat.«

»O ja!« Schnüpperle knautscht den Teig zusammen, und Mutter rollt ihn wieder aus. Dann hilft Mutter mit.

Schnüpperle sticht eigentlich nur den Bauch aus. Brust, Kopf und Arme formt Mutter. Aber die Arme sind auch besonders schwer anzukneten, weil der Schneemann sie in die Seiten stemmt.

Ganz vorsichtig legt Mutter den Teigmann aufs Backblech und schiebt es in den Ofen. Nach fünf Minuten sieht sie nach, wie weit der Schneemann ist. Schnüpperle darf auch gucken.

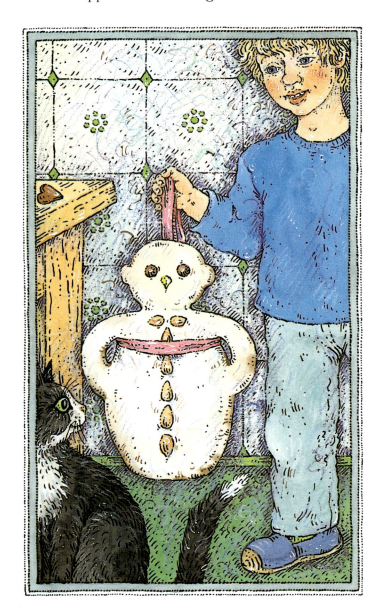

»Ooch, ist der aber dick geworden! Der bläst sich ja auf wie'n Luftegong.«

»Luftballon heißt es.«

»Weiß ja, aber ich hab doch immer so gesagt, als ich noch klein war.«

Mutter rührt schnell Puderzucker mit Wasser an. Jetzt ist der Schneemann auch fertig gebacken. Mit dem Messer nimmt sie ihn vom Blech ab. Schnüpperle wartet schon mit dem Pinsel. Er taucht ihn in den Zuckerbrei und bestreicht den braunen Mann. Mutter setzt zwei Haselnußaugen ins Gesicht und eine spitze grüne Zitronatnase. Schnüpperle drückt die Mandelknöpfe auf den dicken Bauch.

»Ooch, sieht der hübsch aus!« sagt Schnüpperle. »Bloß gut, daß ich keinen Hund gemacht habe, den hätte ich nicht so gut gekonnt.«

»Jetzt muß er trocknen«, sagt Mutter. Sie legt den Schneemann beiseite, damit sie weiter Herzen und Sterne ausstechen kann.

Alle Augenblicke fragt Schnüpperle:

»Ist er jetzt trocken?«

»Nein, noch nicht.«

»Jetzt?«

»Nein. Warum hast du's denn so eilig?«

»Weil ich mich freue, daß er mir so gut geraten ist. Wo stell ich ihn bloß hin, damit ihn viele sehen können? Ans Fenster?«

»Am Fenster ist es zu feucht, da wird er weich und fällt zusammen. Aber ich wüßte was«, sagt Mutter.

»Wohin denn?«

»Wir hängen ihn zwischen die grünen Zweige ans Treppengeländer, da sieht ihn auch jeder, der zu uns kommt.«

»O ja! Aber wie hängen wir ihn denn auf? Kloppen wir einen Nagel durch?«

Mutter überlegt. »Ich weiß«, sagt sie. »Wir binden ihm eine Schleife um den Bauch und hängen ihn hinten daran auf.«

»Ja?« fragt Schnüpperle. »Ja? Aber einen Schneemann mit Schleife um den Bauch habe ich überhaupt noch nicht gesehen.«

»Unserer ist ja auch ein ganz besonderer. Er schmilzt nicht, er riecht gut und schmeckt süß. Da kann er ruhig eine Schleife haben.«

»O ja!« sagt Schnüpperle. »Er ist ein richtiger Pfefferkuchenweihnachtsschneemann.«

BARBARA BARTOS-HÖPPNER

Der erste Schnee

Ei, du liebe, liebe Zeit,
ei, wie hat's geschneit, geschneit!
Ringsherum, wie ich mich dreh,
nichts als Schnee und lauter Schnee.
Wald und Wiesen, Hof und Hecken,
alles steckt in weißen Decken!
Und im Garten jeder Baum,
jedes Bäumchen voller Flaum!
Auf dem Sims, dem Blumenbrett
liegt er wie ein Federbett!
Auf den Dächern um und um
nichts als Baumwoll' ringsherum!
Und der Schlot vom Nachbarhaus,
wie possierlich sieht er aus:
Hat ein weißes Müllerkäppchen,
hat ein weißes Müllerjöppchen!
Meint man nicht, wenn er so raucht,
daß er just sein Pfeiflein schmaucht?
Und im Hof der Pumpenstock
hat gar einen Zottelrock,
und die pudrige Perücke,
und den Haarzopf im Genicke,
und die ellenlange Nase
geht schier vor bis auf die Straße!
Und gar draußen vor dem Haus! –
Wär' nur erst die Schule aus!
Aber dann, wenn's noch so stürmt,
wird ein Schneemann aufgetürmt;
dick und rund und rund und dick
steht er da im Augenblick.
Auf dem Kopf als Hut 'nen Tiegel
und im Arm den langen Prügel
und die Füße tief im Schnee,
und wir ringsherum, juhe!
Ei, ihr lieben, lieben Leut',
was ist heut das für eine Freud'!

FRIEDRICH GÜLL

Paradies-Schnee

In den Straßen, wo die vielen Autos fahren, ist der Schnee schmutzig, und auf den Gehsteigen sieht er auch nicht besser aus. Aber im Stadtgarten, da liegt er frisch und weiß auf den Wiesen. Unberührt bis auf eine krakelige Vogelspur hie und da.

»Die Bäume halten sich ganz still, damit der Schnee nicht runterfällt«, sagt Susi, »nicht wahr?«

Eckhard nickt.

»Sag, woher kommt der Schnee?«

»Aus den Wolken«, erklärt Eckhard, »die haben die ganzen Bäuche voll davon.«

»Und warum ist er immer nur weiß und nie rot?« will Susi jetzt wissen.

»Weil er sonst Flecken machen würde.«

»Kann man Schnee essen?« fragt Susi.

»Ja«, sagt Eckhard, »aber er ist so kalt, da kriegt man Bauchschmerzen.«

»Ein bißchen?«

»Nein«, sagt Eckhard, und er nimmt seine kleine Schwester fest an der Hand. »Paß auf, wie viele Wörter es mit Schnee gibt«, lenkt er sie ab: »Schneeball, Schneewetter, Schneemann...«

»Schneefrau!« schreit Susi.

»Schneesturm«, fährt Eckhard fort, »Schneeschaufel... Schneekönigin...«

»Schneenasi«, sagt Susi.

»Nein«, sagt Eckhard.

»Doch«, sagt Susi, »weil mir nämlich Schnee auf die Nase gefallen ist!«

»Na gut«, meint Eckhard. »Schneeräumer... Schneeschuhe...«

»Schneestrümpfe!« brüllt Susi und hüpft auf einem Bein, »Schneehütte, Schneevögel!«

»Komm, wir machen eine Schneeballschlacht!« ruft Eckhard. »Los!«

Da bewerfen sie sich mit Schneebällen. Die Susi schmeißt, so fest sie kann. Der Eckhard darf das aber nicht, weil seine kleine Schwester dann losheult.

»Pah«, macht Susi endlich, »ich krieg keine Luft mehr!«

Jetzt schneit es mehr und mehr. Dichte Flocken segeln herab.

»War voriges Jahr auch Winter?« fragt Susi.

»Klar«, antwortet Eckhard. »Erinnerst du dich nicht mehr?«

»Und vorvoriges Jahr?«

»Da auch.«

»Und vorvorvoriges Jahr?« Susi ist eine Nervensäge.

»Jedes Jahr ist Winter«, erklärt Eckhard.

»Ganz früher auch?«

»Ja«, sagt Eckhard.

»Woher weißt du das?«

Eckhard denkt nach.

»Von der Mama.«

»Und woher weiß es die Mama?«

»Von der Großmama. – Siehst du den Vogel da?« versucht er sie abzulenken. »Ja«, sagt Susi. »Und von dem weiß die Großmama es?«

»Von ihrer Mutter«, sagt Eckhard. »Der Urgroßmama.«

»Und die?« bohrt Susi weiter.

»Von der Ururgroßmama. Der hat es die Urururgroßmama erzählt, und die erfuhr es von der Ururururgroßmama.«

»Und die von der Urururururur...« Jetzt macht es Susi erst recht Spaß!

»Ja«, sagt Eckhard, »und immer so weiter zurück.«

»Bis wohin?« fragt Susi.

Eckhard stöhnt.

»Wo sind denn deine Handschuhe?« fragt er.

»Weiß ich nicht«, sagt Susi. »Bis wohin?«

»Bis zu Adam und Eva im Paradies!«

»Im Paradies ist immer Sommer!« sagt Susi.

»Wieso?« fragt Eckhard.

»Weil da immer Sommer ist! Auf allen Paradiesbildern ist Sommer!«

Susi hat recht. Die Wiesen sind immer grün, und die Blumen blühen.

»Im Paradies ist auch Winter gewesen!«

»Warum?« fragt Susi.

»Weil das Paradies ein wunderschöner Ort war«, sagt Eckhard, »und weil der Winter auch wunderschön ist. Und weil er zu einem wunderschönen Ort dazugehört.«

Susi guckt zu ihm hoch.

40

»Ja«, sagt sie. »Und die Tiere?« fragt sie. »Und die Leute?«

»Die Leute waren Adam und Eva«, sagt Eckhard. Da fällt ihm ein, daß die ja keine Kleider hatten. »Im Paradis war der Schnee nicht kalt«, sagt er.

»Echt?« fragt sie. »Woher weißt du das?« fragt sie.

»Von niemandem auf der ganzen, weiten Welt«, sagt Eckhard. »Von mir ganz allein.«

»Da mußten sie nicht frieren«, sagt Susi.

»Aber ich friere«, fügt sie hinzu. »Trag mich ein bißchen!«

Ob es wirklich Winter gab im Paradies? denkt Eckhard, während er seine kleine Schwester huckepack nach Hause trägt. Ganz bestimmt, denkt er, und ich bin der erste, dem es eingefallen ist.

GINA RUCK-PAUQUÈT

Hinten im Garten, o lustige Pracht!
haben wir uns einen Schneemann gemacht;
hat eine Kappe bis über die Ohren,
und seine Nase ist knallrot gefroren;
hat keine Beine und keinen Arm,
aber er lacht, denn sein Schneepelz hält warm.

ADOLF HOLST

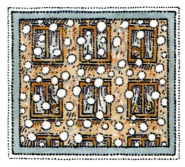

Die Stadt der 1000 Schneemänner

Der erste Schnee fiel auf die Stadt, auf ihre Fabriken, auf ihre Hochhäuser und auf ihre Parkplätze. Er fiel zuerst in kleinen Flocken, dann in größeren und dann in ganz dichten Flocken. Es war Nachmittag, und es dämmerte schon ein wenig. Als die hundert Kinder des Häuserblocks den Schnee sahen, hörten sie auf, das zu tun, was Kinder eben tun, wenn ihre Eltern noch bei der Arbeit sind. Sie schalteten die Fernsehapparate aus, sie hörten auf, die Tapeten mit grüner Farbe zu bemalen und den Teddybären die Bäuche aufzuschneiden. Statt dessen preßten sie ihre Nasen gegen die Fensterscheiben und schnupperten wie kleine Hunde. Es roch ein wenig nach Nässe, nach Rauch und vor allem nach Schnee. Lisa, das kleine Mädchen aus dem ersten Stock, war als erste auf dem Hof und rief: »Wir bauen einen Schneemann! Wir bauen einen Schneemann!« Und schon kamen von allen Seiten große und kleine Kinder und brüllten mit ihr, daß die Fensterscheiben klirrten:

»Einen Schneemann, einen Schneemann.«

Das hörte der Hauswart und stürzte ins Freie, blickte ärgerlich zum Himmel, brummte ein wenig und sagte dann streng:

»Schneemannbauen im Hof ist verboten.«

»Macht nichts«, sagte Lisa unbekümmert, »dann bauen wir ihn eben auf der Wiese.«

»Das Betreten der Wiese ist verboten«, sagte der Hauswart.

Die Kinder sahen sich an. Was nützt schon Schnee, wenn man daraus nicht Schneemänner, Schneefrauen, Schneekinder, Schneehunde, Schneekatzen und Schneegiraffen bauen kann?

»Dann bauen wir die Schneemänner eben auf der Straße«, schlug Lisa vor, »unsere Väter sind ohnehin noch nicht zu Hause. Da sind eine Menge Parkplätze frei.«

Und sie liefen, so schnell sie nur konnten, auf die Straße. Sie zogen Spuren in den frischen Schnee, stampften umher und bliesen ihren Atem in die

Luft. Sie wälzten sich in den frischen Flocken und brüllten und jauchzten, daß der Hauswart Kopfschmerzen bekam. Dann machten sie sich ans Werk, und plötzlich wuchsen hundert Schneemänner aus dem Boden, kleine und große, dicke und dünne, Männer mit Hüten, Frauen mit Kopftüchern. Manche standen aufrecht, als seien sie Verkehrspolizisten. Manche waren gebückt und hatten lange Nasen. Als die Väter müde in ihren Autos nach Hause kamen, war kein einziger Parkplatz frei. Nur weiße Männer und Frauen standen da und reckten ihre Nasen hochmütig in die Luft. Da wurden die Väter zornig, denn sie hatten Angst, das abendliche Fernsehprogramm zu versäumen, und sie hupten die Schneemänner an, die aber dachten nicht daran, ihren Platz zu verlassen.
Als die Väter lange genug gehupt hatten, erschien ein Polizist.
»Tun Sie doch etwas«, brüllten die Väter, »schaffen Sie uns diese komischen Figuren vom Hals.«
»Hm«, sagte der Polizist und kratzte sich hinter den Ohren. »Eigentlich besteht hier kein Parkverbot für Schneemänner.«

»Aber wir versäumen das Fernsehprogramm«, jammerten die Väter.
»Das ist freilich ernst«, murmelte der Polizist, »dahin darf es nicht kommen.« Und er ging zum nächsten Telefon und rief den Bürgermeister an.
»Hören Sie, Herr Bürgermeister«, sagte er, »ist Ihnen bekannt, ob ein Parkverbot für Schneemänner besteht?«
»Parkverbot für Schneemänner?« stotterte der Bürgermeister. »Sie sind wohl betrunken, wie? Bleiben Sie ganz ruhig, schließen Sie die Augen, öffnen Sie die Augen wieder, und jetzt erzählen Sie mir noch einmal, was Sie sehen. Nun, was sehen Sie?« – »Ungefähr hundert Schneemänner«, sagte der Polizist unglücklich, »manche sehen allerdings aus wie Schneehühner.«
»Schneehühner?« japste der Bürgermeister. »Warten Sie. Ich schicke Ihnen sofort Verstärkung.«
Er rief die Polizeizentrale an und befahl den beiden ersten Detektiven, sofort den Fall zu übernehmen. Dann wartete er. Zehn Minuten später bekam er einen Anruf seines besten Detektivs. »Was ist los?« fragte er.

»Ich berichte«, sagte der Detektiv sachlich. »Es handelt sich um einen Aufmarsch von Schneemännern. Sie stehen in Reih und Glied und bilden eine Art von Schneeallee.«

»Schneeallee«, jammerte der Bürgermeister, »ich werde verrückt.«

»Manche tragen Hüte, manche Kopftücher«, sagte der Detektiv. »Die Kopftücher sind grün, blau und weiß getupft. Die Männer halten Besen in der Hand. Einer trägt eine Art Gummibaum.«

»Nein«, murmelte der Bürgermeister, »eine Art Gummibaum? Sind Sie sicher?«

»Gummibaum«, wiederholte der Detektiv.

Da begann der Bürgermeister gegen die Decke zu springen, sich die Haare zu raufen und zu schreien:

»Verhaften, hören Sie, alle verhaften.«

Und schon rückten zweihundert Polizisten aus, hupten, gaben Gas, rasten durch die Stadt, sprangen aus ihren Einsatzwagen und packten die Schneemänner.

»Hände hoch!« riefen sie, wie sie es gewohnt waren.

Da begannen hinter den Fensterscheiben hundert Kinder zu lachen, zu kichern, zu meckern und schlugen sich vor Vergnügen auf die Bäuche.

Die Polizisten luden die Schneemänner vorsichtig in die Autos, bekamen eisige Finger dabei, aber endlich saßen die Schneemänner grinsend in den Wagen. Nun war allerdings kein Platz mehr für die Polizisten. Und während die Autos davonfuhren, schlichen sie fröstelnd und zähneklappernd durch die Straßen, und der Schnee setzte ihnen weiße Mützen auf.

Eine Stunde später rief der Gefängnisdirektor den Bürgermeister an.

»Hier Schneehuhn«, sagte der, »o nein, entschuldigen Sie. Ich bin schon völlig durcheinander. Hier spricht der Bürgermeister.«

»Es ist wegen der verhafteten Schneemänner«, sagte der Gefängnisdirektor. »Sie passen nicht in die Zellen. Hier ist schon alles voller Schnee.«

»O nein«, schrie der Bürgermeister. »Dann bringen Sie sie doch anderswo unter. Quartieren Sie sie in den öffentlichen Gebäuden ein.«

Er beruhigte sich wieder, aß drei Brote, trank zwei Glas Bier und schaltete seinen Fernsehapparat ein. Auf dem Bildschirm erschien ein dicker Schneemann und sagte:

»Guten Abend, liebe Kinder. Da eure Eltern noch keinen Parkplatz gefunden haben, unterhalten wir euch vorläufig mit einem Schneemannprogramm. Wir zeigen euch zuerst, wie man kleine Schneemänner baut. Dann folgt eine Sendung über große Schneemänner. Später dann lernen wir etwas über den Bau von Schneebären, Schneeheuschrecken und Schneehasen.«

Der Bürgermeister begann zu zittern. er wählte die Telefonnummer des Gefängnisdirektors.

»Welcher Idiot«, brüllte er in die Muschel, »welcher Idiot hat angeordnet, die Schneemänner ausgerechnet beim Fernsehen abzuladen?«

»Sie ... Sie, Herr Schneemeister«, stotterte der Gefängnisdirektor.

»Abholen, abholen«, rief der Bürgermeister, und das besorgten dann Gefängniswärter und Polizisten umgehend, aber sie sahen nun auch schon selbst wie Schneemänner aus und mußten aufpassen, daß sie sich nicht untereinander verhafteten und abtransportierten.

Als Lisa und die anderen Kinder am nächsten Morgen durch den Schnee zur Schule stapften, waren die Straßen leer. Die Parkplätze waren wieder mit Autos besetzt, die inzwischen auch eingeschneit waren. Aber die Schulen waren geschlossen. Denn drinnen auf den Bänken saßen und standen Schneemänner.

»Hurra, Ferien«, jauchzten die Kinder und stürmten davon. Und weil sie soviel Zeit hatten, begann sie abermals Schneemänner zu bauen. Hunderte von Schneemännern, Tausende von Schneemännern, eine ganze Stadt voller Schneemänner. Große und kleine, dicke und dünne. Und einer war dabei, der sah fast aus wie der Bürgermeister. Nur etwas schlanker.

WINFRIED BRUCKNER

A, B, C, die Katze lief im Schnee

Satz: Karl Heinz Taubert
Worte: alter Kinderreim
Weise: volkstümlich aus Sachsen

Die Mittelstimme ist nach Belieben fortzulassen

A B C, die Kat-ze lief im Schnee, und als sie dann nach Hau-se kam, da hatt' sie wei-ße Stie-fel an, o je-mi-ne, o je-mi-ne, die Kat-ze lief im Schnee.

Ein Tännlein aus dem Walde

Ein Tännlein aus dem Walde,
und sei es noch so klein,
mit seinen grünen Zweigen
soll unsre Freude sein.

Es stand in Schnee und Eise
in klarer Winterluft,
Nun bringt's in unsre Stuben
den frischen Waldesduft.

Wir wollen schön es schmücken
mit Stern und Flittergold,
mit Äpfeln und mit Nüssen
und Lichtlein wunderhold.

Und sinkt die Weihnacht nieder,
dann gibt's den lichten Schein,
das leuchtet Alt und Jungen
ins Herz hinein.

ALBERT SERGEL

Der allererste Weihnachtsbaum

Der Weihnachtsmann ging durch den Wald. Er war ärgerlich. Sein weißer Spitz, der sonst immer lustig bellend vor ihm herlief, merkte das und schlich hinter seinem Herrn mit eingezogener Rute her.

Er hatte nämlich nicht mehr die rechte Freude an seiner Tätigkeit. Es war alle Jahre dasselbe. Es war kein Schwung in der Sache. Spielzeug und Eßwaren, das war auf die Dauer nichts. Die Kinder freuten sich wohl darüber, aber quieken sollten sie und jubeln und singen, so wollte er es, das taten sie aber nur selten.

Den ganzen Dezembermonat hatte der Weihnachtsmann schon darüber nachgegrübelt, was er wohl Neues erfinden könne, um einmal wieder eine rechte Weihnachtsfreude in die Kinderwelt zu bringen, eine Weihnachtsfreude, an der auch die Großen teilnehmen würden. Kostbarkeiten durften es auch nicht sein, denn er hatte soundsoviel auszugeben und mehr nicht.

So stapfte er denn auch durch den verschneiten Wald, bis er auf dem Kreuzweg war. Dort wollte er das Christkindchen treffen. Mit dem beriet er sich nämlich immer über die Verteilung der Gaben.

Schon von weitem sah er, daß das Christkindchen da war, denn ein heller Schein war dort. Das Christkindchen hatte ein langes weißes Pelzkleidchen an und lachte über das ganze Gesicht. Denn um es herum lagen große Bündel Kleeheu und Bohnenstiegen und Espen- und Weidenzweige, und daran taten sich die hungrigen Hirsche und Rehe und Hasen gütlich. Sogar für die Sauen gab es etwas: Kastanien, Eicheln und Rüben.

Der Weihnachtsmann nahm seinen Wolkenschieber ab und bot dem Christkindchen die Tageszeit. »Na, Alterchen, wie geht's?« fragte das Christkind. »Hast wohl schlechte Laune?« Damit hakte es den Alten unter und ging mit ihm. Hinter ihnen trabte der kleine Spitz, aber er sah gar nicht mehr betrübt aus und hielt seinen Schwanz kühn in die Luft.

»Ja«, sagte der Weihnachtsmann, »die ganze Sache macht mir so recht keinen Spaß mehr. Liegt es am Alter oder an sonst was, ich weiß nicht. Das mit den Pfefferkuchen und den Äpfeln und Nüssen, das ist nichts mehr. Das essen sie auf, und dann ist das Fest vorbei. Man müßte etwas Neues erfinden, etwas, das nicht zum Essen und nicht zum Spielen ist, aber wobei alt und jung singt und lacht und fröhlich wird.«

Das Christkindchen nickte und machte ein nachdenkliches Gesicht; dann sagte es: »Da hast du recht, Alter, mir ist das auch schon aufgefallen. Ich habe daran auch schon gedacht, aber das ist nicht so leicht.«

»Das ist es ja gerade«, knurrte der Weihnachtsmann, »ich bin zu alt und zu dumm dazu. Ich habe schon richtiges Kopfweh vom vielen Nachdenken, und es fällt mir doch nichts Vernünftiges ein. Wenn es so weitergeht, schläft allmählich die ganze Sache ein, und es wird ein Fest wie alle anderen, von dem die Menschen dann weiter nichts haben als Faulenzen, Essen und Trinken.«

Nachdenklich gingen beide durch den weißen Winterwald, der Weihnachtsmann mit brummigem, das Christkindchen mit nachdenklichem Gesicht. Es war so still im Wald, kein Zweig rührte sich, nur wenn die Eule sich auf einen Ast setzte, fiel ein Stück Schneebehang mit halblautem Ton herab. So kamen die beiden, den Spitz hinter sich, aus dem hohen Holz auf einen alten Kahlschlag, auf dem große und kleine Tannen standen. Das sah wunderschön aus. Der Mond schien hell und klar, alle Sterne leuchteten, der Schnee sah aus wie Silber, und die Tannen standen darin, schwarz und weiß, daß es eine Pracht war. Eine fünf Fuß hohe Tanne, die allein im Vordergrund stand, sah besonders reizend aus. Sie war regelmäßig gewachsen, hatte auf jedem Zweig einen Schneestreifen, an den Zweigspitzen kleine Eiszapfen, und glitzerte und flimmerte nur so im Mondenschein.

Das Christkindchen ließ den Arm des Weihnachtsmannes los, stieß den Alten an, zeigte auf die Tanne und sagte: »Ist das nicht wunderhübsch?«

»Ja«, sagte der Alte, »aber was hilft mir das?«

»Gib ein paar Äpfel her«, sagte das Christkindchen, »ich habe einen Gedanken.«

Der Weihnachtsmann machte ein dummes Gesicht, denn er konnte es sich nicht recht vorstellen, daß das Christkind bei der Kälte Appetit auf die eiskalten Äpfel hatte. Er hatte zwar noch einen guten alten Schnaps, aber den mochte er dem Christkindchen nicht anbieten.

Er machte sein Tragband ab, stellte seine riesige Kiepe in den Schnee, kramte darin herum und langte ein paar recht schöne Äpfel heraus. Dann faßte er in die Tasche, holte sein Messer heraus, wetzte es an einem Buchenstamm und reichte es dem Christkindchen.

»Sieh, wie schlau du bist«, sagte das Christkindchen. »Nun schneid mal etwas Bindfaden in zwei Finger lange Stücke, und mach mir kleine Pflöckchen.«

Dem Alten kam das alles etwas ulkig vor, aber er sagte nichts und tat, was das Christkind ihm sagte. Als er die Bindfadenenden und die Pflöckchen fertig hatte, nahm das Christkind einen Apfel, steckte ein Pflöckchen hinein, band den Faden daran und hängte den an einen Ast.

»So«, sagte es dann, »nun müssen auch an die anderen welche, und dabei kannst du helfen, aber vorsichtig, daß kein Schnee abfällt!«

Der Alte half, obgleich er nicht wußte, warum. Aber es machte ihm schließlich Spaß, und als die ganze kleine Tanne voll von rotbäckigen Äpfeln hing, da trat er fünf Schritte zurück, lachte und sagte: »Kiek, wie niedlich das aussieht! Aber was hat das alles für'n Zweck?«

»Braucht denn alles gleich einen Zweck zu haben?« lachte das Christkind. »Paß auf, das wird noch schöner. Nun gib mal Nüsse her!«

Der Alte krabbelte aus seiner Kiepe Walnüsse heraus und gab sie dem Christkindchen. Das steckte in jede ein Hölzchen, machte einen Faden daran, rieb immer eine Nuß an der goldenen Oberseite seiner Flügel, dann war die Nuß golden, und die nächste an der silbernen Unterseite seiner Flügel, dann hatte es eine silberne Nuß und hängte sie zwischen die Äpfel.

»Was sagst nun, Alterchen?« fragte es dann. »Ist das nicht allerliebst?«

»Ja«, sagte der, »aber ich weiß immer noch nicht...«

»Komm schon!« lachte das Christkindchen. »Hast du Lichter?«

»Lichter nicht«, meinte der Weihnachtsmann, »aber 'nen Wachsstock!«

»Das ist fein«, sagte das Christkind, nahm den Wachsstock, zerschnitt ihn und drehte erst ein Stück um den Mitteltrieb des Bäumchens und die anderen Stücke um die Zweigenden, bog sie hübsch gerade und sagte dann: »Feuerzeug hast du doch?«

»Gewiß«, sagte der Alte, holte Stein, Stahl und Schwammdose heraus, pinkte Feuer aus dem Stein, ließ den Zunder in der Schwammdose zum Glimmen kommen und steckte daran ein paar Schwefelspäne an. Die gab er dem Christkindchen. Das nahm einen hellbrennenden Schwefelspan und steckte damit erst das oberste Licht an, dann das nächste davon rechts, dann das gegenüberliegende. Und rund um das Bäumchen gehend, brachte es so ein Licht nach dem andern zum Brennen.

Da stand nun das Bäumchen im Schnee; aus seinem halbverschneiten, dunklen Gezweig sahen die roten Backen der Äpfel, die Gold- und Silbernüsse blitzten und funkelten, und die gelben Wachskerzen brannten feierlich. Das Christkindchen lachte über das ganze rosige Gesicht und patschte in die Hände, der alte Weihnachtsmann sah gar nicht mehr so brummig aus, und der kleine Spitz sprang hin und her und bellte.

Als die Lichter ein wenig heruntergebrannt waren, wehte das Christkindchen mit seinen goldsilbernen Flügeln, und da gingen die Lichter aus. Es sagte dem Weihnachtsmann, er solle das Bäumchen vorsichtig absägen. Das tat er, und dann gingen beide den Berg hinab und nahmen das bunte Bäumchen mit.

Als sie in den Ort kamen, schlief schon alles. Beim kleinsten Haus machten die beiden halt. Das Christkind machte leise die Tür auf und trat ein; der Weihnachtsmann ging hinterher. In der Stube stand ein dreibeiniger Schemel mit einer durchlochten Platte. Den stellten sie auf den Tisch und steckten den Baum hinein. Der Weihnachtsmann legte dann noch allerlei schöne Dinge, Spielzeug, Kuchen, Äpfel und Nüsse unter den Baum, und dann verließen beide das Haus so leise, wie sie es betreten hatten.

Als der Mann, dem das Häuschen gehörte, am andern Morgen erwachte und den bunten Baum sah, da staunte er und wußte nicht, was er dazu sagen sollte. Als er aber an dem Türpfosten, den des Christkinds Flügel gestreift hatte, Gold- und Silberflimmer hängen sah, da wußte er Bescheid. Er steckte die Lichter an dem Bäumchen an und weckte Frau und Kinder. Das war eine Freude in dem kleinen Haus wie an keinem Weihnachtstag. Keines von den Kindern sah nach dem Spielzeug, nach dem Kuchen und den Äpfeln, sie sahen nur alle nach dem Lichterbaum. Sie faßten sich an den Händen, tanzten um den Baum und sangen alle Weihnachtslieder, die sie wußten, und selbst das Kleinste, das noch auf dem Arm getragen wurde, krähte, was es krähen konnte.

Als es hellichter Tag geworden war, da kamen die Freunde und Verwandten des Bergmanns, sahen sich das Bäumchen an, freuten sich darüber und gingen gleich in den Wald, um sich für ihre Kinder auch ein Weihnachtsbäumchen zu holen. Die anderen Leute, die das sahen, machten es nach, jeder holte sich einen Tannenbaum und putzte ihn an, der eine so, der andere so, aber Lichter, Äpfel und Nüsse hängten sie alle daran.

Als es dann Abend wurde, brannte im ganzen Dorf Haus bei Haus ein Weihnachtsbaum, überall hörte man Weihnachtslieder und das Jubeln und Lachen der Kinder.

Von da aus ist der Weihnachtsbaum über ganz Deutschland gewandert und von da über die ganze Erde. Weil aber der erste Weihnachtsbaum am Morgen brannte, so wird in manchen Gegenden den Kindern morgens beschert.

HERMANN LÖNS

Das Weihnachtsbäumlein

Es war einmal ein Tännelein
Mit braunen Kuchenherzlein
Und Glitzergold und Äpflein fein
Und vielen bunten Kerzlein:
Das war am Weihnachtsfest so grün,
Als fing es eben an zu blühn.

Doch nach nicht gar zu langer Zeit,
Da stand's im Garten unten,
Und seine ganze Herrlichkeit
War, ach, dahingeschwunden.
Die grünen Nadeln war'n verdorrt,
Die Herzlein und die Kerzlein fort.

Bis eines Tags der Gärtner kam,
Den fror zu Haus im Dunkeln,
Und es in seinen Ofen nahm –
Hei! tat's da sprühn und funkeln!
Und flammte jubelnd himmelwärts
In hundert Flämmlein an Gottes Herz.

CHRISTIAN MORGENSTERN

Der gläserne Vogel

Die Schachtel mit dem Christbaumschmuck war groß und grün und mit Sternen bedruckt. Keine andere Schachtel auf dem Speicher sah von außen so feierlich aus. Schon daran merkte man, daß etwas Besonderes darin lag.
Da gab es Eiszapfen und schillernde Kugeln. Es gab Engel aus Wachs und Glitzerpapier. Es gab Sterne aus Strohhalmen und Glocken mit einem hellen Klang.
Das Schönste aber war der gläserne Vogel. Er war der Älteste unter all dem Christbaumschmuck. Ja, er war sogar der Älteste in Xanders Familie. Schon der Urgroßvater hatte ihn jedes Jahr an den Christbaum gehängt.
Seit dem ersten Advent juckte es Xander in den Fingern – juckte und juckte. Er wollte den Vogel vor Weihnachten sehen und anfassen.
Der Nikolaustag ging vorbei, der zweite Advent und der dritte – und eines Tages hielt Xander es nicht mehr aus. Als die Mutter zum Laden an der Ecke gegangen war, nahm er den Speicherschlüssel vom Haken und schlich die Speichertreppe hinauf. Oben war es dunkler als im Treppenhaus und stiller. Xanders leise Schritte schienen zu dröhnen. Kaum bekam er das Schloß auf vor Aufregung.
Er holte die Schachtel aus ihrem Winkel und stellte sie da hin, wo mehr Licht war. Dann knüpfte er den Bindfaden auf, hob den Deckel hoch – und sah lauter Seidenpapier. Die Mutter wickelte jedes Stück immer sorgfältig ein.
Für die Eiszapfen nahm sie hellblaues Papier, für die Kugeln grünes, für die Engel rotes, für die Glocken gelbes und für die Sterne rosa Papier. Doch all die bunten Farben ließen Xander kalt. Seine Augen suchten das weiße Papier, in das der gläserne Vogel eingeschlagen war. Als er es berührte, kribbelten seine Finger – als ob er etwas Elektrisches anfaßte. Behutsam wickelte Xander ein weißes Papier ab und noch eins und ein drittes.

Und da lag der Vogel – mit Schwanz- und Flügelspitzen aus gesponnenem Glas.
Die Dämmerung kroch durch die Speicherfenster, aber der Vogel schimmerte. Ein geheimnisvolles Licht ging von ihm aus. Ein Licht, das die Dämmerung verscheuchte.
Doch wer sich so lange nach etwas gesehnt hat, dem ist anschauen auf die Dauer zu wenig. Und schon hielt Xander den Vogel in beiden Händen. Er war leichter als ein Schmetterling, und er sah lebendig aus – und sein Herz klopfte. Aber das war Xanders eigenes Herz. Es klopfte und pochte – und pochte und klopfte. Und seine Hände waren feucht und glitschig.
Und plötzlich gab es keinen gläsernen Vogel mehr – nur noch Splitter. »Oh«, sagte Xander, und in seiner Stimme klang solch ein Schrecken, als hätte er eine Scheune angezündet. »Oh!« Lange saß er da und hielt die Splitter aneinander – ob man sie vielleicht kleben konnte?
Doch wie soll jemand winzige Splitter kleben!
Wenn ich den gläsernen Vogel nicht ganz machen kann, muß ich einen neuen finden, dachte Xander. Aber wo fand man einen Vogel, der so alt war, daß er schon am Christbaum des Urgroßvaters gehangen hatte? Womöglich beim Trödler, der mit alten Sachen handelte.
Ohne die großen und kleinen Splitter wegzuschieben, lief er die Treppen hinunter.
Der eine Trödelladen lag am Elefantenweg. Als Xander die Tür aufmachte, schepperte die Messingglocke – und beim Zumachen noch einmal. Grell und laut schepperte sie, und der dürre, vertrocknete Mann im Laden schaute mürrisch drein.
»Ich . . .« stotterte Xander. »Ich – wollte – bloß fragen, ob Sie – einen alten gläsernen Vogel haben.«
»Hinten«, brummte der Mann und zeigte mit dem Daumen über die Schulter. Es standen drei gläserne Vögel in der Ecke – große häßliche Viecher mit aufgesperrtem Schnabel. »Nicht solche«, sagte Xander. »Ich möchte einen für den Baum.«
»Ich verkaufe keinen Christbaumschmuck«, entgegnete der Mann und sah ihn zornig an.
»Ich hab's nicht bös gemeint«, murmelte Xander und rannte hinaus. Hinter ihm schepperte die Messingglocke.
Aus einem Laden fiel Neonlicht auf die Brunnenfigur und malte ihr ein Gespenstergesicht mit

dunklen Augenhöhlen. Inzwischen war es dunkler und kälter geworden. Schneesterne tanzten in der Luft – und der Atem stand wie Rauch vor Xanders Mund.

Er bog in den Bärengraben ein, wo der andere Trödelladen war.

Von außen ähnelte er dem am Elefantenweg – mit den bemalten Schalen und Gläsern, den zinnernen Bechern und Tellern, den Ketten und Ringen aus Korallen und Granaten. Auch innen gab es keinen großen Unterschied. Nur stand hier kein vertrockneter Birnenmann, sondern eine Frau mit einem Gesicht so weich wie ein Kopfkissen. Und die Glocke an der Tür läutete in lauter verschiedenen Tönen, fast wie ein Glockenspiel.

»Haben Sie zufällig einen gläsernen Vogel?« fragte Xander.

»Einen gläsernen Vogel?« wiederholte die Bärengruberin. »Was für einen meinst du denn?«

»Einen für den Christbaum, einen ganz alten.« Und er erzählte die Geschichte von dem Vogel, den schon der Urgroßvater an seinen Baum gehängt hatte.

»Solche Vögel sind rar«, antwortete die Bärengruberin. »Wie hieß sie nur gleich, die alte Dame, die mir einen angeboten hat? Pawlowski? Kaminski? Wondraschek? Nein, es war ein anderer Name – aber sie wohnt in der Paradiesgasse.«

»Und – haben Sie ihn genommen, den gläsernen Vogel aus der Paradiesgasse?« fragte Xander atemlos.

Die Bärengruberin schüttelte den Kopf.

»Dann hat sie ihn vielleicht noch – die alte Dame mit dem schwierigen Namen?«

»Kann sein. Kann auch nicht sein.«

»Danke«, sagte Xander. Er ging hinaus, und das Glockenspiel läutete in lauter verschiedenen Tönen.

Die Paradiesgasse war die kleinste von allen Gassen der Stadt. Auf jeder Seite standen sieben Häuser. Doch wer in zweimal sieben Häusern nach einer alten Dame fragen muß, deren Namen er nicht kennt – dem kommt die Paradiesgasse ziemlich groß vor.

Xander fing im ersten Haus auf der linken Seite an.

»Wohnt hier eine alte Dame?« fragte er die junge Frau, die im Erdgeschoß die Tür aufmachte.

»Du sollst wohl etwas abgeben und hast den Namen vergessen«, meinte die junge Frau und lachte. Xander nickte. Daß er etwas abholen wollte, war bestimmt nicht weiter wichtig.

»Im zweiten Stock wohnt Frau Neugebauer. Ist das der richtige Name?«

»Nein«, entgegnete Xander, »er muß schwieriger sein.«

»Dann fragst du besser im nächsten Haus.«

»Wohnt hier eine alte Dame mit einem schwierigen Namen?« fragte Xander im Haus gegenüber.

»Nein, hier wohnt ein alter Mann, und der heißt Huber – ganz einfach Huber«, sagte der alte Mann und lachte schallend wie über einen richtig guten Witz.

»Wohnt hier eine alte Dame?« fragte Xander den großen Jungen an der Tür nebenan.

»Bei uns nicht. Wie heißt sie denn?«

»Ziemlich schwierig – und sie hat einen gläsernen Vogel«, antwortete Xander verlegen.

»Du hast selber einen Vogel. Klingelst die Leute heraus und weißt nicht, zu wem du willst.« Die Tür fiel zu, und Xander stand allein im Treppenhaus.

»Wohnt hier eine alte Dame?« fragte Xander viele Häuser später. Er hatte es schon so oft gefragt, daß er nicht einmal hochschaute. Wahrscheinlich lebten überhaupt keine alten Damen in der Paradiesgasse – keine mit einem schwierigen Namen. Wahrscheinlich hatte die Bärengruberin sich geirrt, und Xander suchte in der falschen Gasse.

»Ja, hier wohnt eine alte Dame«, sagte eine helle Stimme, und der Junge hob den Kopf. Vor ihm stand eine alte Dame mit silbergrauem Haar und rosa Backen. »Oh«, sagte er und vergaß weiterzusprechen. Wenn es in der Paradiesgasse einen gläsernen Vogel gab, mußte er hinter dieser Tür zu finden sein.

»Du willst also eine alte Dame besuchen und weißt noch nicht genau, welche«, sagte die alte Dame.

»Sie muß einen schwierigen Namen haben«, erklärte Xander.

»Ist Rosinski schwierig genug?«

Xander nickte. Von dem Vogel sagte er noch nichts, weil man fremden Leuten nicht gleich mit einem gläsernen Vogel in die Tür fallen kann. Bei einem schwierigen Namen mußte alles andere leicht sein. Jedenfalls war es sehr leicht, Fräulein Rosinski zu besuchen. Ehe sich's Xander versah,

saß er bei ihr im Zimmer und hatte einen Teller voll Lebkuchen vor sich stehen.

»Zum Essen bin ich eigentlich nicht hergekommen«, meinte er, als nur noch Krümel übrig waren.

»Nein? Hat es dir nicht geschmeckt?«

»Doch«, entgegnete Xander – und erst jetzt sah er sich um. Ein alter Schreibtisch stand da, den man zuklappen konnte – einer mit eingelegten farbigen Hölzern. Die Polster vom Sofa und den Sesseln waren mit Blumen und Schmetterlingen bestickt. Hinter den Bildern steckte Tannengrün und in einem rubinroten Glas goldene Grashalme. Und – unter der Lampe mit den Glastropfen hing ein gläserner Vogel – ein Zwilling von dem, dessen Splitter auf dem Speicher lagen.

»So einen Vogel haben wir auch daheim.« Xander machte eine Pause. »Bis heute nachmittag hatten wir ihn.«

»Und wo ist er jetzt?« fragte Fräulein Rosinski. »Ist er weggeflogen?«

Xander ließ den Kopf hängen.

»Er ist also nicht weggeflogen«, sagte Fräulein Rosinksi.

»Nein. Ich hab ihn zerbrochen.«

»Schade, daß wir uns nicht früher begegnet sind«, sagte Fräulein Rosinski und blickte zu dem gläsernen Vogel hinauf. »Vorige Woche hat er noch einen Zwillingsbruder gehabt. Der ist mir beim Staubwischen heruntergefallen. Man soll nicht zu reinlich sein, wenn man mit einem gläsernen Vogel umgeht.«

»Ich bin zu neugierig gewesen«, sagte Xander leise.

Fräulein Rosinski nahm zwei Dosen aus dem Regal – eine blaue und eine weiße. In der weißen war Musik – eine zarte Melodie, als ob silberne Hämmer auf Glas schlügen. In der blauen waren Schokoladenplätzchen. Winzige Schokoladenplätzchen, die jemand für Elfen gemacht haben mußte. In Xanders Jungenhand war Platz für alle – aber er durfte nur immer eins nehmen. »Die sind für Mädchen«, sagte er. »Darf ich noch einen Lebkuchen haben?«

Einen Lebkuchen bekam er nicht, weil keine mehr da waren, aber einen Ingwerkeks.

»Er brennt ein wenig«, warnte Fräulein Rosinski ihn. »Fast wie schlechtes Gewissen.«

Schlechtes Gewissen im Mund war ein komisches Gefühl – und plötzlich sah Xander die Splitter des gläsernen Vogels auf dem Speicher liegen. »Ich muß es meiner Mutter erzählen«, sagte er.

Fräulein Rosinski kramte in einer Schublade und gab ihm eine kleine rote Lackdose.

»Da tust du die Splitter hinein«, schlug sie vor, »und deine Mutter bindet einen silbernen Faden darum.«

»Dann kann er ja doch oben am Christbaum schweben – der silberne Vogel – und niemand weiß, daß er es tut.«

»Beinah niemand«, bestätigte Fräulein Rosinski. »Und jetzt lauf heim. Es ist spät.«

»Danke für alles«, sagte Xander. »Auf Wiedersehen!«

Als er draußen stand, kam ihm die Paradiesgasse ganz verzaubert vor. Kaum wußte er noch die Richtung, und er machte einen Umweg über den Bärengraben. Einen Augenblick schaute er zur Ladentür der Bärengruberin hinein – und das Glockenspiel läutete in lauter verschiedenen Tönen.

»Sie heißt Fräulein Rosinski!« rief er der Bärengruberin zu, die gerade einen alten Rauschgoldengel einwickelte.

»Natürlich, Fräulein Rosinski«, sagte sie. »Wie ich das bloß vergessen konnte!«

Und Xander ging weiter – an der Bäckerei vorbei und zur Brunnenfigur. Noch immer hatte sie ein Gespenstergesicht mit dunklen Augenhöhlen; denn noch immer fiel Neonlicht aus dem Laden. Was Xander seiner Mutter erzählte, blieb ein Geheimnis. Doch am Weihnachtsabend schwebte eine kleine rote Lackdose über den Eiszapfen und Strohsternen. Lautlos schwang sie hin und her. War es die Kerzenwärme, die die Lackdose schwingen ließ? War es ein Luftzug vom Fenster her?

Es konnte auch das Herz des gläsernen Vogels sein, das noch immer klopfte und pochte.

EVA MARDER

Der lebendige Weihnachtsbaum

Es war ein frostiger Tag, und ein durchfrorener Vater suchte einen Weihnachtsbaum. Aber im Wald war nichts mehr zu finden. Jetzt stand er da im Frost und ohne Weihnachtsbaum. Da kam ein Hirsch auf ihn zu und sagte mit Menschenstimme:

»Ich weiß, du suchst einen Weihnachtsbaum, und ich will schon immer einer werden. Schau, mein Geweih. Es ist mit Moos überwachsen, es glitzert und riecht nach Tannennadeln.«

Und es roch wirklich nach Tannennadeln.

»Komm doch mit«, sagte der Vater. »Aber du darfst nichts verraten.«

»Ist doch klar«, sagte der Hirsch. »Nur möchte ich, daß der Stern auf der Spitze ganz golden ist, und viele farbige Kugeln möchte ich auch.«

»Kann ich auf dir auch Kerzen anzünden?« fragte der Vater.

»Ja«, sagte der Hirsch, »aber bitte vorsichtig mit Engelshaar.«

So nahm der Vater den Hirsch mit nach Hause und schmückte ihn ganz geheim, aber geschmackvoll.

»Röhren darfst du nicht«, sagte der Vater, »als Weihnachtsbaum mußt du deine Schnauze halten.«

»Welcher Weihnachtsbaum röhrt schon?« fragte der Hirsch entrüstet.

Die Kinder waren begeistert und riefen: »Also so ein Weihnachtsbaum! Der ist ja einmalig!«

»Der ist wirklich einmalig«, sagte der Vater und zwinkerte zum Hirsch. Der Hirsch zwinkerte zurück.

Später am Abend hörte man auf einmal vor dem Fenster ein leises Röhren. Da wurde der Weihnachtsbaum unruhig, und dann röhrte er auch. Die Kinder sagten: »Papi, der Weihnachtsbaum röhrt.«

»Was einem heutzutage alles als Weihnachtsbaum verkauft wird«, sagte der Vater. »Unglaublich.«

Da sagte der Weihnachtsbaum: »Entschuldigt bitte, aber mein bester Freund ist da.« Und er röhrte ganz wehmütig.

Dann ging er hinaus in die weiße Sternennacht. Die Kinder liefen ihm nach, weil ihnen der Weihnachtsbaum so gefiel.

Und der Weihnachtsbaum sagte: »Kommt mit in den Wald, wo die Tiere feiern. Die brauchen auch einen Weihnachtsbaum.«

Und die Kinder gingen hinter den beiden Hirschen her bis zur Lichtung. Da waren viele Tiere versammelt, die sich über den Weihnachtsbaum freuten. Der Weihnachtsbaum röhrte ein Lied, und die Tiere summten mit.

Und als Bescherung bekam jedes Tier eine goldene Nuß vom Weihnachtsbaum und einen Zimtstern.

Und das Licht auf der Lichtung war bläulich.

Ludwig Askenazy

Der Tannenbaum, der nicht geschmückt wurde

Wenn ihr durch einen Nadelwald geht, dann wird's euch auffallen, daß die jungen Bäumchen stumm sind: sie lauschen. Die hohen, alten Bäume aber, besonders die Tannen, flüstern. Sie erzählen die Geschichte von dem Baum, der nicht geschmückt wurde. Das klingt nach einer traurigen Geschichte, und das Rauschen der alten Tannen, wenn sie davon erzählen, ist recht feierlich. Doch tut es den jungen Tännlingen gut, sie zu hören. An warmen Herbsttagen, wenn Ameisen und Käfer den Stamm hinaufkrabbeln, bis es kitzelt, wenn das Harz klebrig und zäh in den Astlöchern kocht, wenn das ganze Wäldchen würzig und betäubend und wehmütig duftet, wenn die Laubbäume bereits anfangen, mit den ersten bunten Farben zu prahlen, dann fühlte sich schon mancher immergrüne Nadelbaum durch diese Geschichte gestärkt.

Alle kleinen Tännlinge – das wißt ihr wohl aus dem Märchen von Hans Andersen, und wenn ihr's vergessen habt, lest es nur nach! – alle kleinen Tännlinge träumen davon, eines Tages Weihnachtsbäume zu werden. Sie träumen davon, wie ein junges Mädchen davon träumt, Braut zu werden, oder ein junger Dichter, seine Gedichte gedruckt zu sehen. Mit diesem strahlenden, fröhlichen Traumbild vor Augen ertragen die jungen Tannenbäume in aller Geduld den scharfen Biß der Axt und die endlosen Stunden, die sie zusammengezwängt im Güterwagen liegen. Nun werden aber alljährlich im Dezember mehr Bäumchen gefällt, als man für das Weihnachtsfest gebrauchen kann. Daher also die Geschichte hier, die niederzuschreiben keinem – nicht einmal Hans Andersen – in den Sinn gekommen ist. Der Tannenbaum in unsrer Geschichte hätte nie gefällt zu werden brauchen. Es wäre auch nicht geschehen, doch in den Wäldern um Vermont brach die Dunkelheit an, und der Mann mit der Axt dachte: Nur noch einen! Aber das Fällen von jungen Bäumen mit einer scharfen, gut in der Hand liegenden Axt ist verführerisch: man mag gar nicht aufhören. Eine gewisse grausame Lust liegt darin. Die Schneide dringt mit einem einzigen zischenden Hieb durch das weiche Holz, und die jungen Bäumchen sinken leise tuschelnd zu Boden.

Unser Tännling war ein schöner, gutgewachsener junger Bursche, aber für sein Alter zu schnell in die Höhe geschossen: seine Zweige waren ziemlich sparrig. Wenn man ihn stehen gelassen hätte, wäre er eines Tages ein ungewöhnlich großer Baum geworden; jetzt jedoch war er im ungeschickten Alter und hatte nicht den sanft abnehmenden Kerzenwuchs und das dichte, gleichmäßige Nadelkleid, das die Menschen an ihrem Weihnachtsbaum besonders gern haben. Was aber noch schlimmer war: anstatt daß er in einer schlanken, richtigen Spitze endigte, war sie oben ein bißchen schief und sogar gegabelt.

Von alledem wußte er jedoch nichts, als er mit vielen seinesgleichen vor dem Laden des Gemüsehändlers gegen die Wand gelehnt dastand. Trotz der kalten Dezembertage war er sehr glücklich und dachte an die kommenden Freuden. Er hatte von den Herrlichkeiten des Heiligen Abends gehört: wie verstohlen der Baum aufgestellt wird, und wie er mit Gold- und Silberkugeln, buntem Spielzeug und Pfefferminzstangen und Sternen geschmückt wird, und mit Vögeln, die Schwänze aus gesponnenem Glas haben. Selbst die uralte Sorge aller Weihnachtsbäume – die brennenden Kerzen – bekümmerte ihn nicht, denn er hatte gehört, daß die Menschen heutzutage Ketten aus winzigen elektrischen Birnen aufhängen, die einen Baum nicht in Brand setzen können. So sah er also dem Weihnachtsfest getrosten Herzens entgegen.

Ich werde prachtvoll aussehen, dachte er. Hoffentlich sind auch Kinder da, die mich bewundern! Es muß ein herrlicher Augenblick sein, wenn sie ins Zimmer stürmen und ihre Strümpfchen an meinen Zweigen aufhängen! Er hatte ordentlich Mitleid mit den allerersten Bäumen, die gewählt und schon fortgetragen wurden: am besten wäre es, fand er, wenn man erst am Heiligen Abend gekauft würde. Dann würde ihn jemand in der schneeschimmernden Dämmerstunde auswählen, behutsam auf dem Kotflügel verstauen – und fort ging es! Die Schneeketten würden lustig über die verschneite Landstraße klirren und klingeln. Er stellte sich ein großes Haus mit prasselndem Kaminfeuer vor, und dann das heimliche Rascheln des Einwickelpapiers beim Auspacken der Sachen. Einer würde rufen: »Oh, was für ein schöner Baum!« Wie stolz er sich da in seinem eisernen Christbaumständer recken und strecken würde!

Doch Tag um Tag verstrich; die Tannenbäumchen wurden eines nach dem anderen verkauft, und er begann, sich Sorgen zu machen. Denn jeder, der ihn ansah, bedachte ihn mit einem unfreundlichen Wort. »Zu groß«, sagte eine Dame. – »Nein«, sagte eine andere, »der da geht nicht, die Zweige sind zu dürftig.« – »Ich könnte die Spitze abhakken«, meinte der Händler, »dann wäre er Ihnen vielleicht recht?« Der Tannenbaum schauderte, aber die Kundin war schon weitergegangen und besah sich andere Bäumchen. Einige seiner Zweige taten ihm sehr weh, weil der Händler sie mit Gewalt nach oben gebogen hatte, um ihm eine ansehnlichere Form zu geben.

Auf der Straßenseite gegenüber war ein Einheitspreisladen. Die hellen Schaufenster waren vollgestopft mit allerlei rotem Krimskrams. Wenn die Türen aufgemacht wurden, konnte er sehen, wie sich drinnen in den Gängen die Menschen schwerbeladen und fröhlich aneinander vorbeidrängten und -zwängten. Stimmengewirr, Füßescharren und das ewige Klingeln des Kassenschubfachs lärmte bis auf die Straße hinaus. Der Tannenbaum sah wunderbare Farben aufleuchten: es war der Schmuck für Bäumchen, die mehr Glück hatten als er. Je näher das Fest rückte, desto größer war das allabendliche Gedränge auf den Bürgersteigen. Die schöneren Bäume, die nicht so groß wie er, aber dichter und besser gewachsen waren, wurden nach vorne geholt und vor ihm aufgestellt. Als auch sie verkauft und weggeschafft wurden, konnte er den Trubel nur zu gut beobachten. Dann wurde er einer Frau gezeigt, die einen ganz billigen Baum kaufen wollte. »Diesen hier kann ich Ihnen für einen Dollar lassen«, sagte der Händler. Es war nur ein Drittel des Preises, der zuerst für ihn verlangt worden war, doch trotzdem verzichtete die Frau, ging über die Straße und kaufte im Spielzeugladen ein künstliches Bäum-

chen. Grob stellte ihn der Mann wieder zurück, und er rutschte an der Wand entlang und fiel hin. Keiner machte sich die Mühe, ihn aufzuheben. Fast freute er sich darüber, denn nun brauchte er keine Kränkungen mehr einzustecken.

Und dann kam der Heilige Abend. Es war neblig, und ein feiner Regen nieselte herab. Im Torweg neben dem Laden war der Schnee zu Schmutz zertreten. Als der Tannenbaum dort zwischen zerbrochenen Holzgittern und heruntergefallenen Stechpalmenzweigen lag, kamen ihm seltsame Gedanken. In den stummen Wäldern im Norden war der wunde Stumpf längst in Schnee und Vergessen gehüllt. Er dachte an das winterliche Glitzern der Wälder, an die hohen Bäume mit den silbernen Krusten und Kissen auf ihren breiten Zweigen und an das schrille Singen des einsamen Windes. Er erinnerte sich des starken, warmen Gefühls, wenn seine Wurzeln tief in das sichere Erdreich hinabdrängten. Ein schönes Gefühl ist das; für einen Baum bedeutet es genau das gleiche wie für euch, wenn ihr eure Zehen nach unten bis ans Fußende eures behaglichen Bettes streckt. Und all das hatte er aufgegeben, um hier in einem unordentlichen Torweg verachtet und vergessen herumzuliegen. Spritzende Stiefel, läutende Glocken, lärmende Wagen – alles zog an ihm vorüber. Vor lauter Ärger und Mitleid mit sich selber begann er ein bißchen zu zittern. Kein Spielzeug und kein Schmuck für mich, dachte er traurig und ließ ein paar Nadeln fallen.

Spät am Abend, als alle Läden geschlossen hatten, kam der Händler nach draußen, um aufzuräumen. Die Holzgitter, die zerknickten Stechpalmenzweige, leere Fäßchen und unser Tannenbaum nebst ein oder zwei anderen, die nicht verkauft worden waren, wurden allesamt durch die Seitenluke in den Keller geworfen. Die Tür wurde zugesperrt, und da lag er nun im Dunkeln. Einer seiner Zweige, der sich beim Fall verbogen hatte, tat so weh, daß er glaubte, er müsse gebrochen sein. Das ist also Weihnachten, dachte er.

Den ganzen Tag über war es sehr still im Keller. Hin und wieder knisterte es ein wenig, wenn einer der verstauchten Bäume versuchte, sich zu strekken. Über ihnen auf dem Bürgersteig schurrten Füße, und von den Kirchen dröhnten die Glocken, doch alles klang ihm irgendwie trübselig und enttäuschend. Nach soviel übereifrigen Vorbereitungen ist das Fest immer ein bißchen enttäuschend. Die verschmähten Tannenbäume lagen auf dem Steinboden und sahen, wie der Flammenschein aus dem Heizkessel über eine Axt spielte, die dort vergessen worden war.

Am Tage nach Weihnachten kam ein Mann und wollte ein paar grüne Zweige, um ein Grab zuzudecken. Der Gemüsehändler nahm die Axt und packte die Bäumchen, ohne lange zu fackeln. Sie waren schon zu niedergeschlagen, um sich noch groß Gedanken zu machen. Zack, zack, zack, machte die Axt, und die würzig duftenden Zweige wurden fortgetragen. Die kahlen Stämme warf der Händler in einen Winkel.

Und nun hatte unser Tannenbaum – oder das, was noch von ihm übrig war – reichlich Zeit zum Nachdenken. Fühlen konnte er nicht mehr, denn Bäume fühlen mit den Zweigen, aber denken tun sie mit ihrem Stamm. Was dachte er wohl, während er trocken und steif wurde? Er dachte, daß es töricht von ihm gewesen sei, sich solch eine schöne, fröhliche Zukunft auszumalen, und er bemitleidete die andern jungen Tännlinge, die noch im frischen Bergland wuchsen und die gleichen phantastischen Träume hegten.

Ihr wißt wohl kaum, was mit den Stämmen übrig gebliebener Tannenbäume geschieht? Ihr könnt's auch nicht erraten! Die Bauern kommen vom Lande herein und kaufen sie für fünf Cents das Stück als Bohnenstangen und Traubenstützen. Deshalb sind sie vielleicht zu guter Letzt (und hiermit beginnt der tröstlichere Teil unserer Geschichte) doch glücklicher dran als die Bäume, die fürs Christfest geschmückt werden. Denn nun wandern sie zurück in die frische, feuchte Frühlingserde, und wenn die Sonne heißer glüht, klettern die flinken Weinranken an ihnen aufwärts, und bald sind sie geschmückt mit den blauen Kügelchen der Trauben oder den roten Blüten der Feuerbohne – und die sind mindestens ebenso hübsch wie jeder Christbaumschmuck.

Eines Tages wurden also die kahlen, verstaubten Tannenpfähle aus dem Keller geholt, zu vielen andern auf einen Lastwagen geworfen und ratternd und stoßend aufs Land hinausgefahren. Der Bauer lud sie ab und stellte sie auf dem Hof an die Scheunenwand, als seine Frau herauskam und ihm zusah. »Oh«, rief sie, »da hast du ja, was ich suche: einen netten langen Pfahl mit einer Gabel an der Spitze! Jim, leg mir den da beiseite, der soll mir die Wäscheleine stützen!«

Das war nun das erste Mal, daß jemand unsern Tannenbaum lobte, und in seinem eingeschrumpelten Herzen pochte ein letztes Safttröpfchen. Sie setzten ihn an die äußerste Wäscheleine, so daß sein Stumpf fast in einem Blumenbeet stand. Die Gabel, die keinen Weihnachtsstern hatte tragen dürfen, war gerade das Richtige, um die Leine hochzuhalten. Es war Waschtag, und bald brachte die Bäuerin nasse Wäschestücke an, die in der strahlend klaren Luft flatterten und frisch wurden. Und das allererste, was dicht neben die Spitze des Tannenbaums gehängt wurde, war ein Bündel Kinderstrümpfchen.

Das ist aber noch nicht das Ende der Geschichte, die sich die Tannen im Winde zuraunen. Der nie geschmückte Weihnachtsbaum beobachtete so vergnügt die Kinderstrümpfchen und andere lustige kleine Wäschestücke, die der Wind aufplusterte, als ob sie nur darauf warteten, einen Klaps zu bekommen, daß er gar nicht merkte, was unter ihm vor sich ging – oder vielmehr aufwärtsging. Eine Ranke hat seinen Stamm erwischt und klomm bereits tüchtig rundherum nach oben. Und eines Morgens, als die Bäuerin auf den Wäscheplatz kam und den Tannenpfahl anderswo aufstellen wollte, blieb sie stehen und rief: »Oh, den darf ich nicht wegnehmen! Die Winden sind ja schon bis an seine Spitze geklettert!« Und das stimmte: der kahle Pfahl leuchtete nur so vor blauen und roten Blütenkelchen der »Morgenpracht«.

Die alten Tannen im Wald glauben, daß den nichtgeschmückten Bäumen immer etwas Schönes widerfährt. Sie glauben sogar, daß solch ein Weihnachtsbaum-Wäschepfahl eines Tages als Stütze für eine Zauberbohne dienen könnte – wie in dem Märchen von dem kleinen Jungen, der an der Zauberbohne hochkletterte und den Riesen erschlug. Wenn das eintrifft, wird die Welt wieder voller Märchen sein.

CHRISTOPHER MORLEY

Lieber guter Weihnachtsmann

Lieber guter Weihnachtsmann,
Schenk mir einen Kuchenmann,
Nicht zu groß und nicht zu klein,
Ich will immer artig sein.
Gibst mir einen kleinen,
Fang ich an zu weinen!

Wie Joschi zu seinem Meerschweinchen kam

Seit er sechs Jahre alt war, wünschte sich Joschi ein Meerschweinchen. Aber jedesmal, wenn er davon anfing, sagte seine Mutter: »Meerschweinchen stinken« oder »Meerschweinchen gehören in den Kleintierzoo« oder »Was soll das arme Tier in unserer Vierzimmerwohnung?« und lauter solche Sachen. In diesem Jahr hatte Joschi sich geschworen, daß sein Wunsch endlich in Erfüllung gehen müsse.

»Wetten, daß ich zu Weihnachten ein Meerschweinchen kriege?« sagte er zu seinem Freund Karli. »Du wirst schon sehen...« Und dann schmiedete er einen Plan.

Endlich war es soweit. »Nur noch vierundzwanzig Tage bis Weihnachten«, sagte seine Mutter. »Höchste Zeit, daß du deinen Wunschzettel aufs Fensterbrett legst, damit der Weihnachtsmann ihn abholen kann.«

Joschi nickte höflich, machte ein möglichst harmloses Gesicht und begann mit der Arbeit. *Lieber Weihnachtsmann*, schrieb er, *ich wünsche mir dringend 1 Nilpferd*. Ordentlich legte er den Zettel draußen vors Fenster und wartete gespannt, wie es weitergehen würde.

Schon am nächsten Morgen konnte er feststellen, daß sein Plan sich bewährte. Als er nämlich in aller Frühe das Fenster öffnete, um zu sehen, ob der Zettel abgeholt worden war, entdeckte er etwas höchst Merkwürdiges: DU SPINNST WOHL! hatte jemand in leuchtendroten Buchstaben auf einen Briefbogen geschrieben, der groß und deutlich die Unterschrift DER WEIHNACHTSMANN trug.

Gut so! dachte Joschi. Dann nahm er den Brief an sich und schrieb einen neuen Zettel. *Und wie wär's mit 1 Krokodil? Es könnte in der Badewanne schwimmen.*

Auch diesmal klappte es vorzüglich. Ein neuer Weihnachtsmannbrief leuchtete ihm am Morgen entgegen. KROKODILE LEIDER NICHT LIEFERBAR stand darauf, diesmal in grünen Buchstaben.

Noch besser, dachte Joschi, nahm den Brief an sich und schrieb den nächsten Zettel. *1 Känguruh-Pärchen* lautete sein Wunsch. BEUTELTIERE FÜHREN WIR NICHT hieß diesmal die Antwort.

Von nun an war alles ganz einfach. Joschi brauchte sich nur noch ein paar ungewöhnliche Tiere einfallen zu lassen, und schon lief alles wie am Schnürchen.

3 Hängebauchschweine schrieb er am nächsten Tag. BLÖDSINN hieß die Antwort. Und in diesem Stil ging es weiter. Zwölf volle Tage war er damit beschäftigt, neue Zettel zu schreiben und die Weihnachtsmann-Antwortbriefe einzusammeln. So lange dauerte es nämlich noch bis zum Heiligen Abend.

Die Reihenfolge, die Joschi sich errechnet hatte, war so:

12. Dezember: *1 Schimpanse*
Antwort: Und wer kauft die Bananen?
13. Dezember: *1 Berber-Löwe*
Antwort: Schon mal was von menschenfressenden Raubtieren gehört?
14. Dezember: *Dann 1 Tüpfelhyäne*
Antwort: Und wo soll sie schlafen?
15. Dezember: *1 Merinoschaf*
Antwort: Selber Schaf!
16. Dezember: *1 junger Pottwal*
Antwort: Wohl größenwahnsinnig geworden?
17. Dezember: *1 Pythonschlange*
Antwort: Kriecher unerwünscht!
18. Dezember: *1 Hausziege*
Antwort: Ziegenmilch schmeckt abscheulich!
19. Dezember: *Erbitte dringend wenigstens 1 Bergzebra*
Antwort: Wo sind denn hier Berge?
20. Dezember: *Aber 1 Dromedar würde sich bei uns bestimmt wohl fühlen!*
Antwort: Warum nicht gleich ein Kamel?
21. Dezember: *Einverstanden. Habe mich außerdem für 1 Giraffe entschieden.*

Am nächsten Tag endlich geschah das, was Joschi schon lange erwartet hatte. Auf dem Fensterbrett lag nämlich nicht nur die übliche kurze Antwort in roten oder grünen Großbuchstaben, sondern ein regelrechter Brief, hastig mit einem gewöhnlichen Tintenkuli geschrieben und fast eine halbe Seite lang.

Lieber Joschi, stand dort, *wie du auf dem Kalender siehst, ist übermorgen Weihnachten. Da Du es bisher nicht geschafft hast, mir einen einzigen vernünftigen Wunsch aufzuschreiben, und da alle Tiere, die Du mir genannt hast, nicht in eine Wohnung passen, ersuche ich Dich hiermit, umgehend bescheidener zu werden und Dich auf eine kleinere Tiergattung zu beschränken. Herzlichen Gruß. Der Weihnachtsmann.*

Joschi wußte sofort, was er zu tun hatte. Hundertmal hatte er die Worte, die er jetzt niederschrieb, in Gedanken geübt. Er nahm den saubersten Zettel, den er finden konnte, und verfaßte den ordentlichsten Wunschzettel seit 22 Tagen:

Lieber Weihnachtsmann, schrieb er, *entschuldige bitte, daß ich so unbescheiden war. Ich sehe ein, daß ich zuviel von Dir verlangt habe und schwöre, mich zu bessern. Darum wünsche ich mir nur noch ein winziges Meerschweinchen. Am liebsten so eins wie das vom Karli. Also weiß mit kleinen schwarzen Tupfen. Karli sagt, daß ein Meerschweinchen überhaupt keine Arbeit macht. Außerdem finde ich es so niedlich. Vielen Dank im voraus! Dein Joschi, Mühltalerstr. 7.*

Am nächsten Tag schlich Joschi noch früher als sonst zum Fenster, weil er es vor Spannung nicht mehr erwarten konnte. Ob der Weihnachtsmann ihm auch darauf antworten würde? Diesmal aber war das Fensterbrett leer. Nur ein paar Schneeflocken konnte er entdecken, denn draußen hatte es angefangen zu schneien.

»Nun?« fragten seine Eltern, als er zum Frühstück kam. »Freust du dich schon auf morgen?«

»Und wie!« antwortete Joschi. Mehr brachte er nicht heraus vor Aufregung.

Dann endlich war er da, der große Tag. *24. Dezember* stand auf dem Kalender über Joschis Bett. Joschi sah das Kalenderblatt eine Weile ganz genau an und dachte an sein Meerschweinchen. Ob der Weihnachtsmann endlich begriffen hatte?

Stunde um Stunde rückte der Augenblick näher, in dem sich alles entscheiden würde. Und dann war es soweit. Die Tür zum Weihnachtszimmer wurde geöffnet, und Joschi sah etwas, das schöner war als alle Christbaumkugeln und Weihnachtskerzen und Zimtsterne und Silbernüsse zusammen – nämlich ein winziges, schwarzgetupftes Meerschweinchen in einer Kiste unter dem Tannenbaum, das neugierig den Tannenduft schnupperte und fast so aussah wie das Meerschweinchen vom Karli.

»Hoffentlich stinkt es nicht«, sagte die Mutter.

»Immer noch besser als Dromedare und Giraffen«, sagte der Vater.

Aber Joschi hörte nicht, was sie sagten. Er war viel zu sehr damit beschäftigt, sein Meerschweinchen auf den Arm zu nehmen und eine Dankesrede an den Weihnachtsmann zu verfassen – in Gedanken natürlich. Daß auch ein kleiner Trick dabei gewesen war, wußte der Weihnachtsmann ja sowieso. Denn ein Weihnachtsmann weiß alles. Oder etwa nicht? »Ich nenne es *Trick*«, sagte Joschi, während das Meerschweinchen leise quiekte. Fast klang es, als ob es kicherte.

ROSWITHA FRÖHLICH

Anton und der Weihnachtsmann

Anton suchte wieder einmal seine Fäustlinge. Die dunkelblauen. Er fand schließlich den linken und war zufrieden. Eine Hand konnte man immer in die Jackentasche stecken.

»Ich geh Weihnachten schaun«, verkündete er. Seine Mutter nickte stumm. Sie mußte bis zum nächsten Tag eine Arbeit fertighaben.

Auf der Straße lag grauer Schnee, der sich schmatzend an Antons Stiefeln festsaugte.

»Blöder Hammel«, sagte eine zornige Stimme. Es war ein Autofahrer, der die Scheibe heruntergekurbelt hatte und sich ganz offensichtlich über einen anderen ärgerte. Der andere streckte den Kopf aus dem Seitenfenster. »Frohe Weihnachten!« antwortete er fröhlich und fuhr weiter. Der erste starrte ihm nach. Dann machte er langsam den Mund zu und ein sehr ratloses Gesicht. Anton lachte leise in sich hinein und ging weiter.

»Gmansch, gmansch.« Anton patschte genußvoll mit den Stiefeln im Schneematsch. Quer über die Straße waren Lichterketten gespannt. In den Auslagen standen Christbäume, Engel und Weihnachtsmänner.

»Wo gehst denn du hin?« fragte jemand. Es war Markus, der in der Schule drei Reihen hinter Anton saß.

»Weihnachten schaun«, sagte Anton. »Und du?«

»Muß zur Post«, antwortete Markus. »Für meine Mutter Geld aufgeben. Sie hat keine Zeit. Vor Weihnachten kann sie nie vom Geschäft weg.«

Er zog aus der Anoraktasche ein grünes Kuvert.

»Ist eine Menge Geld«, erklärte er wichtig.

»Wenn wir Geld haben, geben wir es nicht auf, sondern aus«, sagte Anton. Geld interessierte ihn nicht besonders.

Markus verstaute das grüne Kuvert wieder sorgsam.

»Ich geh ins Kaufhaus«, sagte Anton. »Die haben heuer einen Weihnachtsmann.«

»Das sind doch nur verkleidete Leute, die vom Kaufhaus bezahlt werden«, meinte Markus geringschätzig.

»Woher weißt du denn das?« fragte Anton.

»Von meinem Vater. Er sagt, die sind nur dazu da, damit die Leute mehr Geld ausgeben.«

»Ich geb nicht mehr Geld aus«, protestierte Anton. »Ich hab gar keins.«

Im Kaufhaus verteilte der Weihnachtsmann gerade Süßigkeiten und kleine Päckchen. Er hatte einen angeklebten weißen Bart und einen langen roten Mantel an. Auf seiner Stirn standen Schweißtropfen. Es war zu warm im Kaufhaus für einen langen Mantel. Ein paar kleine Kinder starrten ihn mit glänzenden Augen an.

»Mein Vater sagt, nur dumme Kinder glauben an den Weihnachtsmann.« Markus' Stimme klang verächtlich.

»Vielleicht haben's dumme Kinder lustiger«, meinte Anton nachdenklich.

»Gehen wir in den letzten Stock«, drängte Markus, »da gibt's Computerspiele.«

»Mußt du nicht das Geld aufgeben?« gab Anton zu bedenken.

»Das geht später auch noch«, sagte Markus und stand schon auf der Rolltreppe.

Im vierten Stock waren viele Automaten. Es piepste, surrte und summte. Weiße Bälle sausten da auf dem Bildschirm herum, Hindernisse tauchten auf, Ziele verschwanden plötzlich.

Überall mußte man rechtzeitig Knöpfe drücken oder drehen. Weil bald Weihnachten war, durften die Kinder gratis spielen. Zwei prügelten sich um einen Platz. Ein erschöpfter Angestellter saß teilnahmslos zwischen den piepsenden Automaten und kreischenden Kindern. Markus fand einen Platz an einem Automaten und hatte vor Begeisterung ein ganz rotes Gesicht. Er spielte sehr gut. Anton versuchte es auch einmal. Aber er drückte immer zu spät oder zu früh auf die Knöpfe.

Anton ging ein Stück weiter in die Bücherabteilung und nahm ein dickes Buch in die Hand. »Das große Weihnachtsbuch für Kinder« stand da. Anton blätterte. Dann stutzte er. »Anton und der Weihnachtsmann« hieß eine Geschichte in dem Buch. Anton begann zu lesen:

»Anton suchte wieder einmal seine Fäustlinge. Die dunkelblauen. Er fand schließlich den linken und war zufrieden. Eine Hand konnte man immer in die Jackentasche stecken.«

»Anton«, sagte eine angstvolle Stimme. Jemand zog ihn am Ärmel. Anton hörte nicht auf zu lesen. »Ich bin da drin. Ich bin in einer Geschichte drin«, sagte er aufgeregt.
»Anton! Das Geld ist weg!« Anton drehte sich um. Neben ihm stand Markus. Sein Gesicht war nicht mehr rot wie vorhin beim Spielen, es war ganz weiß, eigentlich fast ein bißchen grün.
»Was sagst du?« Anton legte das Buch weg.
»Schau noch einmal genau.«
Markus drehte alle Taschen seines Anoraks um. Nichts. Die Sommersprossen in seinem blassen Gesicht wurden immer deutlicher. Sie gingen zu den Automaten zurück und suchten den Boden ab. Nichts. Kein grünes Kuvert.
»Komm«, sagte Anton, »gehen wir irgendwohin, wo wir in Ruhe überlegen können.«
Hinter dem Kaufhaus war ein kleiner Park. Einige kahle Sträucher standen da. Ein paar Bänke. Ein Baum. Anton fror an der rechten Hand. Er steckte sie in die Jackentasche. Neben ihm klapperte Markus mit den Zähnen. Sie setzten sich auf eine Bank.
»Denk nach«, sagte Anton. »Hast du es irgendwann herausgenommen?«
Markus schüttelte den Kopf.
»Wieviel war es denn?« fragte Anton.
Statt einer Antwort begann Markus zu weinen.

Jemand setzte sich neben ihnen auf die Bank. Dicke Stiefel, langer roter Mantel, weißer Bart. Ein Weihnachtsmann.
»Sind Sie der aus dem Kaufhaus?« fragte Anton.
Der Weihnachtsmann lächelte und schüttelte den Kopf. Anton betrachtete ihn aufmerksam. Richtig. Haare und Bart wirkten bei diesem hier viel echter. Das Lächeln auch.
Markus schluchzte noch immer.
»Sein Geld ist weg«, erklärte Anton. »Er hätte es für seine Mutter zur Post bringen sollen.«
Der Weihnachtsmann nickte. Er holte aus seiner Manteltasche zwei kleine Päckchen. »Zum Trost«, sagte er.
Anton bekam eines der beiden Päckchen, obwohl er gar kein Geld verloren hatte.
»Frohe Weihnachten«, sagte der Weihnachtsmann und ging weiter.

»Mach doch auf.« Anton stubste Markus an, der trübsinnig auf die goldene Verpackung starrte.
»Alles Blödsinn«, murmelte Markus, aber er machte die Verpackung auf. Eine flache Schachtel war drin. Und in der Schachtel ein grünes Kuvert. Markus starrte es ungläubig an, dann schaute er hinein und zählte das Geld.
»Stimmt genau«, sagte er und drehte sich nach dem Weihnachtsmann um. Aber der war nicht mehr zu sehen.
Anton hatte sein Päckchen auch aufgemacht. Es war ein dunkelblauer Fäustling drin. Ein rechter.
»Verstehst du das?« fragte Markus.
Anton betrachtete den Fäustling genauer. Es war seiner. Er erkannte ihn an einer kleinen gestopften Stelle am Daumen.
»Vielleicht war es doch der Weihnachtsmann aus dem Kaufhaus«, überlegte Markus. »Und er hat das Kuvert dort gefunden. Ich werde mich morgen bei ihm bedanken.«
Anton sagte nichts. Aber er war sicher, daß Markus diesen Weihnachtsmann nicht im Kaufhaus finden würde.

EDITH SCHREIBER-WICKE

Die Kleider des Nikolaus

Joke hatte feuerrote Backen vor Aufregung. »Hört mal!« rief sie. »Hört doch mal!« Sie rannte auf den Spielplatz. »Er wird bei uns übernachten. Bei uns zu Hause!«

»Was?« fragte Sylvia. »Übernachten? Wer?«

»Na«, rief Joke. »Der Nikolaus natürlich.«

»Der Nikolaus?«

Jetzt drängten sich alle Kinder um sie. »Habt ihr das gehört? Habt ihr das gehört? Der Nikolaus wird bei Joke übernachten!«

»Haha! Das gibt's nicht. Der Nikolaus übernachtet nie irgendwo.« Das sagte Bert.

»Aber er muß doch irgendwo schlafen!« rief Marja.

»Aber nicht in einem Haus bei Menschen.«

»Nein. Aber wo dann?«

»Der Nikolaus schläft nicht. Er reitet nachts über die Dächer.«

»Ja, aber dann schläft er doch bestimmt tagsüber.«

»Aber nicht bei Joke.«

»Doch«, rief Joke. »Bei uns. Er wird bei uns übernachten. Ich habe es selbst gesehen.«

»Gesehen? Den Nikolaus?«

»Nein«, sagte Joke, »seine Kleider.«

Und sie erzählte: »Es hat geklingelt. Und dann ist ein Mann gekommen. Der hat einen großen Koffer gebracht. Und Mama hat gesagt: ›Bringen Sie ihn am besten gleich ins Gästezimmer.‹ Aber sie wollte nicht sagen, was drin ist. Da habe ich nachgeschaut. Heimlich. Der Koffer war nicht abgeschlossen. Und drin waren die Kleider vom Nikolaus. Hab ich selbst gesehen.«

Die Kinder starrten mit offenen Mäulern. Aber Bert sagte: »Ich glaub kein Wort davon.«

»Also«, sagte Joke, »dann fragt doch meine Mama.«

Das taten sie. Als die Schule aus war und Jokes Mama am Zaun stand, um Joke abzuholen, rannten alle Kinder zu ihr hin. »Ist es wahr, was Joke sagt? Daß der Nikolaus bei Ihnen wohnen wird?«

Jokes Mama schaute sie seltsam an. »Wie kommt ihr denn darauf?« fragte sie.

»Haha! Joke sagt, daß der Koffer vom Nikolaus zu Ihnen nach Hause gebracht worden ist.«

»Oh«, sagte Jokes Mutter. Sie wurde ein bißchen rot. »Ja, das ist wahr. Ich wußte nicht, daß du das gesehen hast, Joke.«

O weh! Joke bekam ein feuerrotes Gesicht.

»Na ja«, sagte Mama. »Das mit dem Koffer stimmt. Aber ob der Nikolaus bei uns übernachten wird ... das weiß ich nicht genau.«

»So was Komisches«, rief Marja. »Warum läßt er dann seinen Koffer zu Ihnen bringen?«

»Na ja«, sagte Jokes Mutter. Sie kratzte sich am Hals. »Er wird wohl auch kommen, denke ich. Zwei oder drei Tage.«

Dann zog sie Joke ganz schnell mit nach Hause. Die anderen Kinder sahen aus der Entfernung, daß Joke geschimpft wurde. Weil sie es verraten hatte, natürlich.

An diesem Abend konnte Joke überhaupt nicht einschlafen. Übermorgen ist der fünfte Dezember, dachte sie. Der Nikolaus ist schon längst im Land, jetzt muß er bald ins Haus kommen. Aber Mutter hatte gesagt, daß er viel zu beschäftigt wäre, um Joke zu treffen. »Er kommt ganz spät in der Nacht, erst zum Schlafen, und ganz früh am Morgen muß er schon wieder weg«, hatte Mutter gesagt. Ich muß einfach noch früher aufwachen, dachte Joke. Dann schleiche ich ganz leise zum Gästezimmer. In Gedanken sah sie den Nikolaus im Bett liegen, mit dem Bart über der Decke. Bei ihr zu Hause. Ob er wohl schnarchte?

Aber Joke wurde erst sehr spät wach.

Sie kam fast zu spät zur Schule.

Und das Gästebett, das hatte sie gesehen, war nicht zerwühlt. Die Tagesdecke lag noch ordentlich darüber. Oder ob der Nikolaus sein Bett selbst gemacht hatte, bevor er weggegangen war?

»Das kann gut sein«, sagte Sylvia, als Joke es ihr erzählte. Aber Bert und die anderen glaubten das nicht. »Er ist überhaupt nicht bei euch zu Hause gewesen«, sagten sie. »Und er kommt auch nicht.«

Joke war traurig. Und abends, als sie im Bett lag, drückte sie das Gesicht fest ins Kissen. Gegen die Tränen. Bis sie auf einmal ein Scharren aus dem Gästezimmer hörte. Mit einem Satz war Joke aus

63

dem Bett. Ob er doch... Sie schlich in den Flur, lauschte kurz an der Gästezimmertür und machte sie dann leise auf.

Sie erschrak fürchterlich. Denn da stand der Nikolaus. Der ganz echte Nikolaus in seinem roten Mantel und mit seiner roten Mütze auf dem Kopf. Er stand vor dem Spiegel und kämmte sich den Bart. Jokes Mund stand offen. »Nikolaus«, wollte sie sagen, aber auf einmal wurde sie am Arm zurück in den Flur gezogen, und die Tür fiel zu. Es war Mama. »Pfui, Joke, das darfst du nicht sehen. Ich meine, du darfst den Nikolaus nicht stören. Du mußt im Bett liegen bleiben und schlafen.«

»Ja, aber, Mama...«

Es half nichts. Joke wurde ins Bett gestopft, und kurze Zeit später hörte sie den Nikolaus weggehen. Die Haustür wurde mit einem lauten »Bumm« geschlossen.

Ich habe ihn aber doch gesehen, dachte Joke. Nun weiß ich, daß es wahr ist. Daß er wirklich bei uns übernachtet.

»Ha ha«, rief Bert am nächsten Morgen in der Schule. »Ich glaub dir kein Wort. Du hast es dir ausgedacht.«

»Nein.«

»Doch.«

»Nein.«

Auch die anderen Kinder glaubten ihr nicht. Außer Sylvia. Sie war doch Jokes beste Freundin. »Weißt du was?« sagte Sylvia. »Wir holen dich morgen früh ab. Morgen ist der sechste Dezember, und dann braucht der Nikolaus nicht mehr zu arbeiten. Dann sitzt er natürlich einfach bei euch am Frühstückstisch. Und dann können wir ihn selbst sehen.«

Sylvia hatte immer solche gute Ideen.

Aber Mama machte ein bedenkliches Gesicht. »Ich weiß nicht, ob der Nikolaus...« sagte sie unschlüssig.

Aber auf einmal sagte Papa: »Ich glaube schon. Sein Schiff fährt erst morgen früh um zehn. Das klappt genau.«

Joke war so aufgeregt, daß sie an diesem Abend erst sehr spät einschlief. Und am nächsten Morgen mußte ihre Mutter sie dreimal wecken. »Der Nikolaus frühstückt schon«, rief Mama.

Träume ich? dachte Joke.

Als sie endlich ins Zimmer kam, standen da schon Sylvia und Marja und Bert und Anneke und Jeroen und Marten und Frederik und... und... am Tisch saß der Nikolaus und schmierte sich ganz ruhig eine Scheibe Brot. Und sein Bart war wahrhaftig mit Eigelb bekleckert.

»Du bist aber spät dran, Joke«, sagte der Nikolaus. »Komm schnell, setz dich.«

Joke zwickte sich in den Arm, ob sie nicht doch träumte. Aber der Nikolaus saß wirklich da. Er trank eine Tasse Tee und aß noch ein Butterbrot mit Brombeermarmelade. Und alle Kinder, die neugierig gekommen waren, um Joke abzuholen, standen still daneben und schauten.

»Ja«, sagte der Nikolaus. »Ihr habt es nicht glauben wollen, was? Aber Joke hatte recht. Sie hat tatsächlich den Koffer mit meinen Kleidern gesehen. Und wo die Kleider vom Nikolaus sind, da ist er selbst auch.«

Paul Biegel

Christkindchen, ich will artig sein …

Christkindchen, ich will artig sein.
Bescher mir was in mein Schüsselein:
Äpfel, Nüsse, eins, zwei, drei,
Und ein Püppchen auch dabei.

Die Weihnachtswünsche des kleinen Nimmersatt

»Am meisten wünsch ich mir ein Pferd,
Zum Schaukeln und zum Reiten,
Und eine Rüstung und ein Schwert
Wie aus den Ritterzeiten.

Drei Märchenbücher wünsch ich mir
Und Farben auch zum Malen
Und Bilderbogen und Papier
Und Gold- und Silberschalen.

Ein Domino, ein Lottospiel,
Ein Kasperletheater,
Auch einen neuen Peitschenstiel
Vergiß nicht, lieber Vater!

Ein Zelt und sechs Kanonen dann
Und einen neuen Wagen
Und ein Geschirr mit Schellen dran,
Beim Pferdespiel zu tragen.

Mir fehlt – ihr wißt es sicherlich –
Gar sehr ein neuer Schlitten
Und auch um Schlittschuh' möchte ich
Noch ganz besonders bitten.

Und weiße Tiere auch, von Holz,
Und farbige von Pappe
Und einen Helm und Federn stolz
Und eine neue Mappe.

Ein Perspektiv, ein Zootrop,
'ne magische Laterne,
Ein Brennglas, ein Kaleidoskop –
Dies alles hätt' ich gerne.

Auch einen großen Tannenbaum,
Dran hundert Lichter glänzen;
Mit Marzipan und Zuckerschaum
Und Schokoladekränzen.

Doch dünkt dies alles euch zu viel,
Und wollt ihr daraus wählen,
So könnte wohl der Peitschenstiel
Und auch die Mappe fehlen.«

Als Hänschen so gesprochen hat,
Sieht man die Eltern lachen:
»Was willst du, kleiner Nimmersatt,
Mit all den vielen Sachen?

Ich wünsch mir was

Ich wünsch mir was!
Was ist denn das?
Das ist ein Schloß aus Marzipan
mit Türmen aus Rosinen dran
und Mandeln an den Ecken.
Ganz zuckersüß und braungebrannt
und jede Wand aus Zuckerkand –
da kann man tüchtig schlecken!
Und Diener laufen hin und her
mit Saft und Marmelade,
und drinnen, in dem Schlosse drin,
sitzt meine Frau, die Königin –
die ist aus Schokolade!

Weihnachtsüberraschungen

Ich strick ein Paar Strümpfe für den Papa.
Wißt ihr, was neuerlich mit denen geschah?
Das Christkind saß dran wohl die ganze Nacht
und hat mir die Strümpfe fertiggemacht!

Wo mag denn mein liebes Püppchen nur sein?
Sein Kleid war entzwei, ihm fehlte ein Bein.
Gewiß hat's Christkind ein Englein geschickt,
von dem wird Püppchen im Himmel geflickt.

In Vaters Stube soll ich nicht mehr gehn,
durchs Schlüsselloch darf man doch auch nicht sehn,
und für mein Leben gern wüßte ich doch,
wovon es so lieblich nach Christbaum roch!

Ganz sicher das Christkind drinnen war!
Ich fand auf der Schwelle ein Engelshaar
und auch eine dicke, goldene Nuß! –
Ach, daß man aufs Christkind so warten muß!

H. Brehm

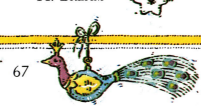

Traumbescherung

Ich hab mir was ausgedacht,
Daß mir aber keiner lacht!
Dieses Jahr zur Weihnachtszeit,
Da beschenk ich weit und breit
Alle Leut' – ihr glaubt es kaum?
Jeder kriegt von mir 'nen Traum:
Raben, die Trompete blasen,
Bring ich mit, karierte Hasen,
Eine Fuhre Gummibärchen,
Dreizehn Flaschen voller Märchen,
Bäume, die spazierengehen,
Stunden, die ganz stille stehen,
Hunde, die sich reiten lassen,
Frisch gebrat'nes Eis in Massen,
Schnelle Autos für die Kinder,
Einen Zauber-Wunsch-Zylinder,
Extra-Väter, nur zum Spielen,
Bälle, die von selber zielen,
Eine Müllkippe zu Hause,
Und 'ne Limonadenbrause,
Betten, die im Dunkeln fliegen,
Masern, die wir niemals kriegen,
Sommerschnee auf Rodelwiesen,
Aufblasbare bunte Riesen,
Feuerchen, die knisternd brennen,
Mütter, die nicht schimpfen können,
Badeseen an den Ecken,
Lutschbonbons so lang wie Stecken,
Schulen, nur zum Lachenlernen,
Flugzeugtaxis zu den Sternen,
Sofas, um drauf rumzuspringen,
Lieder, die sich selber singen,
Pulver zum Unsichtbarmachen,
Ein paar kleine, zahme Drachen,
Katzen, die auf Rollschuh'n rennen,
Morgenstunden zum Verpennen,
Wände, um sie anzumalen,
Nüsse ohne harte Schalen,
Einen Löwen zum Liebkosen,
Und statt Ärger rote Rosen.
Hier ist die Bescherung aus.
Sucht für euch das Beste raus!

GINA RUCK-PAUQUÈT

Denkt euch...

Denkt euch – ich habe das Christkind gesehn!
Es kam aus dem Walde, das Mützchen voll Schnee,
mit rotgefrorenem Näschen.
Die kleinen Hände taten ihm weh;
denn es trug einen Sack, der war gar schwer,
schleppte und polterte hinter ihm her –
was drin war, möchtet ihr wissen?
Ihr Naseweise, ihr Schelmenpack –
meint ihr, er wäre offen, der Sack?
Zugebunden bis oben hin!
Doch war gewiß etwas Schönes drin:
Es roch so nach Äpfeln und Nüssen!

ANNA RITTER

Das arme reiche Kind

Wulfi ist ein reiches Kind. Wulfi wohnt mit seinen Eltern allein in einem großen Haus. Wulfi ist acht Jahre alt und hat einen eigenen Fernseher in seinem Zimmer, einen Kassettenrecorder mit einem hohen Kassettenturm, einen Plattenspieler und vierundzwanzig Schallplatten und viele Bücher auf einem Bord. Er hat eine Autorennbahn, neunzehn Plüschtiere und dreiundsiebzig Spielautos, neun Bälle, ganze Stapel von Spielen, mehrere Kisten mit Steckfiguren, Bausteinen, Cowboysachen, Indianerzeug und Bastelkram. Wulfi hat Rollschuhe und Schlittschuhe und Skier, er hat ein Fahrrad und ein Surfbrett und tausend andere Dinge, an die er sich gar nicht mehr erinnert. Wulfi bekommt immer alles geschenkt, bevor er sich etwas wünschen kann.
»Was wünschst du dir zu Weihnachten?« fragen ihn seine Mama und sein Papa trotzdem.
Wulfi weint. Er weiß nicht, was er sich wünschen soll.
Wulfi ist ein armes Kind.

KATRIN ARNOLD

Woher das Christkind kommt

Matthias lag im Bett und dachte über das Christkind nach. Es war still im Zimmer. Traudl atmete ruhig, Annerl warf sich von Zeit zu Zeit herum und murmelte irgend etwas Unverständliches.
Matthias stieß die Bettdecke zurück, kniete vor dem Fenster und schob den Vorhang zur Seite. Draußen breitete sich die schneehelle Winternacht aus. Das Haus stand am Hang. Hinter dem Hang stand der Wald. Und hinter dem Wald stiegen streng und klar die weißen Berge auf.
»In der Vorweihnachtszeit«, hatte die Mutter gesagt, »fliegt das Christkind eifrig herum, schaut in alle Fenster und sammelt die Wunschzettel der Kinder ein.«
Nichts flog. Matthias spähte zum Waldrand hinauf. Nichts. Voriges Jahr hatte er der Mutter solch einen Wunschzettel diktiert: »Liebes Christkind! Bitte ein Paar Ski. Sonst nichts.«
Die Mutter war beim Schreiben immer langsamer geworden.
»Horch einmal, Matthias, daraus wird nichts! Das Christkind hat ja Augen im Kopf und kann sehen, daß du zum Skilaufen noch zu klein bist.«
»Aber der Josl vom Nachbarhof«, hatte Matthias eingewendet, »ist ja auch nicht viel größer, und der schießt auf seinen Brettern den Berg hinunter, daß es nur so rauscht!«
»Dann ist der Josl halt besonders brav gewesen, was man von dir nicht behaupten kann...« hatte die Mutter erwidert.
Tatsächlich war aus dem Geschenk nichts geworden: Matthias hatte Spielzeug bekommen und eine warme Jacke. Keine Ski.
Aber jetzt war er nicht mehr zu klein! Immer hieß es: »Du bist doch unser Großer!« Der Große mußte im Stall helfen, mußte Hühner und Kaninchen füttern, mußte Unkraut jäten und auf die kleinen Schwestern aufpassen. Besonders gern tat er das nicht. Wenn die Mutter ihn rief, kam er erst beim zweiten oder dritten Mal, und manchmal kam er überhaupt nicht, sondern versteckte sich im Schuppen und ließ die Mutter suchen. Aber so etwas machten alle Jungen, auch der Josl vom Nachbarhof. Wenn das Christkind Augen im Kopf hatte, mußte es sehen, daß Matthias nicht schlimmer war als die andern Kinder, die sich zu Weihnachten ein Paar Ski wünschten und auch bekamen... Matthias legte sich wieder ins Bett. Das Christkind...
Wie war das eigentlich mit dem Christkind?
Heute nachmittag war er unten im Dorf gewesen, einkaufen für die Mutter. Nicht nur so langweilige Sachen wie Suppenwürfel und Margarine, sondern auch interessante, festliche: Wunderkerzen, Lametta und Engelshaar. Als er aus dem Laden kam, standen zwei Jungen vor den Auslagen: der Florian und der Josl.
»Grüß Gott«, sagte Matthias, »was habt ihr euch denn vom Christkind gewünscht?«
Sie tauschten Blicke, stießen einander an und kicherten wie Mädchen. »Es gibt überhaupt kein Christkind, du Dummer! Das sind doch nur die Eltern, die alle Geschenke kaufen und unter den Weihnachtsbaum legen!«
»Was? Es gibt kein Christkind?« Matthias wurde rot vor Entrüstung.
»Kein Christkind, keinen Osterhasen, keinen Klapperstorch«, sagte Florian.
Das mit dem Osterhasen war vielleicht wirklich nur eine hübsche Geschichte. Matthias hielt es für ausgeschlossen, daß ein Hase Eier legen konnte, noch dazu bunte mit Mustern. Einem Bauernjungen, der jeden Tag die Nester im Hühnerstall ausnahm und Hasen über die Wiese hoppeln sah, konnte man so etwas nicht erzählen. Und der Storch? Wenn einer zwei kleine Schwestern hatte, wußte er Bescheid.
Aber mit dem Christkind – das war etwas anderes! Das ließ sich Matthias so leicht nicht nehmen. Er wäre am liebsten auf die Jungen losgegangen. Aber sie waren zu zweit – und überhaupt: Was hätte solch eine Rauferei eingebracht? Bestimmt keine Antwort auf die Frage, ob es das Christkind gibt oder nicht. Da mußte er sich schon bei der Mutter erkundigen. Oder beim Großvater. Der war klug. Der war vielleicht der klügste von allen.

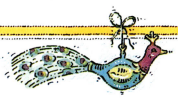
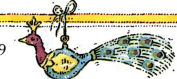

Was sich Matthias vornahm, führte er auch aus. Gleich am nächsten Morgen versuchte er mit der Mutter über das Christkind zu sprechen. Aber das war nicht einfach, eine Bäuerin hat viel zu tun. Matthias wanderte suchend umher, vom Haus in den Hof, vom Hof in den Schuppen, vom Schuppen in den Stall. Dort fand er sie beim Melken. »Mutter, ich möchte dich was fragen. Die Kinder unten im Dorf...«

»Jetzt nicht, Matthias. Jetzt hab ich keine Zeit. Wenn ich mit dem Melken fertig bin, muß ich einheizen. Und schau du einmal nach dem kranken Huhn – und sieh nach, was die Mädchen machen, damit sie nichts anstellen.«

Die Mädchen sollten allein fertigwerden, aber zu der kranken Henne ging er gern. Sie war nicht mehr krank, ihr Kamm war rot und straff, und als er unter das warme Brustgefieder griff, lag dort ein Ei. Na also!

Er traf die Mutter im Vorhaus. Sie trug die vollen Kübel in die Milchkammer.

»Mutter, schau, das Huhn hat ein Ei gelegt. Kann ich dich jetzt was fragen? Die Kinder unten im Dorf...«

»Jetzt nicht, Matthias. Hast du auch nach Annerl und Traudl gesehen? Und vergiß nicht, mir Holz hereinzuholen. Gestreut werden muß auch.«

Matthias ging in den Schuppen und füllte den Korb mit kleingespaltenem Holz. Die Mutter hatte keine Zeit für ihn – wie gewöhnlich. Nach dem Einheizen mußte sie die Schweine füttern und Wäsche waschen und Essen kochen; und falls heute Freitag war – Matthias wußte das nie so genau –, mußte sie auch noch Brot backen. Wann sollte er da mit ihr über das Christkind sprechen?

Matthias brachte den Holzkorb in die Küche, nahm den Ascheneimer und die Kohlenschaufel und ging streuen. Über Nacht war frischer Schnee gefallen. In aller Frühe hatte der Vater einen Weg zur Straße freigeschaufelt. Wie ein Sämann ging Matthias zwischen den Schneemauern hindurch und streute rotbraune Asche auf den weißen Weg. Als er mit dem leeren Eimer in die Küche zurückkam, kniete die Mutter vor dem Herdloch und blies in das mattglimmende Holz.

»Mutter, jetzt frag ich dich. Die Kinder unten im Dorf...«

»Heute will's aber gar nicht brennen!« Die Mutter blies und stocherte mit dem Schürhaken.

Matthias ließ sich nicht ablenken. »Die Kinder unten im Dorf lachen mich aus. Sie sagen, es ist dumm, wenn man ans Christkind glaubt.«

»Laß sie lachen, Hias. Es ist nicht dumm, es ist schön.« Sie schob ein paar Späne ins Loch, blies und stocherte. Im Herd wurde es lebendig, es begann zu knistern und zu sausen. »Endlich!« sagte die Mutter.

Matthias kauerte sich neben sie. »Und du, Mutter, glaubst du an das Christkind?«

Von oben kam donnerndes Gepolter. Es klang, als fielen alle Stühle um. Gleichzeitig hörte man durchdringendes Gebrüll. Traudl schrie wie am Spieß.

Matthias lief hinauf. Natürlich war Annerl schuld – wie immer. Sie hatte der kleinen Schwester eingeredet, man könne einer Katze Puppenkleider anziehen und Mutter und Kind mit ihr spielen. Traudl sollte die Katze nur festhalten, während Annerl ihr die Haube umband. Die Katze aber war nicht in Faschingslaune und hielt nichts vom Verkleiden. Zwischen Traudls Armen wandte und drehte sie sich, fauchte, kratzte und rannte mit großen Sprüngen unters Bett. Annerl stürzte hinter ihr her, um sie einzufangen, und riß dabei die Stühle mit.

Als Matthias hereinkam, fand er alles am Boden: Annerl, die auf dem Bauch vor ihrem Bett lag und »Miez! Miez!« machte, die Stühle und die heulende Traudl.

»Hör auf mit dem Geplärr!« fuhr Matthias sie an. Jammernd hielt ihm Traudl die blutende Hand hin.

»Schleck's ab!« Er brachte die Stühle und die Schwestern ziemlich unsanft wieder auf die Beine. Diese Mädchen! Einer Katze Puppenkleider anziehen! Auf so was Dummes würden Jungen niemals verfallen. Und weil Traudl immer weiter schluchzte, schüttelte er sie wie einen reifen Zwetschgenbaum: »Jetzt gibst du aber endlich Ruh! Wenn ich die Katze wäre, hättest du mehr abbekommen. Nicht nur ein paar Kratzer...«

Matthias nahm die beiden an die Hand und stieg mit ihnen die Holztreppe hinunter.

»Da hast sie!« Er stieß die Schwestern ein wenig zur Mutter hin. Und weil er fand, daß er heute für Haus und Familie genug geleistet hatte, fragte er: »Kann ich jetzt auf den Berg hinauf zum Großvater gehen?«

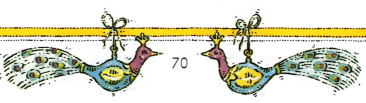

»Was willst du denn dort?« erkundigte sich die Mutter.

»Nur so... Dem Großvater ist's immer recht, wenn ich komme.«

»Ich geh mit! Ich geh mit!« rief Annerl und hüpfte in der Küche herum.

»Ich auch! Ich auch!« piepste Traudl und hüpfte ebenfalls.

»Nimm den Schlitten mit!« riet die Mutter. »Dann kannst du auf dem Heimweg rodeln.«

»Ich auch! Ich auch!« kreischte Annerl entzückt.

Matthias stellte sich taub. Er wäre viel lieber allein gegangen.

»Du nimmst Annerl mit!« Die Stimme der Mutter war fest. Dagegen half gar nichts.

Der Schlitten wurde geholt. Die Kufen knirschten auf dem Aschenweg. Matthias spannte sich wie ein Gaul davor, und Annerl setzte sich wie eine Prinzessin darauf. Allerdings benahm sie sich durchaus nicht königlich. Sie fegte mit beiden Händen Schnee zusammen, formte Bälle und bewarf damit den braven Gaul.

»Hör auf, Annerl!«

Sie dachte gar nicht daran.

»Aufhören, du!« Er blieb stehen, schöpfte zwei Handvoll losen Schnee und warf ihn ihr ins Gesicht. Sie riß den Mund auf, spuckte und schnaubte – aber sie weinte nicht. Das tat sie nie, und das war entschieden das beste an ihr.

Der Weg wurde steiler. Zu beiden Seiten stand der verschneite Wald.

»Steig ab, Annerl!«

Die Prinzessin rührte sich nicht.

»Hast du nicht gehört! Du sollst absteigen. Oder meinst du, ich zieh dich den ganzen Weg hinauf bis zu den Großeltern?«

Ja, das hatte die Prinzessin gemeint. Sie saß auf dem Schlitten wie angewachsen.

»Also – steigst du jetzt ab oder nicht?« Er packte die Querstange und lupfte den Schlitten in die Höhe.

Die Prinzessin klammerte sich fest. »Ich steig ab, wenn du mir eine Geschichte erzählst.«

»Was für eine Geschichte?«

»Vom Christkind. Aber genauso, wie die Mutter sie erzählt. Sonst bleib ich sitzen.«

Er schüttelte sie energisch vom Schlitten hinunter. Die Prinzessin kugelte in den Schnee, gab aber keinen Muckser von sich. Sie stand auf, legte ganz ruhig ihre Hand in die seine und sagte: »Jetzt fang an! Am Weihnachtsabend, wenn's dunkel wird, tun die Engel... Na? Tun die Engel...«

»Weiß nicht, was sie tun«, brummte Matthias.

»...tun die Engel das Himmelstor auf. Und das Christkind... Na?«

Matthias hatte keine Lust. Wozu reden? Es war so still im Wald.

Annerl zog heftig an seiner Hand. »Erzähl doch endlich! Du hast mir's versprochen.«

Gar nichts hatte er versprochen. Aber so war Annerl; was sie sich in den Kopf setzte, das mußte sie haben: eine Katze in Puppenkleidern, eine Rodelfahrt, eine Geschichte.

»Also, das Christkind kommt auf einem großen Schlitten vom Himmel herunter«, begann Matthias. »Es sitzt vorn auf dem Kutschbock. Hinten sind die Geschenke, und vor dem Schlitten sind weiße Pferde...«

»Silberne«, verbesserte die Annerl.

»Silberne Pferde gibt's nicht. Nur braune und schwarze und weiße.«

»Doch! Gibt's! Beim Christkind gibt's alles. Silberne Pferde und der Schlitten ist aus Gold. Die Mutter hat's gesagt.«

Matthias ärgerte sich. »Wenn du's so genau weißt, dann erzähl doch selbst!«

Ein paar Minuten blieb er stumm, ließ sich aber dann von Annerls Bitten erweichen. »Das Christkind kommt von oben herunter, fast so schnell wie ein Flugzeug, und manchmal dreht es sich um und guckt nach, ob noch alle Geschenke da sind. Denn es könnte ja sein, daß unterwegs ein paar hinauspurzeln. Über die Berge fährt es und durch den Wald, überallhin, wo Kinder sind. Auch zu unserm Haus...«

Annerl atmete tief ein. »Und dann?«
»Dann sind wir oben im Zimmer und warten. Wir hören, wie das Christkind ans Haustor klopft und wie die Eltern aufmachen und wie das Christkind fragt, ob wir brav gewesen sind oder schlimm . . .«
»Ich war brav!« rief die Annerl schnell.
»Schlimm warst du«, widersprach Matthias.
»Brav.«
»Schlimm. Wer hat Traudl den Zopf abgeschnitten?«
»Nur damit es nicht so reißt beim Kämmen! Immer hat sie geschrien, wenn die Mutter mit dem Kamm gekommen ist.«
»Und die Kaninchen?«
Annerl senkte den Kopf. Das mit den Kaninchen war wirklich eine böse Geschichte. Sie hatte es gut gemeint und alle aus ihren engen, dunklen Ställen herausgelassen, damit sie endlich einmal im Gras herumhüpfen konnten. Aber eh sich's Annerl versah, waren sie nach allen Seiten davongehoppelt, über die Wiese, durch die Hecke, durch den Zaun – auf Nimmerwiedersehen. Annerl hatte es mit der Angst zu tun bekommen und sich versteckt. Es dauerte eine Weile, bis die Mutter merkte, was los war: Die Ställe standen offen, alle Kaninchen waren weg – und Annerl war auch verschwunden. Annerl wurde bald hinter den Kartoffelsäcken gefunden. Bei den Kaninchen dauerte es wesentlich länger. Vater, Mutter und Matthias suchten stundenlang, bis sie schließlich alle wieder eingesammelt hatten. Doch eines blieb weg. Annerl hoffte zwar, daß es in den Wald gehüpft war, um dort mit seinen Verwandten im Grünen zu leben; aber der Vater sagte: »Richtige Hasen wollen von Stallhasen nichts wissen!« Das arme Kaninchen sei gewiß vom Fuchs oder vom Geier geholt worden. Ein schrecklicher Gedanke, bei dem Annerl jedesmal ganz elend wurde.
»Du, Matthias, ob die Mutter es dem Christkind erzählt?«
»Glaubst du etwa, sie wird es anlügen, nur für dich? Außerdem sieht das Christkind sowieso alles. Es hat ja Augen im Kopf . . .«
Zwischen den Tannen öffnete sich ein Ausblick. Das kleine Haus der Großeltern lag in Sonne und Schnee. Grauer Rauch kräuselte sich in den Himmel. Als sie eintraten, duftete es nach Weihnachtsbäckerei, nach Zimtsternen und Vanillekipferln.
Annerl lief sofort zur Kommode und holte eine große runde Blechschachtel aus der untersten Lade. Darin bewahrte die Großmutter unzählige alte Knöpfe auf, mit denen es sich wunderbar spielen ließ.
Matthias setzte sich zum Großvater an den Tisch und kam ohne Umschweife zum Thema.
»Großvater, ich muß dich etwas fragen. Die Jungen im Dorf sagen, es gibt kein Christkind. Sie sagen, es ist ein Märchen.«
Der Großvater sah ihn lange an, sog an der Pfeife und antwortete: »Ich möcht' kein Kind ohne Märchen gewesen sein . . .«
War das etwa eine Antwort? Matthias schob mißmutig die Unterlippe vor.
»Als ich so alt war wie du, Matthias«, sagte der Großvater, »hab ich auch noch fest ans Christkind geglaubt. Auch damals haben die Jungen im Dorf gesagt: ›Es gibt keines‹ – haben mich ausgelacht . . .«
»Mich auch!« gestand Matthias.
»Ich erinnere mich noch, wie sehr mich das gekränkt hat . . .«
»Mich auch.«
»Ich hab fast geweint und bin nach Hause gelaufen und wollte mit meinen Eltern reden. Aber sie hatten keine Zeit für mich.«
Matthias nickte. Seine auch nicht.
»Aber ich hatte eine große Schwester, ein gescheites Mädchen . . .«
»Ich hab nur kleine. Und die sind kein bißchen gescheit.«
»Wart's ab, die werden's schon noch.« Und dann erzählte der Großvater, wie die große Schwester auf seine Frage damals geantwortet hatte: Freilich gäbe es ein Christkind, man könne es nur nicht sehen, und daß es in einem goldenen Schlitten vom Himmel heruntergekutschiert käme, sei tatsächlich ein Märchen für die Kleinen, für die Annerln und Traudln . . .
Also doch. Matthias schluckte. Es war ihm recht, daß der Großvater ihn nicht mehr zu den Kleinen zählte; aber irgendwas tat weh.
»Dann stimmt es, daß die Eltern alles kaufen?«
»Ja. Aber wer, glaubst du, gibt es den Eltern ein, daß sie den Kindern genau das schenken, was sie sich am meisten wünschen?«
Matthias sah dem Großvater verblüfft in die Augen. »Etwa das Christkind?«
»Wer denn sonst? In der Weihnachtszeit ist das

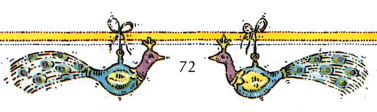

Christkind in aller Leute Gedanken. Wenn Eltern darüber nachsinnen, was sie ihren Kindern zum Heiligen Abend Gutes tun können, ist das Christkind in diesem Nachdenken mit drin. Und wenn Kinder sich von der Adventszeit an Mühe geben, brav zu sein, so ist das Christkind auch in der Mühe mit drin. Verstehst du?«

Matthias staunte. Er versuchte sich vorzustellen, daß das Christkind keine silbernen Pferde lenkte, sondern die Gedanken der Menschen.

»Voriges Jahr«, sagte er und sah zu, wie der Großvater die Pfeife ausklopfte, »voriges Jahr hat das Christkind der Mutter eingegeben, daß ich noch zu klein war fürs Skilaufen. Oder...« er unterbrach sich plötzlich, »oder meinst du, am Ende hat die Mutter es dem Christkind eingegeben?« Er schwieg verwirrt. Der Großvater antwortete nicht, blinzelte ihm nur zu, als hielte er's nicht für ausgeschlossen, daß die Mutter und das Christkind unter einer Decke steckten.

Da kam Annerl quer durchs Zimmer und klapperte mit der Knopfschachtel. Sie drängte sich zwischen Matthias und den Großvater und wollte Kaufmann spielen.

»Wieviel Eier wünschen Sie, mein Herr?« Eifrig sortierte sie die kleinen weißen Perlmutterknöpfe aus. »Und wieviel Kartoffeln?« Das waren die braunen Hosenknöpfe.

Matthias wollte nicht Kaufmann spielen. Er wollte sich mit dem Großvater unterhalten.

»Laß uns in Ruh, Annerl.« Er war drauf und dran, sie mitsamt ihren Knöpfen wegzuschieben und ihr noch einen kleinen Stoß in die Rippen zu geben. Da fiel ihm das Christkind ein.

»Sechs Eier hätt' ich gern, Frau Annerl. Und zehn Kartoffeln.« Und weil ein paar Glitzerknöpfe dabei waren, fragte Matthias, ob er sie als Christbaumschmuck kaufen könne. Die Annerl strahlte. Der Großvater nickte ihm zu und stopfte sich eine frische Pfeife.

MIRA LOBE

Was unter dem Weihnachtsbaum liegt

Von der Mutter ein Kleid aus Seide
und zum Zeichnen und Malen Kreide.
Vom Vater ein Buch mit Geschichten
von Heinzelmännchen und Wichten.
Vom Paten ein goldenes Amulett,
vom Onkel Franz ein Puppenbett.
Von Tante Lina ein Paar Hosen
und ein Lebkuchen mit Rosen.

Sind wir jetzt reich oder arm?
Ist es uns kalt oder warm?
Müßte nicht noch etwas sein,
nicht groß und nicht klein,
was nicht im Schaufenster steht,
und was niemand kaufen geht?
Ich frage, ich bin so frei:
Ist auch etwas vom Christkind dabei?

MAX BOLLIGER

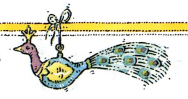

Der Kahlkopf

»Nimm doch nicht immer die dreckige Puppe mit ins Bett«, sagte die Mutter zu Evi.

»Meine Anita«, sagte Evi, »ist keine dreckige Puppe. Meine Anita ist lieb.«

»Aber sie ist wirklich unappetitlich«, sagte die Mutter. »Schau dir doch das Gesicht an und die Haare!«

Wenn man die Puppe Anita betrachtete, einfach nur so, ohne sie lieb zu haben, mußte man es zugeben: Schön war sie nicht. Ihre Backen waren vom vielen Waschen und Abküssen grau und löchrig geworden. Sie hatte keine richtige Nase mehr, nur einen schmutzigen Knubbel, und von ihrem braunen Haar war gerade noch ein spärlicher Rest übriggeblieben.

Evi störte das nicht, aber Evis Mutter fing immer wieder davon an.

»Willst du dir nicht zu Weihnachten eine neue Puppe wünschen?« fragte sie.

Evi drückte ihre Anita an sich und sagte: »Nein!«

»Ich weiß noch was anderes«, sagte die Mutter. »Wir bringen Anita in eine Puppenklinik, da bekommt sie neues Haar und eine neue Nase.«

Evi wehrte sich. Sie wollte Anita nicht fortgeben. Aber eines Tages sagte ihr älterer Bruder Alex etwas Gräßliches, etwas ganz Gemeines. Er sagte: »Deine Puppe ist ein räudiger Kahlkopf!«

Evi brach in Tränen aus. Und dann betrachtete sie ihre Anita zum ersten Mal mit prüfenden Augen: Es stimmte! Anitas Gesicht war abgeblättert und fleckig, und sie war wirklich fast kahl.

Da rannte Evi zu ihrer Mutter.

»Glaubst du«, schluchzte sie, »daß sie in der Puppenklinik auch wirklich gut sind zu meiner Anita?«

»Aber natürlich«, beruhigte sie die Mutter.

»Dann bring sie halt... meinetwegen...« sagte Evi.

Gleich am nächsten Tag ging die Mutter in die Puppenklinik. Es war die einzige in der Stadt, denn es gab nicht mehr viele Leute, die eine Puppe reparieren ließen.

Der Mann in der Puppenklinik untersuchte Anita und sagte dann: »Da ist nicht mehr viel zu retten. Sie müßte einen ganz neuen Kopf bekommen. Die Arme und Beine müßten auch erneuert werden.«

Er legte der Mutter verschiedene Puppenköpfe vor, aber es war keiner dabei, der aussah wie Anita.

»Außerdem«, sagte der Mann, »kostet die Reparatur mehr als eine ganz neue Puppe.«

Evis Mutter suchte nun in allen Spielwarengeschäften nach einer Puppe, die der alten Anita wenigstens annähernd ähnlich war. Schließlich kaufte sie eine, die genauso groß war und genau die gleichen braunen Haare hatte. Sonst sah die neue allerdings ein bißchen anders aus, aber sie war ganz reizend und hatte ein abwaschbares Gesicht.

Als die Mutter mit der alten und der neuen Anita zu Hause ankam, war Evi noch im Kindergarten. Aber Alex war schon von der Schule zurück und entdeckte die Schachtel in Mutters Einkaufstasche.

»Aha«, sagte er, »Weihnachtseinkauf.«

»Eine neue Puppe für Evi«, antwortete die Mutter. »Sie darf es aber nicht wissen. Sie soll denken, es ist ihre Anita.«

»Aha«, sagte Alex, »Weihnachtsschwindel.«

»Sei nicht so frech«, sagte die Mutter. »Für Evi ist es so am allerbesten.«

»Laß ihr doch ihren räudigen Kahlkopf«, sagte Alex.

Die Mutter verstaute die Schachtel mit der neuen Puppe im Wäscheschrank. »Ich bin ja froh, daß das vergammelte Ding aus dem Haus kommt.« Sie warf Alex die Plastiktüte mit der alten Anita zu.

»Da«, sagte sie, »steck sie in die Mülltonne – aber ein bißchen tiefer nach unten.«

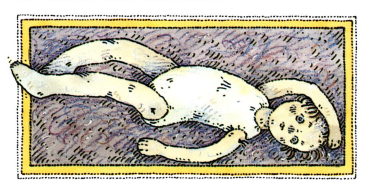

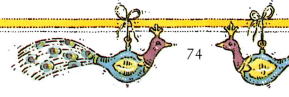

Alex wog die Plastiktüte in der Hand, dann pfiff er leise vor sich hin und ging aus dem Zimmer.

Seitdem Anita verschwunden war, fragte Evi jeden Tag nach ihr. »Ist meine Anita noch in der Puppenklinik? Ist der Mann nett zu ihr? Hat sie auch kein Heimweh? Bekomme ich sie bestimmt an Weihnachten wieder?«
Und die Mutter antwortete immer: »Ja, Evi. Ganz gewiß, Evi. Mach dir keine Sorgen, Evi.«

Zum Weihnachtsabend zog Evis Mutter der neuen Puppe Anitas rotes Kleid an und setzte sie unter den Christbaum. Mit dem roten Kleid, fand die Mutter, sah sie Anita wirklich ähnlich.
Als sie dann aber Evi die Puppe entgegenhielt und sagte: »Schau doch nur, wie hübsch deine Anita geworden ist!«, da wich Evi zurück und verschränkte ihre Hände auf dem Rücken.
»Nein!« stieß sie hervor. »Das ist nicht meine Anita!« Sie starrte die neue Puppe entsetzt an. »Ich will meine Anita ... meine Anita will ich ... meine Anita!« Und dann begann sie zu weinen, ganz leise und ohne aufzuhören.
Das hatte die Mutter nicht erwartet. Sie versuchte, Evi zu beschwichtigen. Sie zeigte ihr andere Geschenke, führte sie vor den Weihnachtsbaum, aber Evi hielt die Augen gesenkt. Sie wollte nichts hören und keine Geschenke sehen.
»Anita«, klagte sie. »Wo habt ihr meine Anita?«
Da sagte Alex: »Wenn die nicht ihren räudigen Kahlkopf zurückbekommt, verdirbt sie uns das ganze Weihnachtsfest.«
»Aber...« stammelte die Mutter, »du hast sie doch...«
»Denkste!« sagte Alex.
Er lief in sein Zimmer und kam mit einer Plastiktüte zurück; die drückte er Evi in die Hände.
»Anita!« schrie Evi und zog ihre alte zerzauste Puppe aus der Tüte.
Alex grinste. »Und was«, fragte er, »machst du jetzt mit der neuen Puppe?«
»Die?« sagte Evi, »die verschenke ich. An ein ganz fremdes Kind.«
»An ein ganz fremdes Kind?« wiederholte Alex. »Ach so, klar! Das darf natürlich nicht wissen, was für eine tolle Puppe dein Kahlkopf ist.«

TILDE MICHELS

Weihnachtsgeschenke für den Papa

Der Bus zieht eine Schleife um den Marktplatz, rollt auf die Gehsteigkante zu. Seine riesigen Reifen drücken den Schnee platt, den der Dezemberwind angeweht hat. Die Türflügel öffnen sich zischend, ein einziger Fahrgast steigt ein.
»Ganz allein heute?« fragt der Fahrer, während er das Schillinghäufchen aus dem dampfenden Fäustling aufliest.
»Wo hast du denn den Papa und die große Schwester gelassen?«
»Die Eos ist bei der Mama«, erklärt das Gigelchen. »Und wo der Papa ist, weiß ich nicht.«
Es versucht, mit der Zunge die Nasenglocke zu stoppen, die bereits eine bedrohliche Länge erreicht hat. Herr Fischer läßt das Geld in die Kasse tropfen, schiebt sie ins Fach zurück.
»Und du? Was machst du in Retz?«
»Einkaufen«, sagt das Gigelchen. »Die Weihnachtsgeschenke für den Papa.«
Es schließt die Finger um den Fahrschein, schielt nach seinem Lieblingsplatz hinten am Fenster.
»Setz dich neben mich!« schlägt Herr Fischer vor. »Wir zwei sind ohnehin die einzigen im Bus. Wart, ich geb dir ein Taschentuch.«
Er schaltet das Blinklicht ein, gibt Gas. Der Bus rumpelt die Hauptstraße hinauf, rattert ortsauswärts.
»Was wünscht er sich denn?« setzt Herr Fischer seine Frage fort.
»Nicht viel«, antwortet das Gigelchen. »Einen Apfel und einen Bleistift. Das ist ihm das Liebste, sagt er.«
»Und du? Hast du schon Weihnachtswünsche?«
»O ja!« ruft das Gigelchen. »Eine ganze Menge!«
Es beginnt, an den Finger mitzuzählen.
»Eine Luftmatratze, ein Rennfahrrad mit zehn Gängen, neue Turnschuhe, einen Ball, einen Fotoapparat, ein Briefmarkenalbum, eine Mineraliensammlung...«
»Und das alles bekommst du?« fragt Herr Fischer verwundert.

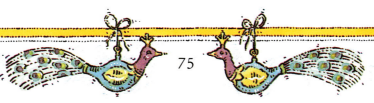

»Bestimmt nicht«, erklärt das Gigelchen seufzend. »Wir haben ja gar nicht so viel Geld.«

Herr Fischer läßt den Blick über die grauweiße Schneelandschaft schweifen.

»Also das Rennrad«, lenkt er ein, »hat doch bestimmt bis zum Frühjahr Zeit. Und die Luftmatratze brauchst du auch erst im Sommer.«

»Das sagt der Papa auch«, gesteht das Gigelchen bekümmert. »Und wenn ich dann Geburtstag habe, sagt er: ›Daphne, wir haben jetzt überhaupt kein Geld.‹ Und: ›Macht es dir etwas, wenn ich es dir zu Weihnachten schenke?‹«

»Buch willst du keines?«

»Ach, Bücher«, winkt das Gigelchen ab. »Die bekommen wir vom Verlag, wo Papa seine Bücher schreibt. Jedes Jahr einen ganzen Karton voll. Wo draufsteht NICHT VOR DEM HL. ABEND ÖFFNEN! – Und den reißen wir dann sofort auf!« schließt es kichernd.

»Daphne«, sagt Herr Fischer, während er den Bus durchs Stadttor von Schrattenthal fädelt. »Gib mir einen Tip. Was soll ich meinem Buben schenken?«

»Eine Babsie-Puppe!« ruft das Gigelchen. »Die ist ganz super!«

»Naja«, meint Herr Fischer kopfschüttelnd. »Aber für einen Buben?«

»Dann halt Pfitschipfeile«, schlägt das Gigelchen vor. »Mit denen spiel ich auch gern.«

Die Türme von Retz dämmern aus dem Nebel. Herr Fischer lenkt den Bus an den festlich geschmückten Auslagen vorbei, bleibt an der Endstelle stehen.

»Also dann viel Spaß beim Einkaufen!« sagt er. »Und vergiß nicht: um vier Uhr ist Abfahrt!«

»Jaja«, murmelt das Gigelchen, hastet die Stufen hinab. Herr Fischer schließt die Tür hinter ihm, sieht ihm nach, wie es zwischen den geparkten Autos schnurstracks auf das Spielwarengeschäft zueilt. Sein Blick fällt auf die Dreifaltigkeitssäule.

»Ist das nicht . . .« Er hebt sich ein wenig.

»Natürlich! Das ist doch die Siebenfünfziger von Daphnes Vater. So eine hat in der ganzen Gegend nur einer!«

Ein rotweißrotes Motorrad steht vorm Geländer, bis zum Volant mit Kartons und Paketen beladen.

Im letzten Augenblick keucht das Gigelchen zur Tür herein.

»Na, war's schön?« fragt Herr Fischer.

»Sehr!« ruft das Gigelchen. »Schau nur!«

Es hält ihm eine prallverpackte Kugel entgegen. Aha, der Ball, denkt Herr Fischer.

»Das ist aber nicht der Apfel!« sagt er.

Das Gigelchen läßt sich stürmisch auf seinen Sitz fallen, zwängt den Ball ein.

»Weißt du«, erklärt es. »*Einen* Apfel hab ich gar nicht bekommen. Im Supermarkt haben sie mir gesagt, daß sie mir nur ein Kilo verkaufen können, oder ein halbes, und da hab ich mir zwei Bananen gekauft. Und Mandarinen. Magst du auch eine?«

Es sucht nach der größten, beginnt sie abzuschälen.

»Aber den Bleistift?« fragt Herr Fischer. »Den hat es doch bestimmt gegeben!«

»Schon«, gibt das Gigelchen zu. »Aber dann wären sich das Mickymaus-Heft und der Malkasten nicht mehr ausgegangen.« Es zieht das bunte Heft aus dem Papiersäckchen, blättert die Seiten durch. Ab nun ist es bis zum Aussteigen unansprechbar.

Herr Fischer blickt zur Dreifaltigkeitssäule hin, vor der zwei dicke Reifen ihre Spur im Schnee hinterlassen haben. »Daphne«, murmelt er. »Wenn du wüßtest . . .«

JOHANNES WOLFGANG PAUL

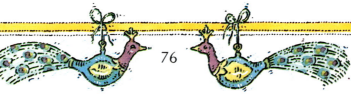

Die Weihnachtsmäuse

Im Haus der Familie Horvath gab es einen kleinen Raum, den alle Familienmitglieder »Speisekammer« nannten. Aber eigentlich war er mehr ein Abstellraum, ein Besenkammerl. Früher, zu Großvaters Zeiten, als es noch keine Kühlschränke gab, war er eine richtige Speisekammer gewesen. Nun waren die Regale der Speisekammer mit leeren Flaschen, alten Schuhen, vergilbten Zeitungen, leeren Kartons und anderem Krimskrams gefüllt. Nur in einem Fach stand noch eine lange Reihe von Marmeladegläsern.

Im Dezember, als die Tage und Nächte immer kälter geworden waren, hatten sich zwei Hausmäuse vom Dachboden in dieser Speisekammer einquartiert. Die Kälte hatte sie heruntergetrieben. Irgendwie hatten sie einen Weg in die Speisekammer gefunden. Wie – das wußten nur die Mäuse selber. Für Menschen wird es ewig unverständlich bleiben, wie Mäuse in geschlossene Räume eindringen können. Das ist das große Geheimnis des Mäusevolkes!

In der Speisekammer war es viel angenehmer als auf dem zugigen Dachboden, denn sie lag direkt neben dem geheizten Wohnzimmer. Die beiden Mäuse bauten sich ein weiches, bequemes Nest in dem Karton mit Weihnachtsschmuck, und es gefiel ihnen recht gut in ihrer neuen Umgebung. Der Speisezettel ließ zwar zu wünschen übrig – die Mäuse konnten nur Marmelade essen – aber sie hatten es warm, und das war ihnen für den Augenblick das wichtigste.

Doch dann trat ein Ereignis ein, das den beiden Hausmäusen wie ein Wunder vorkam! Einige Tage vor Weihnachten buk Mutter Horvath große Mengen von Weihnachtsbäckerei. Drei volle Teller mit den verschiedensten Köstlichkeiten stellte sie in das Regal in der Speisekammer. Als sie die Tür hinter sich geschlossen hatte, kamen die Mäuse aus ihrem Versteck hervor und begannen nach Herzenslust, die frischen Bäckereien zu benagen. Und wie hungrig sie waren! Sie konnten beinahe nicht mehr aufhören zu essen. Während die Mäuse bei ihrem Mahl saßen, öffnete sich plötzlich ganz, ganz leise die Speisekammertür. Elisabeth, die neunjährige Tochter der Horvaths, schlich herein. Sie wollte nämlich an den Bäckereien naschen und war deswegen so leise, weil es ihr die Mutter verboten hatte. Natürlich – Weihnachtsbäckerei ist für Weihnachten und für die Feiertage danach bestimmt!

Die beiden Hausmäuse bemerkten Elisabeth nicht sofort, und so konnte sie das Mädchen einige Augenblicke lang beobachten. Dann allerdings spürten die Mäuse die Anwesenheit des Menschen und huschten gedankenschnell in ihr Versteck. Elisabeth war entzückt von dieser seltenen Beobachtung. »Ihr braucht keine Angst zu haben, Mäuse!« flüsterte sie. »Ich tue euch nichts. Ich werde auch nicht verraten, daß ihr genascht habt!« Elisabeth guckte vorsichtig hinter die Kartons, aber von den Mäusen war nichts mehr zu sehen. Nicht einmal eine Schwanzspitze. Da hörte sie die Mutter ihren Namen rufen, und Elisabeth verließ rasch die Speisekammer.

In den darauffolgenden Tagen besuchte Elisabeth mindestens zehnmal die Speisekammer. Sie tat es heimlich, wenn Mutter gerade in der Küche beschäftigt war. Die Mäuse sah das Mädchen nicht mehr, aber es bemerkte mit Wohlwollen, daß weitere Bäckereien benagt worden waren. »Ich werde euch ein bißchen Wurst und Käse bringen«, sagte Elisabeth einmal. »Von den vielen Süßigkeiten verderbt ihr euch sonst den Magen.«

Und dann war der 24. Dezember da! Am Nachmittag besuchte Elisabeth ihre Freundin, die drei Häuser weiter wohnte, während ihre Eltern den Weihnachtsbaum schmückten.

Als Elisabeth gegen Einbruch der Dunkelheit nach Hause kam, stand bereits der Christbaum in all seiner Pracht auf dem Tisch im Wohnzimmer.

»Stell dir vor, Lisi«, sagte die Mutter, »in der Speisekammer sind Mäuse! Sie haben unsere gute Weihnachtsbäckerei angefressen. Ich mußte viel davon wegwerfen. Vater hat bereits einige Mausefallen aufgestellt.«

»Nein!« rief Elisabeth heftig. »Das dürft ihr nicht tun! Das ist gemein von euch!«

Mutter machte ein bestürztes Gesicht. »Aber Lisi!« rief sie.

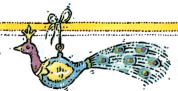

Elisabeth lief in die Speisekammer und stieß mit einem Besenstiel die Mausefallen aus dem Regal. Sie hatte Tränen in den Augen und war sehr wütend.

Vater kam in das Zimmer. »Was ist denn hier los?« fragte er, als er seine zornige Tochter sah.

»Ich weiß nicht«, sagte die Mutter ein bißchen hilflos. »Ich verstehe das nicht.«

Elisabeth gab den Mausefallen Tritte. Nun heulte sie drauflos.

Vater begann schön langsam zu begreifen. »Aber Lisi«, sagte er, »es ist doch nichts Ungewöhnliches, daß man Mausefallen aufstellt, wenn Mäuse im Haus sind. Mäuse sind üble Schädlinge!«

»Diese nicht!« heulte Elisabeth. »Sie haben bloß Hunger... und... und sie sind genauso von Gott erschaffen... alle Tiere sind das... und heute ist doch Weihnachten...«

Mutter und Vater sahen sich betroffen an.

»Beruhige dich, mein Sonnenscheinchen«, sagte Vater milde und drückte Elisabeth an sich. »Du hast ja recht... Weißt du was? Gleich morgen früh werden wir die Mäuse gemeinsam suchen. Wir geben sie in eine Schachtel und tragen sie in die Scheune. Dort haben sie es viel schöner als in der muffigen Speisekammer. Im Stroh ist es warm, und dort finden sie auch viele Getreidekörner, so daß sie nicht hungern müssen. Einverstanden?«

Elisabeth schluchzte, aber schließlich nickte sie. Mutter drehte seufzend die Augen zum Himmel. Aber sie lächelte dabei.

Der Abend war gerettet, und es wurde noch ein schönes Weihnachtsfest. Unter den vielen Geschenken, die Elisabeth bekam, befanden sich auch eine kleine Puppenküche und ein Puppenschlafzimmer. Elisabeth war glücklich.

Als die Familie Horvath schlafen gegangen war und im Haus alles still war, kamen die zwei Mäuse aus der Speisekammer in das Wohnzimmer geschlichen. Die Horvaths hatten nämlich vergessen, die Speisekammertür zu schließen.

Die Hausmäuse schnupperten. Zweierlei rochen sie: Würzigen Tannennadelduft vom Christbaum, und, etwas feiner, die Weihnachtsbäckerei, die auf dem Tisch unter dem Baum stand. Beide Düfte gefielen ihnen außerordentlich, und sie kletterten auf den Tisch und aßen sich noch einmal satt. Dann huschten sie durch das Wohnzimmer, berochen dies und jenes und schlüpften schließlich in Elisabeths Zimmer. Dort fanden die Mäuse in einer dunklen Ecke das Puppenschlafzimmer. Und weil sich das kleine Puppenbettchen so einladend weich anfühlte, krochen sie hinein und waren kurz darauf ebenfalls eingeschlummert...

ERWIN MOSER

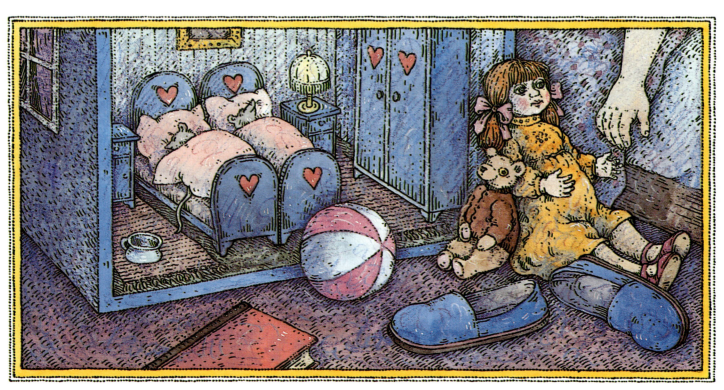

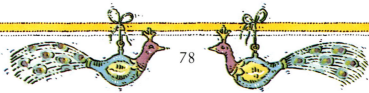

Die Geschichte vom Weihnachtsbraten

Einmal fand ein Mann am Strand eine Gans.
Tags zuvor hatte der Novembersturm getobt. Sicher war sie zu weit hinausgeschwommen, dann abgetrieben und von den Wellen wieder an Land geworfen worden. In der Nähe hatte niemand Gänse. Es war eine richtige weiße Hausgans.
Der Mann steckte sie unter seine Jacke und brachte sie seiner Frau: »Hier ist unser Weihnachtsbraten.«
Beide hatten noch niemals ein Tier gehabt, darum hatten sie auch keinen Stall. Der Mann baute aus Pfosten, Brettern und Dachpappe einen Verschlag an der Hauswand. Die Frau legte Säcke hinein und darüber einen alten Pullover. In die Ecke stellte sie einen Topf mit Wasser.
»Weißt du, was Gänse fressen?« fragte sie.
»Keine Ahnung«, sagte der Mann.
Sie probierten es mit Kartoffeln und mit Brot, aber die Gans rührte nichts an. Sie mochte auch keinen Reis und nicht den Rest vom Sonntagsnapfkuchen.
»Sie hat Heimweh nach anderen Gänsen«, sagte die Frau.
Die Gans wehrte sich nicht, als sie in die Küche getragen wurde. Sie saß still unter dem Tisch. Der Mann und die Frau hockten vor ihr, um sie aufzumuntern.
»Wir sind eben keine Gänse«, sagte der Mann. Er setzte sich auf seinen Stuhl und suchte im Radio nach Blasmusik.
Die Frau saß neben ihm am Tisch und klapperte mit den Stricknadeln. Es war sehr gemütlich. Plötzlich fraß die Gans Haferflocken und ein wenig vom Napfkuchen.
»Er lebt sich ein, der liebe Weihnachtsbraten«, sagte der Mann.
Bereits am anderen Morgen watschelte die Gans überall herum. Sie steckte den Hals durch offene Türen, knabberte an der Gardine und machte einen Klecks auf den Fußabstreifer.

Es war ein einfaches Haus, in dem der Mann und die Frau wohnten. Es gab keine Wasserleitung, sondern nur eine Pumpe. Als der Mann einen Eimer voll Wasser pumpte, wie er es jeden Morgen tat, ehe er zur Arbeit ging, kam die Gans, kletterte in den Eimer und badete. Das Wasser schwappte über, und der Mann mußte noch einmal pumpen.
Im Garten stand ein kleines Holzhäuschen, das war die Toilette. Als die Frau dorthin ging, lief die Gans hinterher und drängte sich mit hinein. Später ging sie mit der Frau zusammen zum Bäcker und in den Milchladen.
Als der Mann am Nachmittag auf seinem Rad von der Arbeit kam, standen die Frau und die Gans an der Gartenpforte.
»Jetzt mag sie auch Kartoffeln«, erzählte die Frau.
»Brav«, sagte der Mann und streichelte der Gans über den Kopf, »dann wird sie bis Weihnachten rund und fett.«
Der Verschlag wurde nie benutzt, denn die Gans blieb jede Nacht in der warmen Küche. Sie fraß und fraß. Manchmal setzte die Frau sie auf die Waage, und jedesmal war sie schwerer.
Wenn der Mann und die Frau am Abend mit der Gans zusammen saßen, malten sich beide die herrlichsten Weihnachtsessen aus.

»Gänsebraten und Rotkohl, das paßt gut«, meinte die Frau und kraulte die Gans auf ihrem Schoß.
Der Mann hätte zwar statt Rotkohl lieber Sauerkraut gehabt, aber die Hauptsache waren für ihn die Klöße.

»Sie müssen so groß sein wie mein Kopf und alle genau gleich«, sagte er.
»Und aus rohen Kartoffeln«, ergänzte die Frau.
»Nein, aus gekochten«, behauptete der Mann.
Dann einigten sie sich auf Klöße halb aus rohen und halb aus gekochten Kartoffeln. Wenn sie ins Bett gingen, lag die Gans am Fußende und wärmte sie.

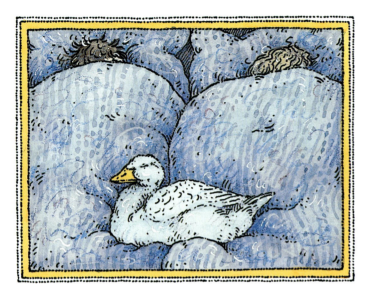

Mit einem Mal war Weihnachten da.
Die Frau schmückte einen kleinen Baum.
Der Mann radelte zum Kaufmann und holte alles, was sie für den großen Festschmaus brauchten. Außerdem brachte er ein Kilo extrafeine Haferflocken.
»Wenn es auch ihre letzten sind«, seufzte er, »so soll sie doch wissen, daß Weihnachten ist.«
»Was ich sagen wollte«, meinte die Frau, »wie, denkst du, sollten wir ... ich meine ... wir müßten doch nun ...«
Aber weiter kam sie nicht.
Der Mann sagte eine Weile nichts. Und dann: »Ich kann es nicht.«
»Ich auch nicht«, sagte die Frau. »Ja, wenn es eine x-beliebige wäre. Aber nicht diese hier. Nein, ich kann es auf gar keinen Fall.«
Der Mann packte die Gans und klemmte sie in den Gepäckträger. Dann fuhr er auf dem Rad zum Nachbarn. Die Frau kochte inzwischen den Rotkohl und machte die Klöße, einen genauso groß wie den anderen.
Der Nachbar wohnte ziemlich weit weg, aber doch nicht so weit, daß es eine Tagesreise hätte werden müssen. Trotzdem kam der Mann erst am Abend wieder. Die Gans saß friedlich hinter ihm.

»Ich habe den Nachbarn nicht angetroffen, da sind wir etwas herumgeradelt«, sagte er verlegen.
»Macht gar nichts«, rief die Frau munter, »als du fort warst, habe ich mir überlegt, daß es den feinen Geschmack des Rotkohls und der Klöße nur stört, wenn man noch etwas anderes dazu auftischt.«
Die Frau hatte recht, und sie hatten ein gutes Essen. Die Gans verspeiste zu ihren Füßen die extrafeinen Haferflocken. Später saßen sie alle drei nebeneinander auf dem Sofa in der guten Stube und sahen in das Kerzenlicht.
Übrigens kochte die Frau im nächsten Jahr zu den Klößen zur Abwechslung Sauerkraut. Im Jahr darauf gab es zum Sauerkraut breite Bandnudeln. Das sind so gute Sachen, daß man nichts anderes dazu essen sollte.
Inzwischen ist viel Zeit vergangen.
Gänse werden sehr alt.

MARGRET RETTICH

 Das Wunder

Ein Kind sitzt da und wartet auf das Wunder, und wenn das Wunder nicht kommt, ist alles aus und vorbei...

Die Schwierigkeit, die man im Verkehr mit Don Crescenzo hat, besteht darin, daß er stocktaub ist. Er hört nicht das geringste und ist zu stolz, den Leuten von den Lippen zu lesen. Trotzdem kann man ein Gespräch mit ihm nicht einfach damit anfangen, daß man etwas auf einen Zettel schreibt. Man muß so tun, als gehöre er noch zu einem, sei noch ein Teil unserer lauten, geschwätzigen Welt. Als ich Don Crescenzo fragte, wie das an Weihnachten gewesen sei, saß er auf einem der Korbstühlchen am Eingang seines Hotels. Es war sechs Uhr, und der Strom der Mittagskarawanen hatte sich verlaufen. Es war ganz still, und ich setzte mich auf das andere Korbstühlchen, gerade unter das Barometer mit dem Werbebild der Schiffahrtslinie, einem weißen Schiff im blauen Meer. Ich wiederholte meine Frage, und Don Crescenzo hob die Hände gegen seine Ohren und schüttelte bedauernd den Kopf. Dann zog er ein Blöckchen und einen Bleistift aus der Tasche, und ich schrieb das Wort Natale und sah ihn erwartungsvoll an.

Ich werde jetzt gleich anfangen, meine Weihnachtsgeschichte zu erzählen, die eigentlich Don Crescenzos Geschichte ist. Aber vorher muß ich noch etwas über diesen Don Crescenzo sagen. Meine Leser müssen wissen, wie arm er einmal war und wie reich er jetzt ist, ein Herr über hundert Angestellte, ein Besitzer von großen Wein- und Zitronengärten und von sieben Häusern. Sie müssen sich sein Gesicht vorstellen, das mit jedem Jahr der Taubheit sanfter wirkt, so als würden Gesichter nur von der beständigen Rede und Gegenrede geformt und bestimmt. Sie müssen ihn vor sich sehen, wie er unter den Gästen seines Hotels umhergeht, aufmerksam und traurig und schrecklich allein. Und dann müssen sie auch erfahren, daß er sehr gern aus seinem Leben erzählt und daß er dabei nicht schreit, sondern mit leiser Stimme spricht.

Oft habe ich ihm zugehört, und natürlich war mir auch die Weihnachtsgeschichte schon bekannt. Ich wußte, daß sie mit der Nacht anfing, in der der Berg kam, ja, so hatten sie geschrien: der Berg kommt, und sie hatten das Kind aus dem Bett gerissen und den schmalen Felsenweg entlang. Er war damals sieben Jahre alt, und wenn Don Crescenzo davon berichtete, hob er die Hände an die Ohren, um zu verstehen zu geben, daß dieser Nacht gewiß die Schuld an seinem jetzigen Leiden zuzuschreiben sei.

Ich war sieben Jahre alt und hatte das Fieber, sagte Don Crescenzo und hob die Hände gegen die Ohren, auch dieses Mal. Wir waren alle im Nachthemd, und das war es auch, was uns geblieben war, nachdem der Berg unser Haus ins Meer gerissen hatte, das Hemd auf dem Leibe, sonst nichts. Wir wurden von Verwandten aufgenommen, und andere Verwandte haben uns später das Grundstück gegeben, dasselbe, auf dem jetzt das Albergo steht. Meine Eltern haben dort, noch bevor der Winter kam, ein Haus gebaut. Mein Vater hat die Maurerarbeiten gemacht, und meine Mutter hat ihm die Ziegel in Säcken den Abhang hinuntergeschleppt. Sie war klein und schwach, und wenn sie glaubte, daß niemand in der Nähe sei, setzte sie sich einen Augenblick auf die Treppe und seufzte, und die Tränen liefen ihr über das Gesicht. Gegen Ende des Jahres war das Haus fertig, und wir schliefen auf dem Fußboden, in Decken gewickelt, und froren.

Und dann kam Weihnachten, sagte ich und deutete auf das Wort »Natale«, das auf dem obersten Zettel stand.

Ja, sagte Don Crescenzo, dann kam Weihnachten, und an diesem Tage war mir so traurig zumute wie in meinem ganzen Leben nicht. Mein Vater war Arzt, aber einer von denen, die keine Rechnungen schreiben. Er ging hin und behandelte die Leute, und wenn sie fragten, was sie schuldig seien, sagte er, zuerst müßten sie die Arzneien kaufen und dann das Fleisch für die Suppe, und dann wollte er ihnen sagen, wieviel. Aber er sagte es nie. Er kannte die Leute hier sehr gut und wußte, daß sie kein Geld hatten. Er brachte es

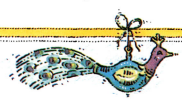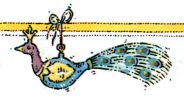

nicht fertig, sie zu drängen, auch damals nicht, als wir alles verloren hatten und die letzten Ersparnisse durch den Hausbau aufgezehrt waren. Er versuchte es einmal, kurz vor Weihnachten, an dem Tage, an dem wir unser letztes Holz im Herd verbrannten. An diesem Abend brachte meine Mutter einen Stoß weißer Zettel nach Hause und legte sie vor meinen Vater hin, und dann nannte sie ihm eine Reihe von Namen, und mein Vater schrieb die Namen auf die Zettel und jedesmal ein paar Zahlen dazu. Aber als er damit fertig war, stand er auf und warf die Zettel in das Herdfeuer,

das gerade am Ausgehen war. Das Feuer flackerte sehr schön, und ich freute mich darüber, aber meine Mutter fuhr zusammen und sah meinen Vater traurig und zornig an.

So kam es, daß wir am vierundzwanzigsten Dezember kein Holz mehr hatten, kein Essen und keine Kleider, die anständig genug gewesen wären, damit in die Kirche zu gehen. Ich glaube nicht, daß meine Eltern sich darüber viel Gedanken machten. Erwachsene, denen so etwas geschieht, sind gewiß der Überzeugung, daß es ihnen schon einmal wieder besser gehen wird und daß sie dann essen und trinken und Gott loben können, wie sie es so oft getan haben im Laufe der Zeit. Aber für ein Kind ist das etwas ganz anderes. Ein Kind sitzt da und wartet auf das Wunder, und wenn das Wunder nicht kommt, ist alles aus und vorbei. Bei diesen Worten beugte sich Don Crescenzo vor und sah auf die Straße hinaus, so als ob dort etwas seine Aufmerksamkeit in Anspruch nähme. Aber in Wirklichkeit versuchte er nur, seine Tränen zu verbergen. Er versuchte, mich nicht merken zu lassen, wie das Gift der Enttäuschung noch heute alle Zellen seines Körpers durchdrang.

Unser Weihnachtsfest, fuhr er nach einer Weile fort, ist gewiß ganz anders als die Weihnachten bei Ihnen zu Hause. Es ist ein sehr lautes, sehr fröhliches Fest. Das Jesuskind wird im Glasschrein in der Prozession getragen, und die Blechmusik spielt. Viele Stunden lang werden Böllerschüsse abgefeuert, und der Hall dieser Schüsse wird von den Felsen zurückgeworfen, so daß es sich anhört wie eine gewaltige Schlacht. Raketen steigen in die Luft, entfalten sich zu gigantischen Palmenbäumen und sinken in einem Regen von Sternen zurück ins Tal. Die Kinder johlen und lärmen, und das Meer mit seinen schwarzen Winterwellen rauscht so laut, als ob es vor Freude schluchze und singe. Das ist unser Christfest, und der ganze Tag vergeht mit Vorbereitungen dazu. Die Knaben richten ihre kleinen Feuerwerkskörper, und die Mädchen binden Kränze und putzen die versilberten Fische, die sie der Madonna umhängen. In allen Häusern wird gebraten und gebacken und süßer Sirup gerührt.

So war es auch bei uns gewesen, solange ich denken konnte. Aber in der Christnacht, die auf den Bergsturz folgte, war es in unserem Haus furchtbar still. Es brannte kein Feuer, und darum blieb ich so lange wie möglich draußen, weil es dort immer noch ein wenig wärmer war als drinnen. Ich saß auf den Stufen und sah zur Straße hinauf, wo die Leute vorübergingen und wo die Wagen mit ihren schwachen Öllämpchen auftauchten und wieder verschwanden. Es war eine Menge Leute

unterwegs, Bauern, die mit ihren Familien in die Kirche fuhren, und andere, die noch etwas zu verkaufen hatten, Eier und lebendige Hühner und Wein. Als ich da saß, konnte ich das Gegacker der Hühner hören und das lustige Schwatzen der Kinder, die einander erzählten, was sie alles erleben würden heute nacht. Ich sah jedem Wagen nach, bis er in dem dunklen Loch des Tunnels verschwand, und dann wandte ich den Kopf wieder und schaute nach einem neuen Fuhrwerk aus; als es auf der Straße stiller wurde, dachte ich, das Fest müsse begonnen haben, und ich würde nun etwas vernehmen von dem Knattern der Raketen und den Schreien der Begeisterung und des Glücks. Aber ich hörte nichts als die Geräusche des Meeres, das gegen die Felsen klatschte, und die Stimme meiner Mutter, die betete und mich aufforderte, einzustimmen in die Litanei. Ich tat es schließlich, aber ganz mechanisch und mit verstocktem Gemüt. Ich war sehr hungrig und wollte mein Essen haben, Fleisch und Süßes und Wein. Aber vorher wollte ich mein Fest haben, mein schönes Fest...

Und dann auf einmal veränderte sich alles auf eine unfaßbare Art. Die Schritte auf der Straße gingen nicht mehr vorüber, und die Fahrzeuge hielten an. Im Schein der Lampen sahen wir einen prallen Sack, der in unseren Garten geworfen, und hochgepackte Körbe, die an den Rand der Straße gestellt wurden. Eine Ladung Holz und Reisig rutschte die Stufen herunter, und als ich mich vorsichtig die Treppe hinauftastete, fand ich auf dem niederen Mäuerchen, auf Tellern und Schüsseln, Eier, Hühner und Fisch. Es dauerte eine ganze Weile, bis die geheimnisvollen Geräusche zum Schweigen kamen und wir nachsehen konnten, wie reich wir mit einem Male waren. Da ging meine Mutter in die Küche und machte Feuer an, und ich stand draußen und sog inbrünstig den Duft in mich ein, der bei der Verbindung von heißem Öl, Zwiebeln, gehacktem Hühnerfleisch und Rosmarin entsteht.

Ich wußte in diesem Augenblick nicht, was meine Eltern schon ahnen mochten, nämlich, daß die Patienten meines Vaters, diese alten Schuldner, sich abgesprochen hatten, ihm Freude zu machen auf

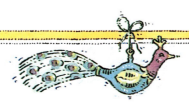
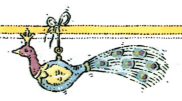

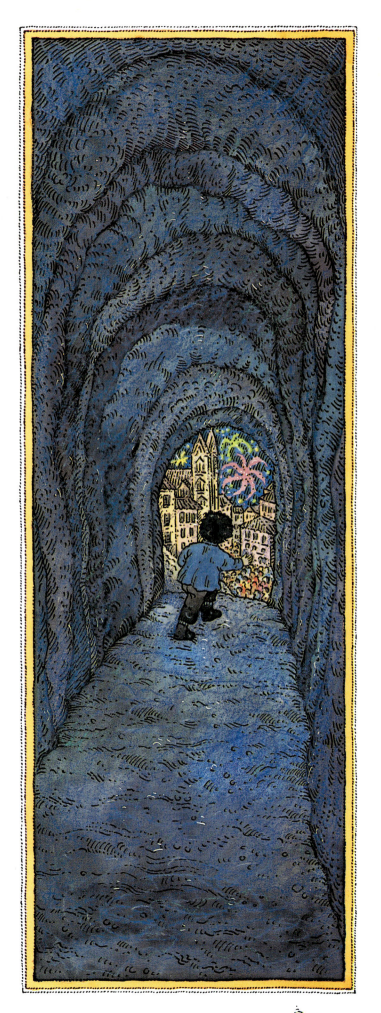

diese Art. Für mich fiel alles vom Himmel, die Eier und das Fleisch, das Licht der Kerzen, das Herdfeuer und der schöne Kittel, den ich mir aus einem Packen Kleider hervorwühlte und so schnell wie möglich überzog. Lauf, sagte meine Mutter, und ich lief die Straße hinunter und durch den langen, finsteren Tunnel, an dessen Ende es schon glühte und funkelte von buntem Licht. Als ich in die Stadt kam, sah ich schon von weitem den roten und goldenen Baldachin, unter dem der Bischof die steile Treppe hinaufgetragen wurde. Ich hörte die Trommeln und die Pauken und das Evvivageschrei und brüllte aus Leibeskräften mit. Und dann fingen die großen Glocken in ihrem offenen Turm an zu schwingen und zu dröhnen.

Don Crescenzo schwieg und lächelte freudig vor sich hin. Gewiß hörte er jetzt wieder, mit einem inneren Gehör, alle diese heftigen und wilden Geräusche, die für ihn so lange zum Schweigen gekommen waren und die ihm in seiner Einsamkeit noch viel mehr als jedem anderen Menschen bedeuteten: Menschenliebe, Gottesliebe, Wiedergeburt des Lebens aus dem Dunkel der Nacht.

Ich sah ihn an, und dann nahm ich das Blöckchen zur Hand. Sie sollten schreiben, Don Crescenzo. Ihre Erinnerungen. – Ja, sagte Don Crescenzo, das sollte ich. Einen Augenblick lang richtete er sich hoch auf, und man konnte ihm ansehen, daß er die Geschichte seines Lebens nicht geringer einschätzte als das, was im Alten Testament stand oder in der Odyssee. Aber dann schüttelte er den Kopf. Zuviel zu tun, sagte er.

Und auf einmal wußte ich, was er mit all seinen Umbauten und Neubauten, mit der Bar und den Garagen und dem Aufzug hinunter zum Badeplatz im Sinne hatte. Er wollte seine Kinder schützen vor dem Hunger, den traurigen Weihnachtsabenden und den Erinnerungen an eine Mutter, die Säcke voll Steine schleppt und sich hinsetzt und weint.

MARIE LUISE KASCHNITZ

Christkind ist da

Christkind ist da,
sangen die Engel im Kreise
über der Krippe
immerzu.
Der Esel sagte leise
I a
und der Ochse sein Muh.

Der Herr der Welten
ließ alles gelten.
Es dürfen auch nahen
ich und du.

JOSEF GUGGENMOS

Zwiesprach

Maria:
Joseph, lieber Joseph mein,
wo kehren wir heut abend ein?

Joseph:
Jungfrau, liebste Jungfrau mein,
ein Stall soll in der Nähe sein,
das wird wohl unsre Herberg' sein.

Maria:
Joseph, liebster Joseph mein,
was wird des Kindes Wiege sein?

Joseph:
Jungfrau, liebste Jungfrau mein,
im Stall ein altes Krippelein,
das wird des Kindes Wiege sein.

Maria:
Joseph, liebster Joseph mein,
was wird des Kindes Windlein sein?

Joseph:
Jungfrau, liebste Jungfrau mein,
ein altes Hemde nicht zu fein,
das wird des Kindes Windlein sein.

Maria:
Joseph, liebster Joseph mein,
wo kehren wir denn morgen ein?

Joseph:
Jungfrau, liebste Jungfrau mein,
dann kehren wir im Himmel ein.

Maria:
Joseph, liebster Joseph mein,
Der Engel wird unser Begleiter sein.

VOLKSGUT

Gesegnet sei die Heilige Nacht,
Die uns das Licht der Welt gebracht! –

Wohl unterm lieben Himmelszelt
Die Hirten lagen auf dem Feld.

Ein Engel Gottes, licht und klar,
Mit seinem Gruß tritt auf sie dar.

Vor Angst sie decken ihr Angesicht,
Da spricht der Engel: »Fürcht't euch nicht!

Ich verkünd euch große Freud':
Der Heiland ist euch geboren heut.«

Da gehn die Hirten hin in Eil',
Zu schaun mit Augen das ewig Heil,

Zu singen dem süßen Gast Willkomm,
Zu bringen ihm ein Lämmlein fromm. –

Bald kommen auch gezogen fern
Die Heil'gen Drei König' mit ihrem Stern.

Sie knien vor dem Kindlein hold,
Schenken ihm Myrrhen, Weihrauch, Gold.

Vom Himmel hoch der Engel Heer
Frohlocket: »Gott in der Höh sei Ehr'!«

EDUARD MÖRIKE

Hier unten im Turme
hier wehet kein Wind,
hier betet die Mutter
und wieget ihr Kind,
und hat von der Wiege
zur Krippe ein Band
von Glaube und Hoffnung
und Liebe gespannt.

Weit über die Meere
die Sehnsucht sie spinnt,
dort sitzet Maria
und wieget ihr Kind,
die Engel, die Hirten,
drei König und Stern
und Öchslein und Eslein
erkennen den Herrn.

Wohl über dem Monde
und Wolken und Wind
mit Zepter und Krone
steht Jungfrau und Kind.
Hier unten ward's Kindlein
am Kreuz ausgespannt,
dort oben wiegt's Himmel
und Erd auf der Hand.

Komm mit, laß uns fliegen
zu Maria geschwind,
komm mit! und lern biegen
dein Knie vor dem Kind,
komm mit! schnür dein Bündlein,
schon führet die Hand
Maria dem Kindlein,
es segnet das Land.

CLEMENS VON BRENTANO

Inmitten der Nacht
die Hirten erwacht,
in Lüften hören klingen,
das Gloria singen
die himmlische Schar:
Daß Gott geboren, ist wahr!

Die Hirten im Feld
verließen ihr Zelt,
sie konnten kaum schnaufen
vor rennen, es laufen
der Hirt und die Bu
dem Krippelein zu.

Dabei zeigt sich auch
eine schöne Jungfrau;
sie tät' sich bemühen,
beim Kindlein zu knien,
und betet es an,
ei, Brüder, schaut's an!

VOLKSGUT

So ward der Herr Jesus geboren
im Stall bei der kalten Nacht.
Die Armen, die haben gefroren,
den Reichen war's warm gemacht.

Sein Vater ist Schreiner gewesen.
Die Mutter war eine Magd.
Sie haben kein Geld nicht besessen,
die haben sich wohl geplagt.

Kein Wirt hat ins Haus sie genommen.
Sie waren von Herzen froh,
daß sie noch in den Stall sind gekommen.
Sie legten das Kind auf Stroh.

Die Engel, die haben gesungen,
daß wohl ein Wunder geschehn.
Da kamen die Hirten gesprungen
und haben es angesehn.

Die Hirten, die will es erbarmen,
wie elend das Kindlein sei.
Es ist eine Geschicht' für die Armen,
kein Reicher war nicht dabei.

LUDWIG THOMA

Hirtenlied

Ihr Hirten, erwacht,
seid munter und lacht.
Die Engel sich schwingen
vom Himmel und singen:
Die Freude ist nah,
der Heiland ist da.

Ihr Hirten, geschwind,
kommt, singet dem Kind.
Blast in die Schalmeien,
sein Herz zu erfreuen.
Auf, suchet im Feld
den Heiland der Welt.

Sie hörten das Wort
und eilten schon fort.
Sie kamen in Haufen
im Eifer gelaufen
und fanden da all
den Heiland im Stall.

Da tut es sich eröffnen,
Das himmlische Tor,
Da kugeln die Engel
Ganz haufenweis hervor.

DES KNABEN WUNDERHORN

Christkindelein, Christkindelein,
Komm doch zu uns herein!
Wir haben frisch Heubündelein
Und auch ein gutes Gläschen Wein.
Das Bündelein fürs Eselein.
Fürs Kindelein das Gläselein,
Und beten können wir auch,
Und beten können wir auch.

AUS DEM ELSASS

Die Hirten

Es roch so warm nach den Schafen,
Da sind sie eingeschlafen.
O Wunder was geschah:
Es ist eine Helle gekommen,
Ein Engel stand da.

Sie haben sein Wort vernommen,
War schwer zu verstehen.
Sie mußten nach Bethlehem gehen
Und sehen.

Sie haben vor der Krippen
Aus runden Augen geschaut.
Sie stießen sich stumm die Rippen.
Einer hat sich gekraut,
Einer drückte sich gegen die Wand,
Einer schneuzte sich in die Hand
Und wischte sich über die Lippen.

Aber Iwan Akimitsch, der vorne stand,
Der den heimlichen Branntwein braut,
Iwan Akimitsch vom Wiesenrand,
Iwan Akimitsch hat sich endlich getraut,
Hat dreimal gespuckt,
Dreimal geschluckt,
Dann sagte er laut:

»Wir haben nicht immer gut getan.
Du liebes Kind,
Schau uns nur einmal freundlich an.
Geh, tu's geschwind.«

Da war ihnen leicht, sie wußten nicht wie,
Da fielen sie alle in die Knie,
Da lachte das Kind und segnete sie.
Josef lächelte und Marie.

WERNER BERGENGRÜN

Wenn's Weihnachten ist,
Wenn's Weihnachten ist,
Dann kommt zu uns der Heilige Christ.
Da bringt er eine Muh,
Da bringt er eine Mäh
Und eine schöne Tschingterätätä.

VOLKSGUT

Still, still, still,
weil's Kindlein schlafen will.
Die Englein tun schön jubilieren,
bei dem Kindlein musizieren.
Still, still, still,
weil's Kindlein schlafen will.

Schlaf, schlaf, schlaf,
mein liebes Kindlein, schlaf!
Maria will dich niedersingen,
ihre keusche Brust darbringen.
Schlaf, schlaf, schlaf,
mein liebes Kindlein, schlaf.

AUS SALZBURG

Du lieber, heil'ger, frommer Christ,
Der für uns Kinder kommen ist,
Damit wir sollen weiß und rein,
Und rechte Kinder Gottes sein.

Du lieber, heil'ger, frommer Christ,
Weil heute dein Geburtstag ist,
Drum ist auf Erden weit und breit
Bei allen Kindern frohe Zeit.

O segne mich, ich bin noch klein,
O mache mir das Herze rein,
O bade mir die Seele hell
In deinem reichen Himmelsquell!

Daß ich wie Englein Gottes sei,
In Demut und in Liebe treu;
Daß ich dein bleibe für und für,
Du heil'ger Christ, das schenke mir!

ALTES WEIHNACHTSLIED

Christkind, komm in unser Haus.
Pack die großen Taschen aus.
Stell den Schimmel unter den Tisch,
Daß er Heu und Hafer frißt.
Heu und Hafer frißt er nicht,
Zuckerbrezeln kriegt er nicht!

Heil'ger Christ, wir flöten,
Trommeln und trompeten:
Bring uns recht was Schönes mit,
Lieber, guter, heil'ger Christ!

AUS OSTPREUSSEN

Maria hielt den Herrn im Schoß,
viel süße Tränen sie vergoß;
das Kindlein sie in Tücher band,
mit reinen Windeln es umwand.
Das Kripplein rauh, die harte Stätt',
das war sein' Wieg' und Kinderbett;
ein Öchslein und ein Eselein,
die standen bei der Krippe fein.
Der Esel aber und das Rind
erkannten wohl das heil'ge Kind,
den Kopf voll Ehrfurcht neigten sie
und sanken nieder auf die Knie,
sie schauten ihren Schöpfer da
und wußten nimmer, wie's geschah,
da mochte keines trinken, essen,
das hatten sie vor Lust vergessen.

VOLKSGUT

Ach Herr, du schöpfer aller ding,
wie bistu worden so gering,
das du da ligst auf dürrem gras,
davon ein rind und esel aß.

Und wer die welt viel mal so weit,
von edelstein und gold bereit',
so wer sie doch dir viel zu klein,
zu sein ein enges wigelein.

Ein Kinderlied auf die Weihnachten

Vom himel hoch da kom ich her.
Ich bring euch gute, neue mer.
Der guten mer bring ich so viel,
davon ich singen und sagen wil:

Euch ist ein kindlein heut geborn,
von einer Jungfrau auserkorn,
ein kindelein so zart und fein.
Das sol eur freud und wonne sein.

Es ist der Herr Christ unser Gott.
Der wil euch fürn aus aller not.
Er wil eur Heiland selber sein,
von allen sunden machen rein.

Er bringt euch alle seligkeit,
die Gott der Vater hat bereit',
das ir mit uns im himelreich
solt leben nu und ewigleich.

So merket nu das zeichen recht,
die krippen, windelein so schlecht.
Da findet ihr das Kind gelegt,
das alle welt erhelt und tregt.

Des laßt uns alle frölich sein
und mit den Hirten gehn hinein,
zu sehn, was Gott uns hat beschert,
mit seinem lieben Son verehrt.

Merk auf mein herz und sieh dort hin.
Was ligt doch in dem krippelin?
Wes ist das schöne kindelin?
Es ist das liebe Jhesulin.

Bis willekom du edler gast.
Den Sunder nicht verschmehet hast.
Und kömst ins elend her zu mir.
Wie sol ich imer danken dir?

Der sammet und die seiden dein,
das ist grob heu und windelein,
darauf du König groß und reich
herprangst, als wers dein Himelreich.

Das hat also gefallen dir
die warheit anzuzeigen mir,
wie aller welt macht, ehr und gut,
für dir nichts gilt, nichts hilft, noch thut.

Ach mein herzliebes Jhesulin
mach dir ein rein sanft bettelin
zu rugen in meins herzen schrein,
das ich nimer vergesse dein.

Davon ich allzeit frölich sei,
zu springen, singen immer frei
das rechte Sussaninne schon,
mit herzen lust den süßen thon.

Lob, ehr sei Gott im höchsten thron,
der uns schenkt seinen eingen Son.
Des freuen sich der Engel schar
und singen uns solchs neues jar.

MARTIN LUTHER

Weihnachten – wie es wirklich war

War es so?
Maria kam gelaufen
Josef kam geritten
Das Jesuskindlein war glücklich
Der Ochse erglänzte
Der Esel jubelte
Der Stern schnaufte
Die himmlischen Heerscharen lagen in der Krippe
Die Hirten wackelten mit den Ohren
Die Heiligen Drei Könige beteten
Alle standen daneben

Oder so?
Maria lag in der Krippe
Josef erglänzte
Der Ochse war glücklich
Der Esel stand daneben
Der Stern jubelte
Die himmlischen Heerscharen kamen geritten
Die Hirten schnauften
Die Heiligen Drei Könige wackelten mit den Ohren
Alle beteten

Oder so?
Maria schnaufte
Josef betete
Das Jesuskindlein stand daneben
Der Ochse kam gelaufen
Der Esel kam geritten
Der Stern lag in der Krippe
Die himmlischen Heerscharen wackelten mit den Ohren
Die Hirten erglänzten
Die Heiligen Drei Könige waren glücklich
Alle jubelten

Oder so?
Maria jubelte
Josef war glücklich
Das Jesuskindlein wackelte mit den Ohren
Der Ochse lag in der Krippe
Der Esel erglänzte
Der Stern betete
Die himmlischen Heerscharen standen daneben
Die Hirten kamen geritten
Die Heiligen Drei Könige kamen gelaufen
Alle schnauften

Oder etwa so?
Maria betete
Josef stand daneben
Das Jesuskindlein lag in der Krippe
Der Ochse schnaufte
Der Esel wackelte mit den Ohren
Der Stern erglänzte
Die himmlischen Heerscharen jubelten
Die Hirten kamen gelaufen
Die Heiligen Drei Könige kamen geritten
Alle waren glücklich

Ja, so.

FRANZ HOHLER

Eine Wintergeschichte

Es war einmal ein Mann. Er besaß ein Haus, einen Ochsen, eine Kuh, einen Esel und eine Schafherde.

Der Junge, der die Schafe hütete, besaß einen kleinen Hund, einen Rock aus Wolle, einen Hirtenstab und eine Hirtenlampe.

Auf der Erde lag Schnee. Es war kalt, und der Junge fror. Auch der Rock aus Wolle schützte ihn nicht.

»Kann ich mich in deinem Haus wärmen?« bat der Junge den Mann.

»Ich kann die Wärme nicht teilen. Das Holz ist teuer«, sagte der Mann und ließ den Jungen in der Kälte stehen.

Da sah der Junge einen großen Stern am Himmel. Was ist das für ein Stern? dachte er.

Er nahm seinen Hirtenstab, seine Hirtenlampe und machte sich auf den Weg.

»Ohne den Jungen bleibe ich nicht hier«, sagte der kleine Hund und folgte seinen Spuren.

»Ohne den Hund bleiben wir nicht hier«, sagten die Schafe und folgten seinen Spuren.

»Ohne die Schafe bleibe ich nicht hier«, sagte der Esel und folgte ihren Spuren.

»Ohne den Esel bleibe ich nicht hier«, sagte die Kuh und folgt seinen Spuren.

»Ohne die Kuh bleibe ich nicht hier«, sagte der Ochse und folgte ihren Spuren.

Es ist auf einmal so still, dachte der Mann, der hinter seinem Ofen saß. Er rief nach dem Jungen, aber er bekam keine Antwort. Er ging in den Stall, aber der Stall war leer. Er schaute in den Hof hinaus, aber die Schafe waren nicht mehr da.

»Der Junge ist geflohen und hat alle meine Tiere gestohlen«, schrie der Mann, als er im Schnee die vielen Spuren entdeckte. Doch kaum hatte der Mann die Verfolgung aufgenommen, fing es an zu schneien. Es schneite dicke Flocken. Sie deckten die Spuren zu. Dann erhob sich ein Sturm, kroch dem Mann unter die Kleider und biß ihn in die Haut. Bald wußte er nicht mehr, wohin er sich wenden sollte. Der Mann versank immer tiefer im Schnee.

»Ich kann nicht mehr!« stöhnte er und rief um Hilfe.

Da legte sich der Sturm. Es hörte auf zu schneien, und der Mann sah einen großen Stern am Himmel.

Was ist das für ein Stern? dachte er.

Der Stern stand über einem Stall, mitten auf dem Feld. Durch ein kleines Fenster drang das Licht einer Hirtenlampe.

Der Mann ging darauf zu. Als er die Tür öffnete, fand er alle, die er gesucht hatte, die Schafe, den Esel, die Kuh, den Ochsen, den kleinen Hund und den Jungen.

Sie waren um eine Krippe versammelt. In der Krippe lag ein Kind. Es lächelte ihm entgegen, als ob es ihn erwartet hätte.

»Ich bin gerettet«, sagte der Mann und kniete neben dem Jungen vor der Krippe nieder.

Am anderen Morgen kehrten der Mann, der Junge, die Schafe, der Esel, die Kuh, der Ochse und auch der kleine Hund wieder nach Hause zurück. Auf der Erde lag Schnee. Es war kalt.

»Komm ins Haus«, sagte der Mann zu dem Jungen, »ich habe Holz genug. Wir wollen die Wärme teilen.«

MAX BOLLIGER

Vom Ochsen und vom Esel

Vom Ochsen und vom Esel hat die Schrift durchaus nichts zu melden. Ich weiß nicht mehr, wo ich die Geschichte von diesem ungleichen Paar zuerst hörte, wahrscheinlich hat sie wohl nur meine Mutter erfunden, um den lästigen Frager loszuwerden, der auf dem Kinderschemel zu ihren Füßen saß. Demnach war es aber so, daß der Erzengel, während Joseph mit Maria nach Bethlehem wanderte, die Tiere in der Gegend heimlich zusammenrief, um eines oder das andere auszuwählen, das der Heiligen Familie im Stall mit Anstand aufwarten konnte.

Als erster meldete sich natürlich der Löwe. Nur jemand von königlichem Geblüt sei würdig, brüllte er, dem Herrn der Welt zu dienen. Er werde sich mit all seiner Stärke vor die Tür setzen und jeden zerreißen, der sich in die Nähe des Kindes wagte.

»Du bist mir zu grimmig«, sagte der Engel.

Darauf schlich der Fuchs heran und erwies in aller Unschuld eines Gaudiebes seine Reverenz mit der Rute. König hin oder her, meinte er, vor allem sei doch für die leibliche Notdurft zu sorgen. Deshalb mache er sich erbötig, süßesten Honig für das Gotteskind zu stehlen, und jeden Morgen auch ein Huhn in den Topf für die Wöchnerin.

»Du bist mir zu liederlich«, sagte der Engel.

Nun stelzte der Pfau in den Kreis. Das Sonnenlicht glänzte in seinem Gefieder, rauschend entfaltete er sein Rad. So wolle er es auch hinter der Krippe aufschlagen, erklärte er, und damit den armseligen Schafstall köstlicher schmücken als Salomon seinen Tempel.

»Du bist mir zu eitel«, sagte der Engel.

Hinterher kamen noch viele der Reihe nach, Hund und Katze, die kluge Eule und die süß flötende Nachtigall, jedes pries seine Künste an, aber vergeblich. Zuletzt blickte der strenge Cherub noch einmal um sich und sah Ochs und Esel draußen auf dem Felde stehen, beide im Geschirr, denn sie dienten einem Bauern und mußten Tag für Tag am Wassergöpel im Kreise laufen. Der Engel rief auch sie herbei. »Ihr beiden, was habt ihr anzubieten?«

»Nichts, Euer Gnaden«, sagte der Esel und klappte traurig seine Ohren herunter. »Wir haben nichts gelernt, außer Demut und Geduld. Denn in unserem Leben hat uns alles andere immer nur noch mehr Prügel eingetragen.«

»Aber«, warf der Ochse schüchtern ein, »aber vielleicht könnten wir dann und wann ein wenig mit den Schwänzen wedeln und die Fliegen verscheuchen!«

»Dann seid ihr die Rechten!« sagte der Engel.

KARL HEINRICH WAGGERL

Zwischen Ochs und Esel

Zwischen dem Ochsen und dem Esel näherte sich der Hammel... Und die zur Krippe kamen, sahen nur diese Tiere. Nur daran glauben wir seit zweitausend Jahren.

Welcher Irrtum, meine Kleinen, welcher Irrtum! Zwischen den Füßen des Hammels gab es eine Maus, eine grüne Maus... Über dem Ohr des Esels gab es eine Mücke. Und auf dem Auge des Ochsen eine Motte. Was kann ich da machen? Es war so. Auf einem Balken da oben verbarg sich ein

Zaunkönig. In der Vertiefung der Mauer eine rote Eidechse. Auf der blauen Fensterscheibe eine Fliege. In der Ecke des Stalls – denn es war ein Stall, alle Menschen haben es vergessen! – eine Spinne.

Beim ersten Lächeln des Kindes, das ein Strahl der Hoffnung, der Vergebung und der Freude für die Welt war, berührte sein Abglanz das kleine Spinnengewebe. Es wurde zum Stern!

Die Engel selbst hatten noch nicht gesungen, als in der Höhlung der Krippe schon die Grille zirpte. Ihr Lied gefiel der Jungfrau Maria, aber der heilige Joseph fürchtete, daß es das Kind aufwecken könnte. Er beugte sich nieder... Auf der wollenen Windel saß ein Floh! Er drückte seinen dicken Finger darauf, und – das Kind machte es ihm später sanft zum Vorwurf, als es sprechen gelernt hatte – der heilige Joseph zerbrach dem armen Flöhchen zwei Füßchen. Sie hinken alle seit jener Zeit. Wußtet ihr das nicht?

Es waren da... aber ich fühle es wohl, daß ihr mir nicht glauben werdet, denn ihr habt die Legende nicht mehr gern, und ihr seid mißtrauisch, daß man euch welche erzählen könnte. Und doch waren die Ameisen da. Ein Maulwurf unten an der Mauer. Ein goldener Frosch und eine brave alte Kröte saßen ganz still unten vor der steinernen Schwelle. Eine Biene – es war milde in jener Nacht –, was sage ich: eine Biene? Sie war Königin, und der Schwarm folgte ihr! Küchlein unter den Glucken zerknackten ihre Eierschalen, und der Hahn krähte.

Es war kein Hahn da? Laßt uns sehen! Und der, welcher dreimal kikerikit hat, um dem heiligen Petrus zu sagen, daß er log? Ein Beweis, daß er da war... Also waren sie auch da, die anderen guten Tiere vom Hühnerhof? Aber ja! Und alle Nachtvögel! Und alle Schmetterlinge vom Himmel, die Raupen, was weiß ich... die Mistkäfer... die Katzen sicherlich, die Hunde auch! Nur die Fische waren überhaupt nicht dabei. Davon sind sie, mit Verlaub zu sagen, für ihr ganzes Leben mit offenem Maul geblieben. Und doch bin ich dessen nicht gar zu sicher. Ich glaube, daß der kleine Hausknecht aus der Herberge, wo Joseph und Maria um Gastfreundschaft gebeten hatten, Goldfische züchtete. Warum ich euch das erzähle? Ach, das ist sehr schwer zu erklären. Die Mysterien, so etwas erklärt sich nicht gut...

Ich habe von meinem Großvater, der Hirte war, der in den Sternen las und der das alles auswendig wußte, ich habe es von meinem Großvater, daß in jener Mitternacht das Jesuskind ein Zeichen machte und nur für die Tiere murmelte: »Die Menschen werden immer glauben, daß ihr nur unvernünftiges Vieh seid, aber wahrlich, wahrlich, ich sage euch, sie werden vielmehr euch gleichen...«

Werdet ihr jetzt verstehen, warum man schon seit zwei Jahrtausenden rings um die Krippe hübsche Lämmchen findet, musizierende Grillen, arbeitsame Bienen, Schwalben als Botinnen des neuen Lenzes, friedliche, gute Ochsen, Ameisen mit schönen Tugenden, Schmetterlinge, leichtfertig wie die Träume, unglückliche Kröten, die von manchen Menschen verabscheut werden, wo sie doch nie jemand etwas Böses getan haben!

Die Kamele?

Die Kamele sind erst später gekommen mit ihren Buckeln so groß wie Glasballons...

Außerdem sind sie nicht geblieben...

Während die Esel...

JEHAN LE POVRE MOYNE

Der Teufel an der Krippe

Stefan und Michael waren Freunde. Sie gingen in die gleiche Klasse. In ihrer Schule wurde jedes Jahr ein altes Krippenspiel aufgeführt. Es traten auf: Maria und Joseph, Engel und Hirten, die drei Weisen aus dem Morgenland – und Luzifer mit seinem höllischen Anhang. Wenn die Hirten und die Könige ihre Gaben vor der Krippe niedergelegt hatten, trat aus einem dunklen Winkel der Höllenfürst und verspottete das Kind, das in einem elenden Stall zur Welt gekommen war. So frech waren seine Reden, daß Könige und Hirten erstarrten und Maria ihre Hände über das Kind hielt. Plötzlich aber wurde Luzifer von einem Lichtstrahl getroffen. Der Erzengel Michael erschien. An der Spitze seines Speers glänzte ein Stern. Und beim Anblick dieses Sterns brach die Höllenbrut in ein fürchterliches Geheul aus. »Weiche, du Teufel!« rief Michael, und Luzifer verschwand von der Bühne. Engel, Hirten und Könige stimmten den Schlußgesang an: »Friede den Menschen auf Erden!«

Jahr für Jahr lief so das Spiel ab, und alle waren zufrieden.

Als die Spieler für die neue Aufführung gesucht wurden, sagte der Lehrer zu Stefan: »Du wirst der Luzifer sein.« Zu Michael sagte er: »Und du der Erzengel, von dem du den Namen hast; beim Spiel seid ihr also keine Freunde.«

Stefan und Michael waren mit ihren Rollen einverstanden. Bei den Proben machten alle eifrig mit.

Einer der Hirten war Walter. Walter konnte Stefan nicht leiden. Die beiden waren schon öfter aneinandergeraten.

Am Tag vor dem Spiel kam es zu einem Zusammenstoß.

Die Nacht über hatte es geschneit. In der Pause fingen ein paar von den Jungen im Schulhof eine Schneeballschlacht an. Alle machten mit, und bei jedem Treffer wurde gelacht. Stefan hatte Walter schon mehrmals getroffen. Walter war wütend. Einer seiner Bälle schlug Stefan den Schneeball, den er eben werfen wollte, aus der Hand. Stefan bückte sich, griff nach Schnee, knetete rasch einen neuen Ball, warf und traf Walter im Gesicht. Walter schrie auf, preßte die Hände gegen die Stirn, und als er sie wegnahm, waren sie blutig. Er stürzte sich auf Stefan, schlug mit den Fäusten auf ihn ein und schrie: »Du Teufel, du Teufel, du Teufel!« Stefan starrte das blutige Gesicht an und wehrte sich nicht.

Der Lehrer trennte die beiden und untersuchte die Schramme.

Stefan sagte: »Ich muß einen Stein erwischt haben.«

»Halb so schlimm!« meinte der Lehrer und nahm Walter mit.

Walter kam mit einem Pflaster auf der Stirn in die Klasse. Als er an Stefan vorbei zu seinem Platz ging, zischte er: »Dir werd ich es schon noch geben, du Teufel!«

Am nächsten Tag fand vormittags die Hauptprobe statt. Alles ging wie am Schnürchen. Als sich am Abend im kleinen Schulsaal der Vorhang hob, staunten die Zuschauer, Eltern und Kinder, wie sicher die Spieler ihre Rollen gelernt hatten. Keiner blieb stecken. Nur einer der Hirten stotterte, als er seine Gabe vor der Krippe niederlegte. Aber das machte sich gut. Jeder dachte: Dem klopft eben das Herz.

So war es. Walter, der den Hirten spielte, hatte Herzklopfen, weil etwas bevorstand, das nicht geprobt worden war. Nur die andern drei Hirten waren eingeweiht. Als Luzifer und seine Begleiter in der dunklen Ecke zu rumoren begannen, warfen sich die Hirten Verschwörerblicke zu.

Luzifer trat hervor und begann seine frechen Reden. Als er rief: »Auf gewöhnlichem Stroh liegst du und willst die Welt vor mir retten!«, da geschah es: Die Hirten stürzten sich mit ihren Stecken auf ihn.

»Du Teufel!« schrien sie. Und Walter rief laut: »Ihr Könige, gerbt dem Teufel das Fell!«

Die Könige wollten sich von den Hirten nicht übertreffen lassen, wenn es darum ging, Luzifer in die Hölle zurückzujagen. Den Teufeln brachen unter den Schlägen die Hörner weg.

Im Saal reckten sich die Köpfe. Die Kleinen unter den Zuschauern klatschten begeistert, so gut gefiel ihnen, wie Könige und Hirten es der Satansbrut gaben.

Da fiel auf die Bühne der Lichtstrahl, der Luzifer treffen sollte. Er traf ein Getümmel. Als Michael mit dem Stern erschien, sah er Luzifer von allen Seiten bedrängt. Die kleineren Teufel hatten schon die Flucht ergriffen. Luzifer stand allein gegen eine Übermacht, die ein Hirt anführte, der eine Schramme an der Stirn trug.

Das waren nicht Könige und Hirten, die gegen die Hölle kämpften – hier ließ einer seiner Rache freien Lauf und riß andere hinterlistig mit: Das sah Michael sofort. Sein Freund war in Gefahr. Und Michael schlug drein.

Der Speer mit dem Stern an der Spitze traf zuerst den Rädelsführer, dann die anderen Hirten und schließlich sogar einen der drei Könige, der Luzifer eben von hinten angriff. Könige und Hirten stoben auseinander.

Im Saal war es atemlos still, als Michael rief: »Weiche, du Teufel!« und dabei nicht Luzifer ansah, sondern den Hirten, der sich auf Luzifer gestürzt hatte. Der Angreifer zog sich samt seinen Verbündeten zurück, so zornig fuhr Michael sie an.

Der Stern lag auf dem Boden. Luzifer hob ihn auf. Er hielt ihn dem Erzengel hin.

Michael sah den zerbrochenen Speer an und wußte nicht, was er tun sollte.

Da wandte sich Luzifer zur Krippe, kniete nieder wie vorher die Könige, und er, der Höllenfürst, legte Maria den Stern zu Füßen. Alle anderen Geschenke waren beim Kampf weggefegt worden. Nur die Gabe Luzifers lag vor der Krippe. Und weil es Hirten und Engeln und Königen die Stimme verschlagen hatte, stimmten Michael und Luzifer allein den Schlußgesang an: »Friede den Menschen auf Erden!«

HANS BAUMANN

Der kleine Hirte und der große Räuber

In jener Nacht, als die arme Schafweide vom Glanz der himmlischen Boten ganz erfüllt war, hörte auch ein kleiner Hirte die Nachricht von der Geburt des Gottessohnes. Er stand auf, rollte seine Decke zusammen, füllte einen Krug mit Milch und packte Brot und Schinken in ein Bündel. Das alles wollte er dem göttlichen Kind als Geschenk mitbringen. Voller Freude machte er sich auf den Weg nach Bethlehem.

In dieser Gegend hauste ein großer Räuber. Von seiner Höhle aus sah er den hellen Schein über der Schafweide. Er hörte jubelnden Gesang, aber er konnte die Worte nicht verstehen. Er dachte: Die feiern ein Fest, ich aber sitze allein in meiner Höhle, und mein Magen knurrt vor Hunger. Ich will mich anschleichen und sehen, was ich rauben kann.

Kaum war der große Räuber aus seiner Höhle herausgekommen, da mußte er sich hinter einem Baum verstecken. Denn einer nach dem anderen zogen die Hirten an ihm vorbei. Sie schleppten Körbe mit Käse und Honig, sie trugen Rucksäcke voll Wolle, und einer führte sogar ein Lamm mit sich. Der letzte in der Reihe war der kleine Hirte. Er ging langsam, denn seine Last war schwer. In der einen Hand trug er das Essensbündel, in der anderen den Krug, und die Rolle mit der Decke hatte er sich um die Schultern gelegt. Der Räuber sah, wie der Abstand zwischen dem kleinen Hirten und seinen Gefährten immer größer wurde.

Das ist mir recht, dachte der große Räuber. Und er schlich dem kleinen Hirten nach und lauerte auf eine Gelegenheit, ihn zu überfallen.

In dieser Nacht aber herrschte ein seltsames Kommen und Gehen auf allen Wegen. Gerade die Ärmsten im Lande konnten nicht schlafen. Viele krochen aus ihren Hütten, sahen zum Himmel hinauf und fragten, ob etwas Besonderes geschehen sei. Auch ein alter Mann stand vor seiner Tür, als der kleine Hirte vorüberging. Der alte Mann schlug die Hände um seinen Leib und klapperte mit den Zähnen.

»Was ist mit dir?« fragte der kleine Hirte.

»Ich friere«, sagte der alte Mann. »Vor Kälte kann ich nicht schlafen.«

Da nahm der kleine Hirte die Decke von seinen Schultern und gab sie dem alten Mann. »Nimm nur«, sagte er. »Dem kleinen Gottessohn ist es sicher recht, wenn du seine Decke hast.«

Der große Räuber, der dem kleinen Hirten nachgeschlichen war, ärgerte sich. Schenkt der die Decke her, die ich rauben will! dachte er. Bald darauf fand der kleine Hirte ein Mädchen, das saß vor seiner Hütte und weinte.

»Was ist mit dir?« fragte er.

»Ich habe Durst«, klagte das Mädchen. »Vor Durst kann ich nicht einschlafen. Und der Weg zum Brunnen ist weit und finster.«

Der kleine Hirte gab dem Mädchen den Krug mit der Milch. »Nimm nur«, sagte er. »Dem kleinen Gottessohn ist es sicher recht, wenn du seine Milch trinkst.« Das Mädchen freute sich, aber der Räuber, der dem kleinen Hirten nachgeschlichen war, ärgerte sich noch mehr. Schenkt der die Milch her, die ich rauben will! dachte er. Ich muß mich beeilen, daß ich wenigstens das Bündel erwische.

Und sein hungriger Magen knurrte ganz laut in der stillen Nacht. Bei der nächsten Wegbiegung sprang der Räuber mit einem gewaltigen Satz auf den kleinen Hirten los.

Der kleine Hirte sah den großen Räuber an. »Ist das dein Magen, der so schrecklich knurrt?« fragte er. »Die ganze Zeit schon höre ich dieses Knurren hinter mir. Du armer Mann, du tust mir leid. Da nimm und iß! Dem kleinen Gottessohn ist es sicher recht, wenn ich dir sein Essen gebe.«

Der Räuber aß das Brot und den Schinken und ließ nicht das kleinste Stückchen übrig, aber es wurmte ihn, daß er das Essen geschenkt bekommen hatte.

»Jetzt muß ich mit leeren Händen vor dem kleinen Gottessohn stehen«, sagte der Hirte ein bißchen traurig. »Aber hingehen und ihn begrüßen will ich doch und ihm sagen, daß ich mich über seine Geburt freue.« Und er erzählte dem Räuber, was die himmlischen Boten verkündet hatten.

Der Räuber dachte: Wenn Gottes Sohn geboren ist, kommen bestimmt auch alle reichen Leute, und es wird ein herrliches Fest. Ob da für mich was abfällt?

»Komm doch mit!« sagte der kleine Hirte mitten in die Gedanken des großen Räubers, und der große Räuber ging mit ihm.

Als sie aber in Bethlehem angekommen waren, staunte der Räuber sehr. Denn da fanden sie nur einen armen Stall, in dem die Hirten ein- und ausgingen, und eine arme Mutter, die aus der Hirtenwolle eine kleine Decke webte, und einen armen Mann, der Bretter zu einem kleinen Bett zusammenfügte. Das göttliche Kind lag in einer Krippe, mit nichts als ein bißchen Stroh und ein paar Windeln unter sich.

Diesem Kind habe ich das Brot und den Schinken weggegessen, dachte der große Räuber und schämte sich.

»Schau, mein Jesuskind«, sagte die Mutter Maria, »da ist ein kleiner Hirte zu dir gekommen; er hat dir einen großen Räuber mitgebracht.« Die Mutter Maria lächelte den kleinen Hirten an, und der verstand auf einmal, daß er doch nicht mit leeren Händen gekommen war. Und die Mutter Maria lächelte den großen Räuber an, und der war ganz verwirrt und dachte: Da stimmt etwas nicht! Große Räuber tun keinem leid, bekommen nichts geschenkt und werden von niemandem angelächelt. Mir scheint, ich bin gar kein großer Räuber mehr.

»Mir scheint, du könntest ein großer Hirte werden«, sagte da die Mutter Maria. »Du bist so stark. Starke Hirten braucht man immer.«

»Ich will's versuchen«, brummte der große Räuber, der eigentlich schon keiner mehr war. Und sie verabschiedeten sich und gingen den Weg zu der Schafweide zurück; ein kleiner Hirte und ein großer Hirte.

LENE MAYER-SKUMANZ

Die Legende von der Christrose

Die Räubermutter, die in der Räuberhöhle oben im Göinger Wald hauste, hatte sich eines Tages auf einem Bettelzug in das Flachland hinuntergebegeben. Der Räubervater selbst war ein friedloser Mann und durfte den Wald nicht verlassen, sondern mußte sich damit begnügen, den Wegfahrenden aufzulauern, die sich in den Wald wagten; doch zu der Zeit, als der Räubervater und die Räubermutter sich in dem Göinger Wald aufhielten, gab es im nördlichen Schonen nicht allzuviel Reisende. Wenn es sich also begab, daß der Räubervater ein paar Wochen lang Pech mit seiner Jagd hatte, dann machte sich die Räubermutter auf die Wanderschaft. Sie nahm ihre fünf Kinder mit, und jedes der Kleinen hatte zerfetzte Fellkleider und Holzschuhe und trug auf dem Rücken einen Sack, der gerade so lang war wie es selbst. Wenn die Räubermutter zu einer Haustür hereinkam, dann wagte niemand, ihr das zu verweigern, was sie verlangte; denn sie bedachte sich keinen Augenblick, in der nächsten Nacht zurückzukehren und das Haus anzuzünden, in dem man sie nicht freundlich aufgenommen hatte. Die Räubermutter und ihre Nachkommenschaft waren ärger als die Wolfsbrut, und gar mancher hatte Lust, ihnen seinen guten Speer nachzuwerfen, aber dies geschah niemals; denn man wußte, daß der Mann dort oben im Wald hauste und sich zu rächen wissen würde, wenn den Kindern oder der Alten etwas zuleide geschähe.

Wie nun die Räubermutter so von Hof zu Hof zog und bettelte, kam sie eines schönen Tages nach Öved, das zu jener Zeit ein Kloster war. Sie klingelte an der Klosterpforte und verlangte etwas zu essen, und der Türhüter ließ ein kleines Schiebfensterchen herab und reichte ihr sechs runde Brote, eines für sie und eines für jedes Kind. Aber während die Räubermutter so still vor der Klosterpforte stand, liefen ihre Kinder umher. Und nun kam eines von ihnen heran und zupfte sie am Rocke, zum Zeichen, daß es etwas gefunden hätte, was sie sich ansehen sollte, und die Räubermutter ging auch gleich mit ihm.

Das ganze Kloster war von einer hohen, starken Mauer umgeben, aber der kleine Junge hatte es zustande gebracht, ein kleines Hintertürchen zu finden, das angelehnt stand. Als die Räubermutter hinkam, stieß sie sogleich das Pförtchen auf und trat, ohne erst viel zu fragen, ein, wie es eben bei ihr der Brauch war.

Aber das Kloster Öved wurde zu jener Zeit von Abt Johannes regiert, der ein gar pflanzenkundiger Mann war. Er hatte sich hinter der Klostermauer einen kleinen Lustgarten angelegt, und in diesen drang nun die Räubermutter ein.

Im ersten Augenblick war sie so erstaunt, daß sie regungslos stehenblieb. Es war Hochsommerzeit, und der Garten des Abtes Johannes stand so voll von Blumen, daß es einem blau und rot und gelb vor den Augen flimmerte, wenn man hineinsah.

Aber bald zeigte sich ein vergnügtes Lächeln auf dem Gesicht der Räubermutter, und sie begann einen schmalen Gang hinunterzugehen, der zwischen vielen kleinen Blumenbeeten durchlief.

Im Garten stand der Laienbruder, der Gärtnergehilfe war, und jätete das Unkraut aus. Er war es, der die Tür in der Mauer halb offengelassen hatte, um Queckengras und Melde auf den Kehrichthaufen davor werfen zu können. Als er die Räubermutter mit ihren fünf Bälgern hinter sich her in den Lustgarten treten sah, stürzte er ihnen sogleich entgegen und befahl ihnen, sich zu trollen. Aber die alte Bettlerin ging weiter, als sei nichts geschehen. Sie ließ die Blicke hinauf und hinab wandern, sah bald die starren weißen Lilien an, die sich auf einem Beet ausbreiteten, und bald den Efeu, der die Klosterwand hoch emporkletterte, und bekümmerte sich nicht im geringsten um den Laienbruder.

Der Laienbruder dachte, sie hätte ihn nicht verstanden. Da wollte er sie am Arm nehmen, um sie nach dem Ausgang umzudrehen. Aber als die Räubermutter seine Absicht bemerkte, warf sie ihm einen Blick zu, vor dem er zurückprallte. Sie war unter ihrem Bettelsack mit gebeugtem Rükken gegangen, aber jetzt richtete sie sich zu ihrer vollen Höhe auf. »Ich bin die Räubermutter aus dem Göinger Wald«, sagte sie, »rühr mich nur an, wenn du es wagst.« Und es sah aus, als ob sie nach diesen Worten ebenso sicher wäre, in Frieden von dannen zu ziehen, als hätte sie verkündet, daß sie die Königin von Dänemark sei.

Aber der Laienbruder wagte dennoch, sie zu stören, obgleich er jetzt, wo er wußte, wer sie war, recht sanftmütig zu ihr sprach. »Du mußt wissen, Räubermutter«, sagte er, »daß dies ein Mönchskloster ist und daß es keiner Frau im Lande verstattet wird, hinter diese Mauer zu kommen. Wenn du nun nicht deiner Wege gehst, dann werden die Mönche mir zürnen, weil ich vergessen habe, das Tor zu schließen, und sie werden mich vielleicht von Kloster und Garten verjagen.« Doch solche Bitten waren an die Räubermutter verschwendet. Die ging weiter durch die Rosenbeete und guckte sich den Ysop an, der mit lilafarbenen Blüten bedeckt war, und das Kaprifolium, das voll rotgelber Blumentrauben hing.

Da wußte sich der Laienbruder keinen anderen Rat, als in das Kloster zu laufen und um Hilfe zu rufen. Er kam mit zwei handfesten Mönchen zurück, und die Räubermutter sah sogleich, daß es nun Ernst wurde. Sie stellte sich breitbeinig in den Weg und begann mit gellender Stimme herauszuschreien, welche furchtbare Rache sie an dem Kloster nehmen würde, wenn sie nicht im Lustgarten bleiben dürfte, so lange sie wollte. Aber die Mönche meinten, daß sie sie nicht zu fürchten brauchten, und sie dachten nun daran, sie zu vertreiben. Da stieß die Räubermutter schrille Schreie aus, stürzte sich auf sie und kratzte und biß, und

ebenso machten es alle ihre Sprossen. Die drei Männer merkten bald, daß sie ihnen überlegen war. Es blieb ihnen nichts anderes übrig, als in das Kloster zu gehen und Verstärkung zu holen. Wie sie über den Pfad liefen, der in das Kloster führte, begegneten sie dem Abt Johannes, der herbeigeeilt war, um zu sehen, was für ein Lärm das wäre, den man vom Lustgarten hörte. Da mußten sie gestehen, daß die Räubermutter aus dem Göinger Walde in das Kloster gedrungen war; sie hätten nicht vermocht, sie zu vertreiben, und wollten sich nun Entsatz schaffen. Aber Abt Johannes tadelte sie, daß sie Gewalt angewendet hätten, und verbot ihnen, um Hilfe zu rufen. Er schickte die beiden Mönche zu ihrer Arbeit zurück, und obgleich er ein alter, gebrechlicher Mann war, nahm er nur den Laienbruder mit in den Garten. Als Abt Johannes dort anlangte, ging die Räubermutter wie zuvor zwischen den Beeten umher. Und er konnte sich nicht genug über sie wundern. Es war ganz sicher, daß die Räubermutter nie zuvor in ihrem Leben einen Lustgarten erblickt hätte. Aber wie dem auch sein mochte – sie ging zwischen allen den kleinen Beeten umher, die jedes mit einer anderen Art fremder und seltsamer Blumen bepflanzt waren, und betrachtete sie, als wären es alte Bekannte. Es sah aus, als hätte sie schon öfters Immergrün und Salbei und Rosmarin gesehen. Einigen lächelte sie zu, und über andere wieder schüttelte sie den Kopf.

Abt Johannes liebte seinen Garten mehr als alle andern Dinge, die irdisch und vergänglich sind. So wild und grimmig die Räubermutter auch aussah, so konnte er es doch nicht lassen, Gefallen daran zu finden, daß sie mit drei Mönchen gekämpft hatte, um ihn in Ruhe zu betrachten. Er ging auf sie zu und fragte sie freundlich, ob ihr der Garten gefalle. Die Räubermutter wendete sich heftig gegen Abt Johannes, denn sie war nur auf Hinterhalt und Überfall gefaßt, aber als sie seine weißen Haare und seinen gebeugten Rücken sah, da antwortete sie ganz freundlich: »Als ich ihn zuerst erblickte, da schien es mir, als ob ich nie etwas Schöneres gesehen hätte, aber jetzt merke ich, daß er sich mit einem anderen nicht messen kann, den ich kenne.«

Abt Johannes hatte sicherlich eine andere Antwort erwartet. Als er hörte, daß die Räubermutter einen Lustgarten kenne, der schöner wäre als der seine,

bedeckten sich seine runzeligen Wangen mit einer schwachen Röte.

Der Gärtnergehilfe, der danebenstand, begann auch sogleich die Räubermutter zurechtzuweisen. »Dies ist Abt Johannes, Räubermutter«, sagte er, »der selber mit großem Fleiß und Mühe von fern und nah die Blumen für seinen Garten gesammelt hat. Wir wissen alle, daß es im ganzen schonischen Land keinen reicheren Lustgarten gibt, und es steht dir, die du das ganze liebe Jahr im wilden Walde hausest, wahrlich übel an, sein Werk meistern zu wollen.«

»Ich will niemand meistern, weder ihn noch dich«, sagte die Räubermutter, »ich sage nur, wenn ihr den Lustgarten sehen könntet, an den ich denke, dann würdet ihr jegliche Blume, die hier steht, ausraufen und sie als Unkraut fortwerfen.«

Aber der Gärtnergehilfe war kaum weniger stolz auf die Blumen als Abt Johannes selbst, und als er diese Worte hörte, begann er höhnisch zu lachen. »Ich kann mir wohl denken, daß du nur so schwätzest, Räubermutter, um uns zu reizen«, sagte er. »Das wird mir ein schöner Garten sein, den du dir unter Tannen und Wacholderbüschen im Göinger Wald eingerichtet hast! Ich wollte meine Seele verschwören, daß du überhaupt noch nie hinter einer Gartenmauer gewesen bist.«

Die Räubermutter wurde rot vor Ärger, daß man ihr also mißtraute, und sie rief: »Es mag wohl sein, daß ich niemals vor heute hinter einer Gartenmauer gestanden habe, aber ihr Mönche, die ihr heilige Männer seid, solltet wohl wissen, daß der große Göinger Wald sich in jeder Weihnachtsnacht in einen Lustgarten verwandelt, um die Geburtsstunde unseres Herrn und Heilands zu feiern. Wir, die wir im Walde leben, haben dies nun jedes Jahr geschehen sehen, und in diesem Lustgarten habe ich so herrliche Blumen geschaut, daß ich es nicht wagte, die Hand zu erheben, um sie zu brechen.«

Da lachte der Laienbruder noch lauter und stärker: »Es ist gar leicht für dich, dazustehen und mit derlei zu prahlen, was kein Mensch sehen kann. Aber ich kann nicht glauben, es könnte etwas andres als Lüge sein, daß der Wald Christi Geburtsstunde an einer solchen Stelle feiern sollte, wo so unheilige Leute wohnen wie du und der Räubervater.« – »Und das, was ich sage, ist doch ebenso wahr«, entgegnete die Räubermutter, »wie daß du es nicht wagen würdest, in einer Weihnachtsnacht in den Wald zu kommen, um es zu sehen.« Der Laienbruder wollte ihr von neuem antworten, aber Abt Johannes bedeutete ihm durch ein Zeichen, stillzuschweigen. Denn Abt Johannes hatte schon in seiner Kindheit erzählen hören, daß der Wald sich in der Weihnachtszeit in ein Feierkleid hülle. Er hatte sich oft danach gesehnt, es zu sehen, aber es war ihm niemals gelungen. Nun begann er die Räubermutter gar eifrig zu bitten und anzurufen, sie möge ihn um die

Weihnachtszeit in die Räuberhöhle kommen lassen. Wenn sie nur eins ihrer Kinder schickte, ihm den Weg zu zeigen, dann wollte er allein hinaufreiten, und er würde sie nie und nimmer verraten, sondern im Gegenteil so reich belohnen, wie es nur in seiner Macht stünde.

Die Räubermutter weigerte sich zuerst, denn sie dachte an den Räubervater und an die Gefahr, der sie ihn preisgab, wenn sie Abt Johannes in ihre Höhle kommen ließe, aber dann wurde doch der Wunsch, ihm zu zeigen, daß der Lustgarten, den sie kannte, schöner sei als der seinige, in ihr übermächtig, und sie gab nach.

»Aber mehr als einen Begleiter darfst du nicht mitnehmen«, sagte sie. »Und du darfst uns keinen Hinterhalt und keine Falle stellen, so gewiß du ein heiliger Mann bist.« Dies versprach der Abt Johannes, und damit ging die Räubermutter.

Aber Abt Johannes befahl dem Laienbruder, niemandem zu verraten, was nun vereinbart worden war. Er fürchtete, daß seine Mönche, wenn sie von seinem Vorhaben etwas erführen, einem alten Mann, wie er es war, nicht gestatten würden, hinauf in die Räuberhöhle zu ziehen.

Auch er selbst wollte den Plan keiner Menschenseele verraten. Aber da begab es sich, daß Erzbischof Absalon aus Lund gereist kam und eine Nacht in Öved verbrachte. Als nun Abt Johannes ihm seinen Garten zeigte, fiel ihm der Besuch der Räubermutter ein; und der Laienbruder, der dort umherging und arbeitete, hörte, wie der Abt dem Bischof vom Räubervater erzählte, der nun so viele Jahre vogelfrei im Walde gehaust hätte, und um einen Freibrief für ihn bat, damit er wieder ein ehrliches Leben unter anderen Menschen führen könnte. »Wie es jetzt geht«, sagte Abt Johannes, »wachsen seine Kinder zu ärgeren Missetätern heran, als er selbst einer ist, und Ihr werdet es dort oben im Walde bald mit einer ganzen Räuberbande zu tun bekommen.«

Doch Erzbischof Absalon erwiderte, daß er den bösen Räuber nicht auf die ehrlichen Leute im Lande loslassen wolle. Es sei für alle am besten, wenn er dort oben in seinem Walde bleibe.

Da wurde Abt Johannes eifrig und begann dem Bischof vom Göinger Wald zu erzählen, der sich jedes Jahr rings um die Räuberhöhle in Weihnachtsschmuck kleide. »Wenn diese Räuber nicht schlimmer sind, als daß Gottes Herrlichkeit sich ihnen zeigen soll«, sagte er, »so können sie wohl auch nicht zu schlecht sein, um die Gnade der Menschen zu erfahren.«

Aber der Erzbischof wußte Abt Johannes zu antworten. »Soviel kann ich dir versprechen, Abt Johannes«, sagte er und lächelte, »an welchem Tage immer du mir eine Blume aus dem Weihnachtsgarten im Göinger Wald schickst, will ich dir einen Freibrief für alle Friedlosen geben, für die du mich bitten magst.«

Der Laienbruder sah, daß Bischof Absalon ebensowenig wie er selbst an die Geschichte der Räubermutter glaubte, aber Abt Johannes merkte nichts davon, sondern dankte Absalon für sein gütiges Versprechen und sagte, die Blume wolle er ihm schon schicken.

Abt Johannes setzte seinen Willen durch, und am nächsten Weihnachtsabend saß er nicht daheim in Öved, sondern war auf dem Wege nach Göinge. Einer der wilden Jungen der Räubermutter lief vor ihm her, und zum Geleit hatte er den Knecht, der im Lustgarten mit der Räubermutter gesprochen hatte. Abt Johannes hatte sich den ganzen Herbst über schon sehr danach gesehnt, diese Fahrt anzutreten, und freute sich nun sehr, daß sie zustande gekommen war. Aber ganz anders stand es mit dem Laienbruder, der ihm folgte. Er hatte Abt Johannes von Herzen lieb und würde es nicht gern einem andern überlassen haben, ihn zu begleiten und über ihn zu wachen, aber er glaubte keineswegs, daß sie einen Weihnachtsgarten zu Gesicht bekommen würden; er dachte nichts anderes, als daß das Ganze eine Falle sei, die die Räubermutter mit großer Schlauheit Abt Johannes gelegt hätte, damit er ihrem Mann in die Hände falle.

Während Abt Johannes nordwärts zur Waldgegend ritt, sah er, wie überall Anstalten getroffen wurden, das Weihnachtsfest zu feiern. In jedem Bauernhof machte man Feuer in der Badehütte, damit sie zum nachmittägigen Bade warm sei. Aus den Vorratskammern wurden große Mengen von Fleisch und Brot in die Hütten getragen, und aus den Tennen kamen die Burschen mit großen Strohgarben, die über den Boden gestreut werden sollten.

Als er an dem kleinen Dorfkirchlein vorüberritt, sah er, wie der Priester und seine Küster vollauf damit beschäftigt waren, sie mit den besten Geweben zu behängen, die sie nur hatten auftreiben können; und als er zu dem Wege kam, der nach dem Kloster Bosjö führte, sah er die Armen des Klosters mit großen Brotlaiben und langen Kerzen daherwandern, die sie an der Klosterpforte bekommen hatten.

Als Abt Johannes alle diese Weihnachtszurüstungen sah, da spornte er zur Eile an. Denn er dachte daran, daß seiner ein größeres Fest harre, als irgendeiner der anderen feiern sollte.

Doch der Knecht jammerte und klagte, als er sah, wie sie sich auch in der kleinsten Hütte anschickten, das Weihnachtsfest zu feiern. Und er wurde immer ängstlicher und bat und beschwor Abt Johannes, umzukehren und sich nicht freiwillig in die Hände der Räuber zu geben.

Aber Abt Johannes ritt weiter, ohne sich um seine Klagen zu kümmern. Er hatte bald das Flachland hinter sich und kam nun hinauf in die einsamen, wilden Wälder. Hier wurde der Weg schlechter. Er war eigentlich nur noch ein steiniger, nadelbestreuter Pfad, und nicht Brücke und Steg halfen ihnen über Flüsse und Bäche. Je länger sie ritten, desto kälter wurde es, und tief drinnen im Walde war der Boden mit Schnee bedeckt.

Es war ein langer und beschwerlicher Ritt. Sie schnitten auf steilen und schlüpfrigen Seitenpfaden den Weg ab und zogen über Moor und Sumpf, drangen durch Windbrüche und Dickicht. Gerade als der Tag zur Neige ging, führte der Räuberjunge sie über eine Waldwiese, die von hohen Bäumen umgeben war, von nackten Laubbäumen und von grünen Nadelbäumen. Hinter der

Wiese erhob sich eine Felswand, und in der Felswand sahen sie eine Tür aus rohen Planken. Nun merkte Abt Johannes, daß sie am Ziel waren, und er stieg vom Pferde. Das Kind öffnete ihm die schwere Tür, und er sah in eine ärmliche Berggrotte mit nackten Steinwänden. Die Räubermutter saß an einem Blockfeuer, das mitten auf dem Boden brannte, an den Wänden standen Lagerstätten aus Tannenreisig mit Moos, und auf einer von ihnen lag der Räubervater und schlief. »Kommt herein, ihr dort draußen!« rief die Räubermutter, ohne aufzusehen. »Und nehmt die Pferde mit, damit sie nicht draußen in der Nachtkälte zugrunde gehen!«

Abt Johannes trat nun kühnlich in die Grotte, und der Laienbruder folgte ihm. Da sah es gar ärmlich und dürftig aus, und nichts war geschehen, um das Weihnachtsfest zu feiern. Die Räubermutter hatte weder gebraut noch gebacken, sie hatte weder gefegt noch gescheuert. Ihre Kinder lagen auf der Erde rings um einen Kessel, aus dem sie aßen; aber darin war nichts Besseres als dünne Wassergrütze.

Doch die Räubermutter war ebenso stolz und selbstbewußt wie nur irgendeine wohlbestallte Bauersfrau. »Setze dich nun hier ans Feuer, Abt Johannes, und wärme dich«, sagte sie, »und wenn du Wegzehrung mitgebracht hast, so iß, denn was wir hier im Walde kochen, wird dir wohl nicht munden. Und wenn du vom Ritt müde bist, kannst du dich auf einer dieser Lagerstätten ausstrecken und ruhen. Du brauchst keine Angst zu haben, daß du dich verschlafen könntest. Ich sitze hier am Feuer und wache, und ich will dich schon wecken, damit du zu sehen bekommst, wonach du ausgeritten bist.«

Abt Johannes gehorchte der Räubermutter in allen Stücken und nahm seinen Schnappsack hervor. Aber er war nach dem Ritt so müde, daß er kaum zu essen vermochte; und sowie er sich auf dem Lager ausgestreckt hatte, schlummerte er ein.

Dem Laienbruder ward auch eine Ruhestatt angewiesen, aber er wagte nicht zu schlafen, weil er ein wachsames Auge auf den Räubervater haben wollte, damit dieser nicht etwa aufstünde und Abt Johannes fesselte. Allmählich jedoch erlangte die Müdigkeit auch über ihn solche Gewalt, daß er einschlummerte. Als er erwachte, sah er, daß Abt Johannes sein Lager verlassen hatte und jetzt am

Feuer saß und mit der Räubermutter Zwiegespräch pflog. Der Räubervater saß daneben. Er war ein hochaufgeschossener magerer Mann und sah schwerfällig und trübsinnig aus. Er kehrte Abt Johannes den Rücken, und es sah aus, als wolle er nicht zeigen, daß er dem Gespräch zuhörte. Abt Johannes erzählte der Räubermutter von allen den Weihnachtszurüstungen, die er unterwegs gesehen hatte, und er erinnerte sie an die Weihnachtsfeste und die fröhlichen Weihnachtsspiele, die wohl auch sie in ihrer Jugend mitgemacht hätte, als sie noch in Frieden unter den Menschen lebte. »Es ist ein Jammer, daß eure Kinder nie verkleidet auf der Dorfstraße umhertollen oder im Weihnachtsstroh spielen dürfen«, sagte Abt Johannes. Die Räubermutter hatte ihm zuerst kurz und barsch geantwortet, aber so allmählich wurde sie kleinlauter und lauschte eifrig. Plötzlich wendete sich der Räubervater gegen den Abt Johannes und hielt ihm die geballte Faust vor das Gesicht.

»Du elender Mönch, bist du hierhergekommen, um Weib und Kinder von mir fortzulocken? Weißt du nicht, daß ich ein friedloser Mann bin und diesen Wald nicht verlassen darf?« Abt Johannes sah ihm unerschrocken gerade in die Augen. »Mein Wille ist es, dir einen Freibrief vom Erzbischof zu verschaffen«, sagte er. Kaum hatte er dies gesagt, als der Räubervater und die Räubermutter ein schallendes Gelächter anschlugen. Sie wußten nur zu wohl, welche Gnade ein Waldräuber vom Bischof Absalon zu erwarten hatte.

»Ja, wenn ich einen Freibrief von Absalon bekomme«, sagte der Räubervater, »dann gelobe ich dir, nie mehr auch nur soviel wie eine Gans zu stehlen.«

Den Gärtnergehilfen verdroß es sehr, daß das Räuberpack sich vermaß, Abt Johannes auszulachen; aber dieser selbst schien es ganz zufrieden zu sein. Der Knecht hatte ihn kaum je friedvoller und milder unter seinen Mönchen auf Öved sitzen sehen, als er ihn jetzt unter den wilden Räuberleuten sah.

Aber plötzlich sprang die Räubermutter auf.

»Du sitzest hier und plauderst, Abt Johannes«, sagte sie, »und wir vergessen ganz, nach dem Wald zu sehen. Jetzt höre ich bis in unsere Höhle, wie die Weihnachtsglocken läuten.«

Kaum war dies gesagt, als alle aufsprangen und hinausliefen; aber im Walde war noch dunkle Nacht und grimmiger Winter. Das einzige, was man vernahm, war ferner Glockenklang, der von einem leisen Südwind hergetragen wurde.

Wie soll dieser Glockenklang den toten Wald wecken können, dachte Abt Johannes. Denn jetzt, wo er mitten im Waldesdunkel stand, schien es ihm viel unmöglicher als früher, daß hier ein Lustgarten erstehen könnte.

Aber als die Glocke ein paar Augenblicke geläutet hatte, zuckte plötzlich ein Lichtstrahl durch den Wald. Gleich darauf wurde es ebenso dunkel wie zuvor, aber dann kam das Licht wieder. Es kämpfte sich wie ein leuchtender Nebel zwischen den dunklen Bäumen durch. Und soviel vermochte es, daß die Dunkelheit in schwache Morgendämmerung überging.

Da sah Abt Johannes, wie der Schnee vom Boden verschwand, als hätte jemand einen Teppich fortgezogen; und die Erde begann zu grünen. Das Farnkraut streckte seine Triebe hervor, eingerollt wie Bischofsstäbe. Die Erika, die auf der Steinhalde wuchs, und der Porsch, der im Moor wurzelte, kleideten sich rasch in frisches Grün. Die Mooshügelchen schwollen und hoben sich, und die Frühlingsblumen schossen mit schwellenden Knospen auf, die schon einen Schimmer von Farbe hatten.

Abt Johannes klopfte das Herz heftig, als er die ersten Zeichen sah, daß der Wald erwachen wollte. Soll nun ich alter Mann ein solches Wunder schauen, dachte er. Und die Tränen wollten ihm in die Augen treten. Nun wurde es wieder so dämmerig, daß er fürchtete, die nächtliche Finsternis könnte aufs neue Macht erlangen. Aber sogleich kam eine neue Lichtwelle hereingebrochen. Die brachte das Murmeln von Bächlein und das Rauschen der eisbefreiten Bergströme mit. Da schlugen die Blätter der Laubbäume so rasch aus, als wären grüne Schmetterlinge herangeflattert und hätten sich auf den Zweigen niedergelassen. Und nicht nur die Bäume und Pflanzen erwachten. Die Kreuzschnäbel begannen über die Zweige zu hüpfen. Die Spechte hämmerten an die Stämme, daß die Holzsplitter nur so flogen. Ein Zug Stare, der das Land hinanflog, ließ sich in einem Tannenwipfel nieder, um zu ruhen. Es waren prächtige Stare. Die Spitze jedes kleinen Federchens leuchtete glänzend rot, und wenn die Vögel sich bewegten, glitzerten sie wie Edelsteine.

Wieder wurde es für ein Weilchen still, aber bald begann es von neuem. Ein starker, warmer Südwind blies und säte über die Waldwiese alle die Samen aus südlichen Ländern, die von Vögeln und Schiffen und Winden in das Land gebracht worden waren und auf dem kargen Boden nirgend anders blühen konnten: sie schlugen Wurzel und schossen Triebe in dem Augenblick, da sie den Boden berührten. Als die nächste Welle kam, fingen Blaubeeren und Preiselbeeren zu blühen an. Wildgänse und Kraniche riefen hoch oben in der Luft, die Buchfinken bauten ihr Nest, und die Eichhörnchen begannen in den Zweigen zu spielen. Alles ging nun so rasch, daß Abt Johannes gar nicht Zeit hatte zu überlegen, welches Wunder gerade geschah. Er hatte nur Zeit, Augen und Ohren weit aufzumachen. Die nächste Welle, die herangebraust kam, brachte den Duft frisch gepflüg-

ter Felder. Aus weiter Ferne hörte man, wie die Hirtinnen die Kühe lockten und wie die Glöckchen der Lämmer klingelten. Tannen und Fichten bekleideten sich so dicht mit kleinen roten Zapfen, daß die Bäume wie Seide leuchteten. Der Wacholder trug Beeren, die jeden Augenblick die Farbe wechselten. Und die Waldblumen bedeckten den Boden, daß er davon ganz weiß und blau und gelb war.

Abt Johannes beugte sich zur Erde und brach eine Erdbeerblüte. Und während er sich aufrichtete, reifte die Beere. Die Füchsin kam aus ihrer Höhle mit einer großen Schar von schwarzbeinigen Jungen hinter sich her. Sie ging auf die Räubermutter zu und rieb sich an ihrem Rock, und die Räubermutter beugte sich zu ihr hinunter und lobte ihre Jungen. Der Uhu, der eben seine nächtliche Jagd begonnen hatte, kehrte wieder nach Hause zurück, ganz erstaunt über das Licht, suchte seine Schlucht auf und legte sich schlafen. Der Kuckuck rief, und das Kuckucksweibchen umkreiste mit einem Ei im Schnabel die Nester der Singvögel.

Die Kinder der Räubermutter stießen zwitschernde Freudenschreie aus. Sie aßen sich an den Waldbeeren satt, die groß wie Tannenzapfen an den Sträuchern hingen. Eines von ihnen spielte mit einer Schar junger Hasen, ein anderes lief mit den jungen Krähen um die Wette, die aus dem Nest gehüpft waren, ehe sie noch flügge waren, das dritte hob die Natter vom Boden und wickelte sie sich um Hals und Arm. Der Räubervater stand draußen auf dem Moor und aß Brombeeren. Als er aufsah, ging ein großes schwarzes Tier neben ihm einher. Da brach der Räubervater einen Weidenzweig und schlug dem Bären auf die Schnauze. »Bleib du, wo du hingehörst«, sagte er. »Das ist mein Platz.« Da machte der Bär kehrt und trabte nach seiner Seite fort.

Immer wieder kamen neue Wellen von Wärme und Licht, und jetzt brachten sie Entengeschnatter vom Waldmoor her. Gelber Blütenstaub von den Feldern schwebte in der Luft. Schmetterlinge kamen, so groß, daß sie wie fliegende Lilien aussahen. Das Nest der Bienen in einer hohlen Eiche war schon so voll von Honig, daß er am Stamm hinuntertropfte. Jetzt begannen auch die Blumen sich zu entfalten, deren Samen aus fremden Ländern gekommen waren. Die Rosenbüsche kletterten um die Wette mit den Brombeeren die Fels-

wand hinan, und oben auf der Waldwiese sprossen Blumen, so groß wie ein Menschengesicht. Abt Johannes dachte an die Blume, die er für Bischof Absalon pflücken wollte, aber eine Blume wuchs herrlicher heran als die andere, und er wollte die allerschönste wählen.

Welle um Welle kam, und jetzt war die Luft so von Licht durchtränkt, daß sie glitzerte. Und alle Lust und aller Glanz und alles Glück des Sommers lächelte rings um Abt Johannes. Es war ihm, als könnte die Erde keine größere Freude bringen als die, die ihn über den plötzlichen Anbruch der schönen Jahreszeit erfüllte, und er sagte zu sich selbst: »Jetzt weiß ich nicht, was die nächste Welle, die kommt, noch an Herrlichkeit bringen kann.« Aber das Licht strömte noch immer zu, und jetzt deuchte es Abt Johannes, daß es etwas aus einer unendlichen Ferne bringe. Er fühlte, wie überirdische Luft ihn umwehte, und er begann zitternd zu erwarten, es würde nun, nachdem die Freude der Erde gekommen war, des Himmels Herrlichkeit anbrechen. Abt Johannes merkte, wie alles still wurde: die Vögel verstummten, die jungen Füchslein spielten nicht mehr, und die Blumen ließen ab zu wachsen. Die Seligkeit, die nahte, war von der Art, daß einem das Herz stillstehen wollte; das Auge weinte, ohne daß es darum wußte, die Seele sehnte sich, in die Ewigkeit hinüberzufliegen. Aus weiter, weiter Ferne hörte man leise Harfentöne und überirdischen Gesang. Abt Johannes faltete die Hände und sank in die Knie. Sein Gesicht strahlte von Seligkeit. Nie hatte er erwartet, daß es ihm beschieden sein würde, schon in diesem Leben des Himmels Wonne zu kosten und die Engel Weihnachtslieder singen zu hören.

Aber neben Abt Johannes stand der Gärtnergehilfe, der ihn begleitet hatte. Er sah den Räuberwald voll Grün und Blumen, und er wurde zornig in seinem Herzen, weil er sah, daß er einen solchen Lustgarten nie und nimmer schaffen könnte, wie er sich auch mit Hacke und Spaten mühte. Und er vermochte nicht zu begreifen, warum Gott solche Herrlichkeit an das Räubergesindel verschwende, das seine Gebote mißachtete.

Gar dunkle Gedanken zogen durch seinen Kopf. Das kann kein rechtes Wunder sein, dachte er, das sich bösen Missetätern zeigt. Das kann nicht von Gott stammen, das ist aus Zauberei entsprungen. Es ist von des Teufels List hierhergesandt. Es ist die Macht des bösen Feindes, die uns verhext und uns zwingt, das zu sehen, was nicht ist.

In der Ferne hörte man Engelsharfen klingen, und Engelsgesang ertönte, aber der Laienbruder glaubte, daß es die böse Macht der Unholde sei, die nahe. »Sie wollen uns locken und verführen«, seufzte er, »nie kommen wir mit heiler Haut davon, wir werden betört und dem Abgrund verkauft.«

Jetzt waren die Engelscharen so nahe, daß Abt Johannes ihre Lichtschatten zwischen den Stämmen des Waldes schimmern sah. Und der Laienbruder sah dasselbe wie er, aber er dachte nur, welche Arglist darin läge, daß die bösen Geister ihre Künste gerade in der Nacht betrieben, in der der Heiland geboren war. Dies geschah ja nur, um die Christen um so sicherer ins Verderben zu stürzen.

Die ganze Zeit über hatten Vögel Abt Johannes' Haupt umschwärmt, und er hätte sie zwischen seine Hände nehmen können. Aber vor dem Laienbruder hatten sich die Tiere gefürchtet: kein Vogel hatte sich auf seine Schulter gesetzt, und keine Schlange spielte zu seinen Füßen. Nun war da eine kleine Waldtaube. Als sie merkte, daß die Engel nahe waren, nahm sie ihren ganzen Mut zusammen und flog dem Laienbruder auf die Schulter und schmiegte das Köpfchen an seine Wange. Da vermeinte er, daß der Zauber ihm nun völlig auf den Leib rückte, ihn in Versuchung zu führen und zu verderben. Er schlug mit der Hand nach der Waldtaube und rief mit lauter Stimme, so daß es durch den Wald hallte:

»Zeuch du zur Hölle, von wannen du kommen bist!« Gerade da waren die Engel so nahe, daß Abt Johannes den Hauch ihrer mächtigen Fittiche fühlte, und er hatte sich zur Erde geneigt, sie zu grüßen. Aber als die Worte des Laienbruders ertönten, da verstummte urplötzlich ihr Gesang, und die heiligen Gäste wendeten sich zur Flucht. Und ebenso floh das Licht und die milde Wärme in unsäglichem Schreck vor der Kälte und Finsternis in einem Menschenherzen. Die Dunkelheit sank auf die Erde herab wie eine Decke, die Kälte kam, die Pflanzen auf dem Boden schrumpften zusammen, die Tiere enteilten, das Rauschen der Wasserfälle verstummte, das Laub fiel von den Bäumen, prasselnd wie Regen.

Abt Johannes fühlte, wie sein Herz, das eben vor

107

Seligkeit gezittert hatte, sich jetzt in unsäglichem Schmerz zusammenkrampfte. Niemals kann ich dies überleben, dachte er, daß die Engel des Himmels mir so nahe waren und vertrieben wurden, daß sie mir Weihnachtslieder singen wollten und in die Flucht gejagt wurden.

In diesem Augenblick erinnerte er sich an die Blume, die er Bischof Absalon versprochen hatte, und er beugte sich zur Erde und tastete unter dem Moos und Laub, um noch im letzten Augenblick etwas zu finden. Aber er fühlte, wie die Erde unter seinen Fingern gefror und wie der weiße Schnee über den Boden geglitten kam. Da war sein Herz-

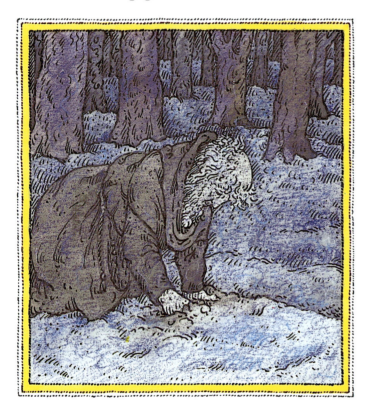

leid noch größer. Er konnte sich nicht erheben, sondern mußte auf dem Boden liegenbleiben.

Aber als die Räubersleute und der Laienbruder sich in der tiefen Dunkelheit zur Räuberhöhle zurückgetappt hatten, da vermißten sie Abt Johannes. Sie nahmen glühende Scheite aus dem Feuer und zogen aus, ihn zu suchen, und sie fanden ihn tot auf der Schneedecke liegen.

Und der Laienbruder hub an zu weinen und zu klagen, denn er erkannte, daß er es war, der Abt Johannes getötet hatte, weil er ihm den Freudenbecher entrissen, nach dem er gelechzt hatte.

Aber als Abt Johannes nach Öved hinuntergebracht worden war, sahen die, die sich des Toten annahmen, daß er seine rechte Hand hart um et-was geschlossen hielt, was er in seiner Todesstunde umklammert haben mußte. Und als sie die Hand endlich öffnen konnten, fanden sie, daß, was er mit solcher Stärke festhielt, ein paar weiße Wurzelknollen waren, die er aus Moos und Laub hervorgerissen hatte. Und als der Laienbruder, der Abt Johannes geleitet hatte, diese Wurzeln sah, nahm er sie und pflanzte sie in des Abtes Garten in die Erde.

Er pflegte sie und wartete das ganze Jahr, daß eine Blume daraus erblühe, doch er wartete vergebens den ganzen Frühling und Sommer und Herbst. Als endlich der Winter anbrach und alle Blätter und Blumen tot waren, hörte er auf zu warten. Als aber der Weihnachtsabend kam, da überkam ihn die Erinnerung an Abt Johannes so mächtig, daß er in den Lustgarten hinausging, seiner zu gedenken. Und siehe, wie er nun an der Stelle vorbeikam, wo er die kahlen Wurzelknollen eingepflanzt hatte, da sah er, daß üppige grüne Stengel daraus emporgesproßt waren, die schöne Blumen mit silberweißen Blüten trugen. Da rief er alle Mönche von Öved zusammen; und als sie sahen, daß diese Pflanze am Weihnachtsabend blühte, wo alle anderen Blumen tot waren, erkannten sie, daß sie wirklich von Abt Johannes aus dem Weihnachtslustgarten im Göinger Wald gepflückt war. Aber der Laienbruder sagte den Mönchen, nun ein so großes Wunder geschehen sei, sollten sie einige von den Blumen dem Bischof Absalon schicken.

Als nun der Laienbruder vor Bischof Absalon hintrat, reichte er ihm die Blumen und sagte: »Dies schickt dir Abt Johannes. Es sind die Blumen, die er dir aus dem Weihnachtslustgarten im Göinger Walde zu pflücken versprochen hat.«

Und als Bischof Absalon die Blumen sah, die in dunkler Winternacht der Erde entsprossen waren,

und als er die Worte hörte, wurde er so bleich, als wäre er einem Toten begegnet. Eine Weile saß er schweigend da, dann sagte er: »Abt Johannes hat sein Wort gut gehalten: so will auch ich das meine halten.« Und er ließ einen Freibrief für den wilden Räuber ausstellen, der von Jugend an friedlos im Walde gelebt hatte.

Er übergab dem Laienbruder den Brief, und dieser zog damit von dannen, hinauf in den Wald und suchte den Weg zur Räuberhöhle. Als er am Weihnachtstage dort eintrat, da eilte ihm der Räuber mit erhobener Axt entgegen.

»Ich will euch Mönche niederschlagen, so viel euer sind!« rief er. »Sicherlich hat sich um euretwillen der Göinger Wald nicht in sein Weihnachtskleid gehüllt.«

»Es ist einzig und allein meine Schuld«, sagte der Laienbruder, »und ich will gerne dafür sterben. Aber zuerst muß ich dir eine Botschaft von Abt Johannes bringen.« Und er zog den Brief des Bischofs heraus und verkündete ihm, daß er nicht mehr vogelfrei sei, und zeigte ihm das Siegel Absalons, das an dem Pergament hing.

»Fortab sollst du mit deinen Kindern im Weihnachtsstroh spielen, und ihr sollt das Christfest unter den Menschen feiern, wie es der Wunsch des Abtes Johannes war«, sagte er.

Da blieb der Räubervater stumm und bleich stehen, aber die Räubermutter sagte in seinem Namen: »Abt Johannes hat sein Wort gut gehalten, so wird auch der Räubervater das seine halten.«

Doch als der Räubervater und die Räubermutter aus der Räuberhöhle fortzogen, da zog der Laienbruder hinein und hauste dort einsam im Walde unter unablässigem Gebet, daß sein hartes Herz ihm verziehen werde.

Und niemand darf ein strenges Wort über einen sagen, der bereut und sich bekehrt hat, wohl aber kann man wünschen, daß seine bösen Worte ungesagt geblieben wären, denn nie mehr hat der Göinger Wald die Geburtsstunde des Heilandes gefeiert, und von seiner ganzen Herrlichkeit lebt nur noch die Pflanze, die Abt Johannes dereinst gepflückt hat.

Man hat sie Christrose genannt, und jedes Jahr läßt sie ihre weißen Blüten und ihre grünen Stengel um die Weihnachtszeit aus dem Erdreich sprießen, als könnte sie nie und nimmer vergessen, daß sie einmal in dem großen Weihnachtslustgarten gewachsen ist.

SELMA LAGERLÖF

Die Flucht nach Ägypten

Der Engel, der ungesehen über der Heiligen Familie wachte, war eingeschlafen. Dagegen ist niemand geschützt, sei er nun Nachtwächter, Apostel oder Engel. Zudem war gestern ein schwerer Tag gewesen mit dem Besuch der Heiligen Drei Könige.

Aber mitten in der Nacht krachte ein Balken des Stalles so laut, daß der Engel aufwachte. »Hilf, hilf! Engel, hilf!«

Welch ein fürchterlicher Geruch! Ein Gestank! Der Engel griff schon nach seinem Nothorn, um die Engel dort oben herunterzurufen – aber es war nicht nötig, nein, es war nicht der Teufel. Der Engel hob die Faust vors rechte Auge und blickte durch die schmale Höhlung in die Ferne.

Ach so! Es waren die ekelhaften Gedanken des Königs Herodes. Sie entströmten seinem dicken Kopf wie der Dampf einem brodelnden Kessel. Den Engel überlief es kalt vor Schrecken und Entsetzen, und er fächelte sofort mit seinen Flügeln, um den Gestank zu vertreiben.

Aber Sankt Josef mußte gewarnt werden! Der Engel rieb sich den Schlaf aus den Augen, schüttelte seine goldenen Haarlocken, holte aus seiner Reisetasche ein silbernes Meßgewand hervor, hängte es um, nahm eine himmlische Haltung an und erschien so in Sankt Josefs Traum. Denn Sankt Josef war ein gerechter Mann, für den selbst die Engel ihren Sonntagsstaat anlegten.

Sankt Josef schlief fest und ruhig in der wohligen Wärme seines weißen Bartes. Sein Herz war noch erfüllt von Freude und Glanz wegen der Ehre und der Geschenke, die die drei Könige dem Jesuskind dargebracht hatten. Und mitten in diesem von Gold und Ehre durchsponnenen Traum blitzte plötzlich der silberne Engel hervor und sprach mit einer Orgelstimme: »Fliehe, fliehe! König Herodes will morgen das Kindlein, unseren Herrn, töten lassen...«

Sankt Josef wachte auf. Es war dunkle Nacht. »Es ist nur ein Traum!« sagte der Schlaf und versuchte, ihm die Augen wieder fest zu schließen. Aber Sankt Josef wußte aus Erfahrung, daß man einen Traum nicht unbeachtet lassen darf. Er hielt die Augen hartnäckig offen, erhob sich und zündete die Laterne an. Es ging um das Kindlein! Er mußte sich beeilen, aber dennoch sehr vorsichtig zu Werke gehen, denn das Jesuskind und seine Mutter waren zarte Wesen.

Die Laterne spendete Licht, ein gewöhnliches, spärliches Laternenlicht, aber als sie bemerkte, daß Sankt Josef mit ihr zu Maria ging, dehnte sie ihre Flamme weit aus, vor Ehrfurcht und Neugierde, denn sie hatte die Gottesmutter nur einmal sehen dürfen, zu Weihnachten. Wie hatte sie sich damals schon Mühe gegeben, recht hell zu leuchten! Den ganzen Stall hatte sie mit ihrem Licht erfüllt! Eine Laterne ist ein gutmütiges, aber nicht sehr gescheites Wesen; die Arme hatte nicht einmal bemerkt, daß das viele Licht von den Engeln herrührte.

Jetzt wollte die Laterne wieder ein solches Licht verbreiten. Sie schluckte das Öl in vollen Zügen, faltete ihre Flamme auseinander, blähte sich auf, gab sich die größte Mühe, aber das Licht wurde nicht größer als ein Ei.

»Mit dem Öl ist etwas nicht in Ordnung«, meinte sie.

»Nein«, sagte das Öl, »es liegt am Docht.«

»Ausgeschlossen«, sagte der Docht, »es liegt an der Flamme.«

»Nein, nein«, beteuerte die Flamme, »die Laterne ist schuld.«

Während die Laterne mit sich selbst herumzankte, aber inzwischen doch versuchte, zu sehen und zu bewundern, freute sich Sankt Josef, daß die Laterne heute nacht so wunderschön leuchtete.

Maria lag auf einem Strohbündel mit dem Kindlein im Arm.

Sankt Josef ging vorsichtig auf den Fußspitzen zu Maria, um sie zu wecken, berührte sie schüchtern mit dem Zeigefinger an der Schulter und flüsterte leise: »Maria!«

Davon wird niemand wach, dachte die Laterne.

»Was gibt es, Josef?« fragte Maria. Ihre großen Augen glänzten wie zwei Wunder in ihrem schmalen, blassen Gesicht.

Staunend blickte die Laterne sie an und vergaß darüber ganz, sich aufzublähen. Auch Frau Nacht im schwarzen Samtmantel bewegte vor Staunen keinen Stern ihres Gewandes, als sie diese Augen, so erfüllt von Seele und Himmel, offen sah. Gewöhnlich sah sie Maria nur im Schlaf, mit geschlossenen Augen.

»Hör mal, du Knirps«, sagte die Nacht verächtlich zur Laterne, »sei nur nicht so geizig mit deinem Öl, damit ich Unsere Liebe Frau besser sehen kann!«

»Hört mal, feine Madam«, erwiderte die Laterne ein wenig verärgert, »holt Ihr doch Euren Blechdeckel hervor!«

Doch es war ja der Nacht nur an bestimmten Tagen erlaubt, den silbernen Mond zu zeigen. Jetzt aber schob sie, um besser zu sehen, ihren Mantel beiseite, und siehe, der Himmel stand voller Sterne, die wie Diamanten funkelten. Das Gesicht Unserer Lieben Frau war hell erleuchtet.

»Seht nur, wieviel Licht ich spende!« sagte die Laterne stolz. Aber die Nacht war so in Ehrfurcht versunken, daß sie es nicht hörte.

»Wir müssen fliehen«, sagte Sankt Josef. »Der Engel ist mir im Traum erschienen... König Herodes will das Kindlein töten!«

Die großen Augen Marias wurden noch größer vor Angst, und dann schlossen sie sich, während sich ihr blasses Gesicht voll Demut neigte.

Der kleine Stall krachte in allen Fugen vor Schreck und Schmerz. Er war ganz fassungslos und wie versteinert. Entsetzt mußte er zusehen, wie Sankt Josef Maria beim Aufstehen half, wie er sein Werkzeug zusammensuchte, das Bündel schnürte, sich noch einmal vorsorglich nach allen Seiten umguckte und wie sie dann zusammen hinausgingen, begleitet von der Laterne und der Sternennacht. Mit einem leisen Krachen brach der Stall vor Schmerz zusammen.

Es herrschte gerade die richtige Dunkelheit zur Flucht. Die Laterne beleuchtete ein kurzes Stück des Weges, zeigte die Pfützen, ließ die Steine erkennen, über die man stolpern könnte, und die Nacht wies mit ihren Sternen die Richtung des Nordens.

Dennoch war Maria ängstlich und sprach: »Ach, Josef, wäre es nur erst Tag!«

»Einen Augenblick!« sagte der Hahn des Bauernhofes, an dem sie gerade vorbeigingen, und ließ einen gewaltigen Weckruf erschallen – so laut hatte er sein Lebtag noch nie gekräht.

»Bist du verrückt?« rief die stolze Nacht. »Ich habe meine Wanderung noch lange nicht beendet!«

Aber der Hahn antwortete ihr so selbstbewußt, als wäre er dieser vornehmen Dame in jeder Weise ebenbürtig: »Unser Herrgott soll wohl dir zuliebe in den Straßengraben geraten?«

Er warf sich von neuem in die Brust, schloß die Augen, um zum zweiten Male zu krähen, aber es war nicht mehr nötig. Der dunkle Osten barst plötzlich auseinander, so daß das Gold in Funken und Fetzen über den Himmel sprühte, und keuchend vor Anstrengung kam die Sonne herauf, das Land zu beleuchten. Sie war ganz außer Atem, denn sie hatte zwei große Länder überspringen müssen, die nun im Dunkeln blieben. Das war keine leichte Aufgabe gewesen, aber es machte alles nichts, wenn nur unserem Herrgott damit gedient war.

Man darf nun nicht vergessen, daß der Schutzengel unsichtbar die Heilige Familie begleitete. Dieser Engel kümmerte sich um Wind und Licht, gab auf die Wolken acht und blickte ab und zu durch die hohle Faust in die Ferne, um jede Gefahr sofort zu entdecken.

Von der Laterne ist weiter nichts zu berichten, als daß sie vor Scham erlosch, sobald sie das strahlende Haupt der Sonne erblickt hatte, und die Nacht zog schnell ihren schwarzen Mantel aus, so daß man sie nicht mehr sehen konnte.

Josef und Maria setzten rasch ihren Weg fort. Josef trug das Kindlein, er trug alles, sein Werkzeug, das Kleiderbündel, Angst und Sorge, und Maria lehnte sich an seine Schulter.

»Ich bin so müde«, sagte sie.

»Wir werden ein wenig ausruhen«, antwortete er. Sie wollten sich gerade auf einem Baumstamm niederlassen, als Maria durch einen häßlichen Schrei plötzlich erschreckt, wieder in die Höhe fuhr. Sie blickten sich um. Auf einer Wiese stand ein Esel und gab den Lärm von sich wie eine verrostete Pumpe.

»Hätten wir nur einen Esel!« meinte Josef.

Und siehe, sogleich stapfte der Esel durch den Bach und kam auf sie zu. So ganz von selbst war das natürlich nicht. Der unsichtbare Schutzengel holte ihn aus der Wiese und flüsterte ihm in sein langes Ohr: »Sei nun aber nicht störrisch, Grauchen, es ist unser Herrgott«, und erzählte ihm alle Einzelheiten, was geschehen war, ermahnte den Esel, sich recht brav und sittsam zu benehmen, und versprach ihm, daß er später einen schönen Namen in den heiligen Büchern erhalten würde.

»Werde ich dann so schön wie ein Pferd?« fragte der Esel begierig.

»Nein«, erwiderte der Engel, »was einmal ist, muß bleiben, aber dein Name wird schöner sein als der des schönsten Pferdes. Man wird dich das Pferd Gottes nennen.«

»An einem Namen liegt mir nichts«, sagte der Esel. »Ich wäre lieber ein Pferd ohne Namen als ein Esel mit Namen. Was Ihr von mir verlangt, will ich gerne tun, aber nur aus Dankbarkeit gegen Gott, und wenn es doch nicht zu ändern ist, so bleibe ich lieber ein gewöhnlicher Esel ohne Namen.«

Der Engel führte das Grauchen zu Josef, der ihm freundlich den großen Kopf streichelte zwischen den beiden Augen.

»Gutes Tier«, sagte er, »ach, hätten wir nur ein solches Tier!«

Der Esel betrachtete das Kind, das mit seinen offenen blauen Äuglein im Schatten des weiten Kapuzenmantels in Marias Armen lag.

Ist das nun unser Herrgott, der alles geschaffen hat und gekommen ist, um die Menschheit zu erlösen? dachte der Esel, ein wenig enttäuscht. Ich verstehe das nicht, grübelte er weiter, was will der Mensch nur noch? Er ist doch Herr über Pferde und Esel! Wäre es nun nicht besser, unser Herrgott käme, um die Esel zu erlösen? Ich begreife das natürlich nicht, ich bin ja nur ein Esel. Wäre ich ein Pferd, dann würde mir wahrscheinlich alles klar sein.

Ach ja, der Esel dachte noch über vieles nach, aber da er doch nicht klug daraus werden konnte, hörte er auf zu denken und suchte neben dem gefällten Baumstamm nach Disteln. Er fand auch welche, gute, scharfe, harte Disteln, die er mit Stumpf und Stiel verzehrte.

»Komm, Maria«, sagte Josef besorgt, »wollen wir nicht weitergehen?«

Maria seufzte, stützte sich auf seine Schulter, und so schritten sie wieder durch den Morgen, umspielt von den noch kalten, aber hellen Strahlen der Sonne.

Und siehe, der Esel folgte ihnen und lief neben Josef.

»Geh, mein gutes Tier«, sagte der alte Mann, »kehr zurück zu deiner Wiese! Du gehörst doch nicht zu uns!«

Aber es nützte nichts, der Esel lief mit. Sankt Josef hielt ihm noch eine tüchtige Predigt über Untreue und Widerspenstigkeit, aber als auch das nichts half, sprach er: »Gut, wenn du durchaus mitgehen willst, ich kann es nicht ändern – meine Hände sind rein. Sollten wir später einmal zurückkehren dürfen, dann werde ich mit deinem Herrn alles regeln.« Und zu Maria sagte er: »Gott sendet uns diesen guten Esel, setz dich auf seinen Rücken!«

Sonderbarerweise ließ sich der Esel auf die Knie nieder, um Maria das Aufsteigen zu erleichtern.

Nun trippelte er mit seiner heiligen Last so lustig davon, daß Sankt Josef Mühe hatte, mit ihm Schritt zu halten. Der gute Mann freute sich und dachte: Nun wird Herodes uns nicht mehr einholen.

Der Engel jedoch hörte nicht auf zu wachen, blickte in die Ferne und hörte plötzlich die nahenden Soldaten des Herodes. Er flog eine Zeitlang hin und her wie ein verwundeter Vogel, unschlüssig, was zu tun sei. Da begegnete ihm ein anderer Engel, der Spender guter Gedanken. Die Engel flatterten, wie Schmetterlinge auf der Wiese, zahlreich in der Luft umher, und jeder hatte einen Namen und eine besondere Aufgabe.

»Gnädiges Licht!« rief der Schutzengel, »unser Herrgott ist in Gefahr. Herodes verfolgt ihn! Was soll ich machen?«

»Nun, Silberner Wächter, so ruf doch die Schneestreuer«, antwortete Gnädiges Licht und flog eilig weiter zu irgendeinem Künstler oder Propheten.

Da blies Silberner Wächter in sein Horn. Die Schneestreuer, die eifrig damit beschäftigt waren, neue Kristallsterne anzufertigen, hörten sofort, daß es ihnen galt. Einige taumelten herab, wechselten ein paar Worte mit dem Schutzengel und schossen wieder in die Höhe.

Im Handumdrehen stieg vom Norden her eine Wolkenwand herauf. Die Sonne tauchte unter, das Licht wurde trüb und grau, und der Schnee fiel in dichten Flocken auf die Erde.

Man kann sich denken, wie der Hauptmann fluchte, der mit den Soldaten des Herodes der Heiligen Familie folgte. Die Fußspuren verschwanden im Schnee, und an der Wegkreuzung war der Hauptmann völlig ratlos. Er sandte seine Soldaten in alle Richtungen, er selbst wählte mit seinem Trupp den richtigen Weg.

Sobald der Schutzengel aber diese drohende Gefahr erkannte, begann er aufgeregt und verzweifelt hin und her zu flattern. Was nun?

Da bemerkte er einen großen Baum mit einem ausgehöhlten Stamm, dessen Wipfel ein Elsternnest trug. Sollte er die Heilige Familie in dieser Höhle verstecken und ein Spinngewebe davorhängen, wie es in alten Geschichten oft geschieht?

Aber dem Hauptmann könnten diese Geschichten ebenso bekannt sein, und dann würde er sich nicht täuschen lassen.

»Bäumlein, Bäumlein, hilf uns!« rief Silberner Wächter.

Es erhob sich plötzlich ein gewaltiger Wind, so daß sich der Baum bis zur Erde neigte. So blieb er stehen, das heißt, der Engel hielt ihn mit aller Gewalt fest. Sankt Josef erhielt nun vom Gnädigen Licht die glückliche Eingebung, die sie retten sollte.

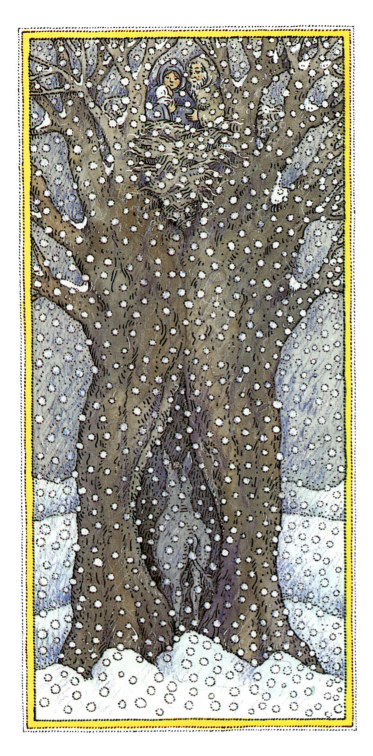

»Maria, steig doch in dieses Nest!«
Sogleich wurde das Nest so groß wie ein Thronsessel. Maria setzte sich mit dem Jesuskind hinein, und Sankt Josef stellte sich daneben.
»Komm, Grauchen«, sagte der Engel, »der Platz reicht auch für dich.«
»Haha!« lachte der Esel. »Ihr wollt Euch wohl über mich lustig machen! Wenn ich schon kein Pferd werden kann, dann will ich auch nicht wie ein Vogel auf einem Baum sitzen.«
Da ließ der Engel den gebeugten Wipfel des Baumes los, der sich nun langsam wieder aufrichtete.

Schon nach kurzer Zeit gelangten die Soldaten an den Baum. »Absitzen!« befahl der Hauptmann einem Unteroffizier, »und die Baumhöhle genau untersuchen, auch wenn ein Spinngewebe davor sein sollte.«
»Niemand drin!« rief der Unteroffizier, »nur ein Esel, der seinen Schwanz zeigt.«
»Verdammter Esel!« schimpfte der Hauptmann.
Der Esel und der Unteroffizier fühlten sich beide getroffen.
Der Offizier zeigte dem Hauptmann das große Elsternnest.
»Verfluchtes Nest!« schrie der Hauptmann, und sie ritten weiter.
Es hörte auf zu schneien. Die Wolkenwand riß auseinander, und wie eine rote Feuerkugel ging im Westen die Sonne unter.
»Maria«, sagte Josef, und er zeigte auf einen blauen Strich unterhalb der Sonne, »dort ist das Meer! Morgen werden wir wohl ein Schifflein finden...«
Wieder kam die Nacht mit ihrem Mantel voller Sterne, die funkelten, wie sie noch nie gefunkelt hatten. Josef und Maria saßen warm geborgen in ihrem Nest. Der Esel vertrieb sich die Zeit, indem er abwechselnd seinen Kopf und sein Hinterteil in die Baumhöhle schob, damit er überall mal warm wurde. Am frühen Morgen neigte sich der Baum wieder zur Erde, und die Heilige Familie gelangte auf kleinen Feldwegen an das Meer.
Das Meer wirkte wundervolle Spitzen am Strand, wie schönere zu keiner Zeit in Brüssel angefertigt wurden. Bunten Blumen gleich lagen die Muscheln im Sande verstreut. Natürlich war auch ein Schifflein zur Stelle, und der Schiffer, wie stoppelbärtig und braun gebrannt er auch aussah, war vielleicht doch ein vermummter Esel, wer kann es wissen!
Er erklärte sich sofort bereit, sie hinüberzuführen an den Strand von Ägypten.
Das Schifflein stach in See... Sie waren gerettet!
Der Esel blickte ihnen vom Ufer aus nach, denn er hatte nicht in das Boot gewollt. Er war zum Schluß doch noch störrisch geworden, sonst wäre er ja auch kein Esel gewesen!
Er blickte ihnen nach und grüßte mit wedelndem Schwanz.

FELIX TIMMERMANNS

Das Peitschchen

Als das Jesuskind durch Flandern zog – und es kannte wohl die ganze Welt –, kam es mitsamt seiner Mutter in der großen Stadt Gent am Morgen eines Weihnachtstages an. Die ganze Stadt war für das Fest gerüstet. Auf den Straßen drängten sich die Menschen, um auf den Märkten und in den Läden die neuesten und letzten Herrlichkeiten zu erwischen, mit denen sie ihren Angehörigen und ihrem Gesinde am Abend eine Freude machen könnten. Vor der großen Kirche Sankt Baafs, die wie ein gewaltiger grauer Magnetberg über die Stadt und die Menschen emporragte, die Häuser um sich versammelt hielt und die Menschenströme in sich hineinzog, war ein Weihnachtsmarkt errichtet, und die Pfefferkuchenstände, die Buden mit bunten Likören, mit Christbaumschmuck und Kerzen, mit Zinnsoldaten und Zinnlöffeln, mit Pfeifen, Trompeten und allerhand Kinderspielzeug standen hübsch in Reihen geordnet und einträchtig nebeneinander.

Da es noch früh am dämmerigen Morgen war, die Leute vom Lande jedoch, um nichts zu versäumen und einen möglichst langen Tag des Betrachtens und Auswählens vor sich zu haben, schon in die Stadt hineinwogten, brannten in allen Ständen über den Auslagen die Lampen, und die Verkäufer brachten die erste Ordnung in ihre Sachen, die der vorangegangene Tag etwas in Unordnung gebracht hatte. Gerade am Zugang zum Hauptportal der Kirche behauptete ein großer Spielwarenstand seinen Platz. Da waren Trommeln und Trompeten, Reifen und Kreisel, bunte Glaskugeln, Puppen und Kegel, kleine Männchen, die in Glasröhren in einer rosa Flüssigkeit auf und nieder stiegen, wenn man die Röhre in die Hand nahm, Mundharmonikas und winzige Drehorgeln, die das »Ehre sei Gott in der Höh« in zarten Tönen von sich gaben, wenn man leise die Kurbel drehte. Und gerade hängte eine Magd ein buntes Gedränge von blauen, roten und grünen Luftballons, alle eben neu mit Gas gefüllt und prall, daß sie knirschten, wenn sie aneinanderstießen, an der Ecke der Bude auf, und darunter hängte sie ein ganzes Bündel kleiner Peitschchen mit geflochtenen Schnüren aus weißem zartem Leder, gelben Schmitzchen und bunten Stielen. Jeder Stiel endete in ein rotes Pfeifchen aus Kirschenholz.

Im Hintergrund der Bude aber, hinter den langen Brettern und Tischen, auf denen alle die schönen Sachen ausgelegt waren, standen drei Kinder, so blond und auch wohl so alt wie ihr, denen diese Geschichte erzählt wird. Ihre Mutter war die Besitzerin des Spielwarenstandes. Da sie zu so früher Stunde nicht auf Käufer hoffen konnte, war sie noch nicht zur Stelle, sondern hatte es der Magd überlassen, die Auslage herzurichten; und diese hatte die Kinder mitgenommen.

Da standen sie nun, und während sie teilnahmsvoll und neugierig guckten, wie die Magd immer neue Reichtümer und Herrlichkeiten auspackte und zum Verkauf ordnete, begannen in ihren Herzen Wünsche hin und her zu jagen, welcher Gegenstand von allen ihnen wohl am besten gefiele, damit sie ihn sich von ihrer Mutter selbst als Weihnachtsgabe ausbitten könnten. Denn das wußten sie vom letzten Jahr und gedachten es auch diesmal dahin zu bringen, daß ihre Mutter jedem von ihnen erlaubte, sich aus der Fülle der Dinge etwas auszuwählen.

»Wenn es am Abend nicht verkauft ist«, pflegte dann die Mutter zu sagen; denn der geringe Erlös aus dem Spielzeug ließ es nicht zu, daß sie die Dinge von vornherein für die Kinder beiseite stellte. Und dann zitterten die Kinder den ganzen Tag um den gewünschten Gegenstand, und jedesmal, wenn ein Käufer herantrat, stieg ihnen das Blut zu Kopf, und sie fühlten ihr Herz schlagen. Ging er dann weg, ohne, wie sie meinten, ihren Gegenstand entdeckt zu haben, waren sie glücklich. Aber beim nächsten wiederholte sich die Pein.

»Das vorige Jahr hatte ich mir eine Puppe gewünscht«, sagte das eine Mädchen, »aber nach wenigen Tagen zerbrach sie. Ich wünsche mir diesmal etwas anderes.« Dann trat wieder Schweigen und Überlegen ein. Keines wollte sich verraten.

»Eigentlich wäre ein Kreisel sehr schön«, meinte das ältere Mädchen, »er zerbricht nicht. Ich sehe Dinge gern, die tanzen und sich drehn.«

Alle drei guckten nach einem großen Haufen buntbemalter harter Kreisel, die eben aus einem Sack hüpften, den die Magd auf den Tisch stülpte.

»Ich wünsche mir einen Kreisel und ein Peitschchen dazu«, sagte die Älteste, die mit sich im reinen war. Die andern fanden die Idee auf einmal herrlich. »Ich wünsche mir auch einen Kreisel und ein Peitschchen«, sagte das zweite Mädchen, als ob es nicht gesonnen wäre zurückzustehen.

»Ich auch«, sagte der Junge, dem es willkommen war, daß die älteren Schwestern sich entschieden hatten. Und alle drei guckten eifrig und prüfend nach dem Haufen Kreisel auf dem Tisch und nach dem Bündel Peitschchen, das von der Ecke der Bude herabhing.

»Während der Kreisel Schwung hat und sich dreht, kann man pfeifen«, bemerkte der Junge und fand das sehr beachtlich. Das Pfeifchen am Peitschenstiel mußte doch seinen Sinn haben. »Und dann versetzt man dem Kreisel wieder einen. Und dann pfeift man wieder.«

»Wer am besten kreiseln kann, kann am besten pfeifen«, meinte die Älteste.

»Wenn wir alle drei zugleich pfeifen –« Dies sagte die Jüngere, sah mit großen Augen in die Ferne und hatte offenbar eine wunderbare Erscheinung.

Während sie so schwatzten, kam inmitten der Menge des Volkes, das der Kirche zuströmte, das Jesuskind daher. Es war damals schon größer und saß rittlings auf dem treuen Esel, der von den vielen Fahrten – nach Ägypten und in alle Welt – nicht mehr ganz frisch war und mit kleinen andächtigen Schritten in der Menge trippelte. Dem Jesusknaben ging das zu langsam. Vergebens zauste er das Eseltier mit seinen kleinen Händen im

zottigen Fell, stieß es mit den Beinchen in die Seiten oder suchte es durch kleine Zurufe zu ermuntern. Der Esel blieb in seinem Gang, und die Jungfrau Maria, die lächelnd hinter ihrem Kinde schritt, trieb ihn nicht an.

Wie sie nun in diesem Aufzug, oftmals gehemmt durch ein sanftes Stehenbleiben des Tieres, vor dem Spielwarenstand anlangten, gewahrte Jesus an der Ecke das Bündel Peitschchen; er ergriff, indem er seinen Esel herantrieb, als rechter Herr der Welt eines am Stiel und zog es, ohne viel zu fragen, aus der Schlinge, in der es mit seinen Kameraden aufgehängt war. Dann schwang er es lustig über seinem Reittier.

»Halt! Nicht!« rief die Magd, und auch die Kinder wollten Halt! Nicht! rufen und krausten die Gesichter. Aber sie brachten keinen Ton aus den Kehlen. Das Jesuskind blickte sie nur aus seinen unergründlichen Augen einmal freundlich und sieghaft an. Da war es, als ob es um sie geschehen wäre. Der Atem stockte ihnen, alle drei griffen nacheinander, als müßten sie sich an etwas festhalten, und in einer süßen Bangigkeit der Herzen folgte sie mit den Augen dem wundersamen Knaben, der sie mit einem einzigen Blick in seinen Bann getan hatte, wie sie wohl selbst ein paar Wasserkäfer in ein Glas steckten. »Wer ist denn das?« fragten sie einander leise, ohne sich anzusehen. Und als nun gar noch eine überirdisch hohe Frau an ihnen vorüberzog und sie mit einem seltsam fremden Gruß zu streifen schien und es ihnen so ganz weihnachtlich zumute wurde, da sagte die Älteste vorsichtig: »Es könnte beinahe das Christkind gewesen sein.«

»Was du nur immer hast!« sagte die Jüngere. »Natürlich war es das Christkind! Einem andern Kind hätten wir das Peitschchen doch gar nicht gelassen.«

»Welches war das Christkind?« fragte der Junge. »Wenn ihr es gesehen habt, will ich es auch gesehen haben.«

»Das auf dem Esel«, sagten die beiden andern nun sehr bestimmt.

»Das auf dem Esel? Ja!« sagte der Knabe. »Wenn es nicht das Christkind gewesen wäre, hätte es auch das Peitschchen gar nicht nehmen dürfen.«

»Wir hätten doch einem andern Kind das Peitschchen gar nicht gelassen«, sagte das zweite Mädchen wieder. »Und wir mußten es ihm doch lassen.«

In diesen Worten fanden die Kinder eine vollkommene Sicherheit, und alle drei waren so gewiß, das Christkind von Angesicht zu Angesicht gesehen zu haben, wie es gewiß war, daß sie die Kinder ihrer Mutter waren. Und dann kam ihnen immer wieder der wundersame Blick des schönen Knaben, der Gruß der hochgewachsenen Frau wie in einem verklärten Schein zurück und erfüllte sie mit einer geheimnisvollen Erregung.

Die Morgenglocken von Sankt Baafs erklangen feierlich über ihnen, und der Weihnachtstag mit seinen Wundern zog herauf. Die Kinder hatten den Christusknaben gesehen, und wer es ihnen bestritten hätte, den hätten sie mitleidig ausgelacht.

Da kam die Mutter. »Mutter, wir haben das Christkind gesehen«, riefen sie alle drei. Aber es war ihnen gar nicht lieb, als ihre Mitteilung nicht recht verfing, die Mutter vielmehr nur belustigt schien und sagte: »So? Da habt ihr was Rechtes gesehen! Und was wünscht sich nun jedes zu Weihnachten?«

Daß das Christkind das Peitschchen genommen hat, sagen wir jetzt lieber nicht, dachten die drei und antworteten auf die Frage ihrer Mutter. »Ich wünsche mit einen Kreisel und ein Peitschchen«, sagte die Älteste. »Und ich auch«, sagte die Jüngere. »Und ich auch«, rief der Junge.

»Wenn es am Abend nicht verkauft ist«, erwiderte die Mutter und betrat den Stand. Die Käufer drängten sich, der kurze Tag brach an, die Lampen wurden gelöscht, und auch für die Kinder verschwanden die Ereignisse des Morgens im Grau des Tageslichts und im Gesumme des geschäftigen

Treibens auf dem großen Markt. Zudem begann die Qual der Erwartung sie zu erfüllen, ob denn für jedes am Abend ein Kreisel und ein Peitschchen übrig sein werde. Und dies alles beschäftigte sie zu sehr, als daß sie an anderes hätten denken mögen. Jedesmal, wenn ein Käufer herantrat und einen Kreisel oder ein Peitschchen verlangte, gab es in drei kleinen Herzen drei kleine Stiche, und wenn einer einen Kreisel mitsamt einem Peitschchen kaufte, waren die drei Stiche in den Herzen noch deutlicher fühlbar.

Aber ihre Qualen wurden immer größer und ihre Gesichter immer länger. Der hochgetürmte Haufen von Kreiseln nahm reißend ab, und das dicke Bündel Peitschchen wurde schmächtiger und schmächtiger. Noch einmal schüttete die Magd einen Sack Kreisel auf den Tisch, und noch ein Bündel Peitschchen wurde an der Ecke der Bude aufgehängt. Dann war der Vorrat erschöpft. Die Kinder merkten gar nicht, daß auch die Puppen weniger wurden und die Trommeln und die Glasröhren mit den steigenden Männchen und die Spieldosen und die Bälle. Als der Tag vorüber war und die Stände überall geschlossen wurden, war in ihrem Stand alles ausverkauft. Nur drei Kreisel, die ganz allein aus der Fülle der Dinge übriggeblieben waren, lagen verlassen an der Stelle, wo der Haufen gewesen war. Aber kein Peitschchen war mehr da, sie anzutreiben, und so schienen die Kreisel völlig nutzlos und überflüssig.

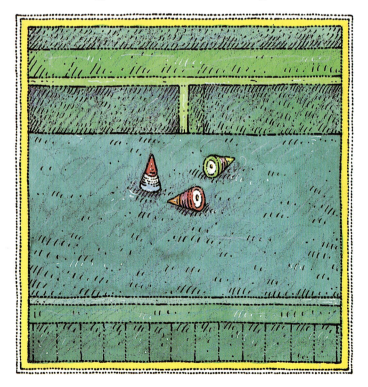

Die Mutter überblickte ihren Stand, freute sich des guten Geschäftes und hohen Erlöses, den ihr der Tag gebracht, und hatte die Kinder ganz vergessen. Jetzt bemerkte sie sie wieder, wie sie traurig dasaßen und ihnen das Weinen nahe war.

»Nun? Was ist?« fragte sie. Aber das war schon wie ein Stoß. Die Kinder brachen in helle Tränen aus, und schnelle Perlchen rollten unaufhaltsam über ihre Kittel.

»Nun haben wir kein einziges Peitschchen«, jammerten sie durcheinander; »was sollen uns jetzt die Kreisel!«

Die Mutter rückte zwischen sie, wußte aber noch keinen Trost.

»Und das letzte Peitschchen hat uns das Christkind auch noch weggenommen«, klagte der Junge.

»Das Christkind?« fragte die Mutter.

In diesem Augenblick öffneten sich, langsam und weit, die Flügeltüren am Hauptportal von Sankt Baafs, was sonst nur bei den feierlichsten Gelegenheiten geschah; denn die Menschen gingen seitlich durch zwei kleine Pforten ein und aus. Die Flügeltüren öffneten sich, und heraus trat die überirdische Frau, die in der Frühe die Kinder so seltsam gegrüßt hatte.

»Das ist sie, die mit dem Christkind war!« flüsterten die Kinder und krochen eng an ihre Mutter heran. Und während alle vier kein Auge von der Gestalt wenden konnten, schritt diese ruhig auf den leeren Verkaufsstand zu. Wieder, wie am Morgen, stockte den Kindern der Atem, wieder griffen sie nacheinander, als müßten sie sich an etwas festhalten, und in einer süßen Bedrängnis der Herzen ergaben sie sich darein, daß ihnen etwas widerfuhr, was ihnen nie wieder in ihrem Leben widerfahren würde. Die Frau aber trug das Peitschchen in der Hand, das Jesus in der Frühe aus dem Bündel an der Ecke der Bude herausgezogen hatte, reichte es mit einer unnachahmlichen Bewegung der Mutter hin und sprach:

»Dies Peitschchen gehört wohl in diesen Stand.« Darauf streifte sie die Mutter und die Kinder mit ihrem Gruß, wendete sich und trat, wie sie gekommen, in die große Kirchentür zurück, deren Flügel sich hinter ihr schlossen.

Den Kindern war es eng und heiß und doch auch wieder weit und frei, und obzwar sie anfänglich etwas enttäuscht schienen, ging ihnen doch bald der Sinn auf: daß sie nämlich nun gar kein Peitschchen hätten, weil es längst mit den andern verkauft worden wäre, wenn das Christkind ihnen nicht am Morgen dieses Tages eines weggenommen hätte. Da wurden ihre Augen hell, und sie sahen einander an. Die Mutter küßte ihre Kinder. Wie auf Verabredung ergriff jedes einen der drei Kreisel, alle drei faßten das Peitschchen an, als ob es ein langer Spieß wäre, und so trugen sie ihre Geschenke in einem glücklichen kleinen Triumphzug nach Hause. Mit dem Peitschchen hatte es aber eine besondere Bewandtnis. Denn obgleich ein Peitschchen für drei Kreisel und drei Kinder reichlich wenig schien, entstand doch nie ein Streit darum. Es wurde den Kindern wie zu einem Wahrzeichen, daß Menschen alles miteinander teilen können.

Seit jener Zeit geht in Flandern eine Redensweise. Wenn mehrere so recht miteinander einig sind, sagt man wohl von ihnen: »Ach, die! Die haben ein Peitschchen miteinander.«

RUDOLF BINDING

Wie Till Eulenspiegel Weihnachten gestohlen hat

Eine leichte Schneedecke lag über der Stadt Sterkdam in Holland. Es war der Tag vor Weihnachten, aber die Menschen waren traurig. Es gab Krieg zwischen Holland und Spanien, und hundert grimmige Soldaten, bewaffnet mit Flinten, Piken und Schwertern umzingelten die Stadt. Zwölf große Kanonen schossen eiserne Kugeln über die Stadtmauern, beschädigten Häuser, zerstörten Schornsteine. Aber die tapferen Einwohner von Sterkdam wollten sich nicht ergeben.

Die Stadttore waren verschlossen, so daß die Spanier nicht hereinstürmen konnten, aber die Spanier ließen auch niemanden aus der Stadt hinaus. Lebensmittel wurden knapp, und bald gab es nichts mehr zu essen. Jedermann war hungrig, vom Bürgermeister in seinem feinen Haus bis zum einzigen Gefangenen im Gemeindegefängnis.

Der Gefangene hieß Till Eulenspiegel und war ein berühmter Dieb. Man sagte von ihm, er könne die Eier unter einer Henne stehlen oder die Brille von deiner Nase. In Sterkdam gab es nicht viel zum Stehlen, und Till ließ sich verhaften und einsperren, um Kost und Quartier für den Winter zu haben. Mittlerweile konnten sie ihm aber nicht einmal mehr eine Brotrinde geben. Er stand am vergitterten Fenster, sah in den blauen Himmel und seufzte. Ein Knabe ging unten an der Straße vorbei und weinte. Till sah hinunter und fragte: »Warum weinst du?«

»Ich bin hungrig«, sagte der Knabe. »Morgen ist Weihnachten. Es wird keine Geschenke geben und kein Weihnachtsessen. Nicht einmal der heilige Nikolaus könnte in die Stadt hereinkommen, mit all diesen Spaniern ringsherum.«

Till starrte den Jungen an und dachte an die vielen hungrigen Kinder von Sterkdam. »Vielleicht könnte ich helfen«, sagte er. »Verschaffe mir einen Kübel blauer Farbe und eine Bürste, und komm dann zurück, so schnell du kannst.«

Der Knabe eilte davon. Bald war er wieder da, mit dem Kübel und der Bürste. Till hatte immer eine lange, dünne Schnur bei sich. Jetzt rollte er sie auf und ließ sie zwischen den Gitterstäben des Fensters hinunter.

»Leg die Bürste in den Kübel und binde das Ende der Schnur an den Henkel«, sagte er.

Der Junge tat wie geheißen, und Till zog den Kübel hinauf. Er strich die Gitterstäbe des Fensters blau. Dann stellte er sich in die Ecke hinter der Tür und rief: »Auf Wiedersehen! Ich gehe jetzt!«

Der Wächter rannte herbei. Er schloß die Tür auf und öffnete sie. Das erste, was er sah, war das Fenster ohne Gitterstäbe – denn die waren so blau wie der Himmel dahinter.

»Der Gefangene ist entflohen!« rief er und rannte weg, um Hilfe zu holen. Die Zellentür ließ er offen. Till ging still aus dem Gefängnis hinaus auf die Straße. Das Bettlaken hatte er mitgenommen. Auf den Stadtmauern standen Wächter, und noch mehr Wächter gab es bei dem großen Stadttor. Auch die kleine eisenbeschlagene Tür, die zum Fluß hinausführte, wurde von einem Mann mit Flinte bewacht.

Till ging zu ihm und fragte: »Was tust du hier?«

»Meine Befehle lauten, niemanden hereinzulassen«, antwortete der Mann.

»Sehr gut«, sagte Till. »Da ich bereits herinnen bin, kannst du mich ja hinauslassen.«

120

Der Mann schloß die Tür auf. »Die Spanier werden dich töten«, warnte er Till.

»Nur wenn sie mich sehen«, sagte Till. »Aber sie werden mich nicht sehen.«

Er hüllte sich in das Bettlaken und wurde im weißen Schnee unsichtbar. Er ging über den zugefrorenen Fluß zum anderen Ufer. Im Lager der Spanier waren die Vorbereitungen für den Weihnachtsschmaus in vollem Gange: Auf langen Spießen wurde Fleisch geröstet, und aus großen eisernen Kesseln, die über dem Feuer hingen, duftete es nach köstlichen Speisen.

Till schlich zu der Rückseite eines Zeltes und schlitzte die Plache mit einem kleinen Messer auf. Er guckte durch den Schlitz. Das Zelt war leer. Er schlüpfte hinein, und als er durch den Vordereingang herauskam, trug er eine spanische Rüstung und hatte über den Arm einen großen Umhang geworfen.

Er ging hinüber zu einer der Feuerstellen und nahm sich ein Stück Fleisch. Ein spanischer Soldat hielt ihn an. »Wohin gehst du mit dem Fleisch?« fragte er. »Es ist für den General«, antwortete Till in seinem besten Spanisch. Er hüllte das Fleisch in den Umhang. Dann ging er zum nächsten Feuer und nahm ein gebratenes Huhn. »Für den General«, sagte er.

Als er nichts mehr tragen konnte, fand er eine stille Ecke, wo er das Essen ablud. Dann begann er wieder Speisen einzusammeln. Leicht wie eine Feder und still wie ein Rauchwölkchen huschte er hin und her und nahm Ketten von Bratwürsten, viele Laibe von Brot, große runde Käselaibe, Lammkeulen, gebratene Gänse, dicke Scheiben Rindsbraten und jede Art von Süßigkeiten.

Aus dem Zelt des Generals stahl Till einen riesigen Kuchen. Als er mit dem Kuchen unter dem Umhang das Zelt verlassen wollte, sagte ein Soldat: »Halt! Was hast du da?«

»Ein Geschenk des Generals für den Hauptmann«, sagte Till und ging seines Weges.

Als es dunkel wurde, verließen die Spanier ihre Wachposten, um zu Abend zu essen, und Till ging zu der ersten der zwölf Kanonen. Sie war geladen. Er nahm die Kanonenkugel heraus und stopfte Speisen ins Kanonenrohr. Das gleiche tat er bei der nächsten Kanone und der nächsten und der nächsten, bis alle zwölf statt mit Kugeln mit Essen geladen waren.

Dann suchte er den Hauptmann der Artillerie. »Herr Hauptmann«, sagte er und salutierte. »Ich bringe eine Nachricht vom General. Sie sollen heute abend alle Geschütze abfeuern, um der Stadt zu zeigen, daß wir auch am Weihnachtsabend keine Ruhe geben.«

»Aber wie können wir in der Dunkelheit zielen?« fragte der Hauptmann.

»Ich schleiche mich in die Stadt und zünde im Kirchturm eine Fackel an«, sagte Till. »Dann können Sie Ihre Kanonen auf das Licht richten. Sie müssen sie alle gleichzeitig abfeuern.«

»Du bist ein tapferer Mann«, sagte der Hauptmann.

»Ich weiß«, sagte Till bescheiden. »Also achten Sie auf mein Signal.« Er legte Helm und Rüstung ab und lief leise wie ein Schatten ans andere Ufer des Flusses.

Neben der Stadtmauer stand eine Windmühle. Die Flügeln drehten sich langsam im Abendwind. Till sprang auf den untersten Flügel. Die Windmühle trug ihn höher und höher, und als er hoch genug war, sprang er auf die Stadtmauer. Niemand hatte ihn gesehen. Alles war still. Die hungrigen Bewohner waren früh schlafen gegangen.

Till kletterte von der Mauer herunter, ging zum Hauptplatz und klopfte an jede Tür, an der er vorbeikam. »Wacht auf!« rief er. »Wacht auf! Kommt heraus!«

Die Fenster öffneten sich. Die Leute schauten heraus und riefen: »Was ist? Was ist geschehen?« Mit Flinten, Schwertern, Fackeln und Laternen bewaffnet, rannten sie auf die Straße, weil sie glaubten, die Spanier würden angreifen.

Till nahm eine Fackel und lief die Stufen zum Kirchentor hinauf, wo ihn jeder sehen konnte. »Hört zu!« schrie er, »der heilige Nikolaus wird gleich zu uns kommen.«

Der Bürgermeister, der seine Nachthaube aufhatte, schrie: »Das ist doch der Dieb, Till Eulenspiegel! Faßt ihn! Verhaftet ihn!«

»Wartet!« rief Till.

Aber schon eilten einige Männer mit gezückten Schwertern die Stufen zum Kirchentor hinauf. Till lief in die Kirche, schlug die Tür zu, verriegelte sie und sprang hinauf in den Turm, wo die großen Glocken hingen. Er lehnte sich hinaus und winkte mit der Fackel. Die Leute starrten mit offenen Mündern zu ihm hinauf.

»Schießt auf ihn«, befahl der Bürgermeister. »Er ist mit dem Feind im Bunde!«
Die Männer richteten die Flinten auf Till. Aber bevor sie abfeuern konnten – Bumm! – donnerten die spanischen Kanonen. Und es fielen gebratene Gänse und Hühner, Süßigkeiten und Brotlaibe vom Himmel. Runde Käselaibe sprangen auf den Dächern der Häuser umher. Eine Lammkeule fiel einer Frau in die Arme. Eine Kette von Bratwürsten schlang sich um den Hals eines Mannes. Der große Kuchen des Generals flog gegen den Kopf des Bürgermeisters, der ohnmächtig niedersank.
»Frohe Weihnachten!« rief Till vom Glockenturm. Die Menschen jubelten und sammelten das gute Essen von der Straße auf. Dann wurde ein Freudenfeuer auf dem Hauptplatz angezündet, und man feierte bis zum Morgengrauen.
Als am Weihnachtsmorgen die Glocken zu läuten begannen, erschien am Horizont eine Armee holländischer Soldaten, die gegen die Spanier anrückten. Die Spanier liefen davon – sie ließen ihre Zelte zurück, ihre Kochtöpfe und sogar ihre Kanonen. Das Stadttor wurde geöffnet, und jeder fiel jedem in die Arme.
Am Abend des gleichen Tages gab es eine feierliche Zeremonie. Der Bürgermeister überreichte Till eine goldene Kette mit einer Medaille, darauf stand: »Dem Dieb Till Eulenspiegel, der für die Bewohner von Sterkdam Weihnachten gestohlen hat.«

Jay Williams

Die Weihnachtsmaus

Die Weihnachtsmaus ist sonderbar
(Sogar für die Gelehrten),
Denn einmal nur im ganzen Jahr
Entdeckt man ihre Fährten.

Mit Fallen oder Rattengift
Kann man die Maus nicht fangen.
Sie ist, was diesen Punkt betrifft,
Noch nie ins Garn gegangen.

Das ganze Jahr macht diese Maus
Den Menschen keine Plage.
Doch plötzlich aus dem Loch heraus
Kriecht sie am Weihnachtstage.

Zum Beispiel war vom Festgebäck,
Das Mutter gut verborgen,
Mit einemmal das Beste weg
Am ersten Weihnachtsmorgen.

Da sagte jeder rundheraus:
Ich hab es nicht genommen!
Es war bestimmt die Weihnachtsmaus,
Die über Nacht gekommen.

Ein andres Mal verschwand sogar
Das Marzipan vom Peter,
Was seltsam und erstaunlich war,
Denn niemand fand es später.

Der Christian rief rundheraus:
Ich hab es nicht genommen!
Es war bestimmt die Weihnachtsmaus,
Die über Nacht gekommen!

Ein drittes Mal verschwand vom Baum,
An dem die Kugeln hingen,
Ein Weihnachtsmann aus Eierschaum
Nebst andren leckren Dingen.

Die Nelly sagte rundheraus:
Ich hab es nicht genommen!
Es war bestimmt die Weihnachtsmaus,
Die über Nacht gekommen.

Und Ernst und Hans und der Papa,
Die riefen: Welche Plage!
Die böse Maus ist wieder da,
Und just am Feiertage!

Nur Mutter sprach kein Klagewort.
Sie sagte unumwunden:
Sind erst die Süßigkeiten fort,
Ist auch die Maus verschwunden!

Und wirklich wahr: die Maus blieb weg,
Sobald der Baum geleert war,
Sobald das letzte Festgebäck
Gegessen und verzehrt war.

Sagt jemand nun, bei ihm zu Haus –
Bei Fränzchen oder Lieschen –
Da gäb' es keine Weihnachtsmaus,
Dann zweifle ich ein bißchen!

Doch sag ich nichts, was jemand kränkt!
Das könnte euch so passen!
Was man von Weihnachtsmäusen denkt,
Bleibt jedem überlassen!

JAMES KRÜSS

Der Mann im braunen Mantel

»Das Dumme an Weihnachten«, sagte Jeremy James, »ist die Zeit danach.«

»Die Zeit wonach?« sagte Mama – sie schmückte gerade den Weihnachtsbaum ab.

»Nach Weihnachten«, sagte Jeremy James.

»Ich dachte immer, die Zeit dazwischen«, sagte Papa und versuchte krampfhaft, sich einer Papierkette zu entwinden, die sich hartnäckig dagegen sträubte.

»Nein, die Zeit dazwischen ist eigentlich in Ordnung«, sagte Jeremy James, »weil man sich da auf die Geschenke freuen kann. In der Zeit danach kann man sich auf nichts mehr freuen.«

»Das stimmt«, sagte Papa, »man kann sich höchstens auf *nächstes* Weihnachten freuen.«

»Das ist zu lang«, sagte Jeremy James.

»Genau wie diese verdammte Papierkette«, sagte Papa. »Die reinste Boa Constrictor, aber keine Papierkette!«

»Ich finde, Weihnachten sollte fast jeden Tag sein«, sagte Jeremy James, »dann könnten wir uns die ganze Zeit freuen.«

»Wenn jeden Tag Weihnachten wäre, würde man nie mit der Arbeit fertig«, sagte Mama.

Das war eine typische Erwachsenenbemerkung. Die Erwachsenen schienen zu glauben, die Arbeit ist das einzige, worauf es ankommt – Spiel und Spaß sind daneben ganz und gar unwichtig. Das Leben war für sie Kartoffeln, Fleisch und Kohl – Eis (eine winzige Portion) gab es nur, wenn »es die Zeit erlaubte«. Die Erwachsenen schienen nicht zu merken, daß sie *viel* glücklicher waren, wenn sie Spiele spielten und sich Geschenke machten. Jeremy James war dann nämlich auch viel glücklicher. Sie brauchten ja nur so zu tun, als sei jeden Tag Weihnachten, dann wären sie bis an ihr Lebensende glücklich und zufrieden. Wozu überhaupt arbeiten, wenn man sich damit bloß den Spaß verdarb?

»Warum *muß* man überhaupt arbeiten?« sagte Jeremy James.

»Gute Frage«, sagte Papa. »Ich frag mich das manchmal auch.«

»Wenn Papa nicht arbeiten würde«, sagte Mama, »hätten wir kein Geld, um unser Haus zu bezahlen, kein Geld zum Essen, Kleider kaufen und für alles andere. Und wenn ich nicht arbeiten würde, hättest du nichts zu essen und anzuziehen und das Haus wäre ... noch unordentlicher, als es schon ist.«

»Vielleicht könntet ihr immer einen Tag arbeiten und am nächsten Tag Weihnachten feiern«, sagte Jeremy James, »das wäre gerecht.«

Papa war einverstanden, und Mama sagte, vielleicht tun sie das, wenn die Kohlen mal stimmen, und Jeremy James sagte, er wüßte gar nicht, daß sie Kohlen hätten, und Mama sagte, das sollte bloß heißen, wenn sie sehr reich seien, und Papa sagte, ebensogut könnte man auch sagen, wenn Schweine eines Tages mal Flügel haben.

»Jedenfalls«, sagte Papa, »ich finde, Jeremy James hat recht. Wenn wir das ganze Jahr Weihnachten feierten, wären die Menschen glücklicher, die Welt wäre schöner, und ich brauchte mich nicht mit diesen verdammten Papierketten herumzuschlagen.«

Es bestand kein Zweifel – Weihnachten war ein für allemal vorbei. Der Truthahn, der Weihnachtspudding und die Pasteten waren verspeist, der Weihnachtsbaum wurde abgeschmückt, die Post brachte keine Pakete und Weihnachtskarten mehr, und sogar der knirschende, weiße Schnee hatte grauem Matsch Platz gemacht. Es war, als ob sich die ganze Welt zum Kranksein entschlossen hatte. Jeremy James fühlte sich elend und niedergeschlagen, bis er plötzlich eine sehr interessante Idee hatte.

»Sind die Geschäfte jetzt wieder offen?« fragte er.

»Ja«, sagte Mama.

»Aha!« sagte Jeremy James. Die interessante Idee wurde immer interessanter. »Ich hab noch ein bißchen Geld von Weihnachten übrig«, sagte Jeremy James.

»So?« sagte Mama.

»Ja«, sagte Jeremy James.

Einen Augenblick lang herrschte Schweigen. Mama schien nicht zu begreifen, daß Jeremy James eine interessante Idee hatte.

»Wenn die Geschäfte offen sind«, sagte Jeremy James, »könnte ich doch etwas von meinem Geld ausgeben.«

»Ich hab jetzt keine Zeit zum Einkaufen, mein Junge«, sagte Mama, die mit dem Abschmücken des Weihnachtsbaumes beinah fertig war und nun Papa abschmückte.

»Kann ich bloß mal zu dem Süßwarenladen um die Ecke?« fragte Jeremy James.

»Ja, das kannst du«, sagte Mama. »Aber mehr als fünfzig Pfennig gibst du nicht aus!«

Das machte die interessante Idee etwas weniger interessant, als sie zuerst gewesen war, aber fünfzig Pfennig ausgeben war immer noch wesentlich interessanter als gar nichts auszugeben.

»Kann ich mit meinem neuen Dreirad hinfahren?« fragte Jeremy James.

»Wenn du nicht auf der Straße fährst, ja«, sagte Mama.

»Alles Bürgersteig bis dahin«, sagte Papa. »Aber fahr keine Omas um, und überschreite ja nicht die Geschwindigkeitsbegrenzung!«

Die interessante Idee wurde zur interessanten Wirklichkeit. Jeremy James, in Schal und Mantel eingepackt, ließ funkelnde fünfzig Pfennig in seine lederne Satteltasche gleiten, klingelte laut mit seiner funkelnden silbernen Klingel und begab sich an den Start, um einen neuen Dreirad-Weltrekord auf der mit spritzendem, schmatzendem, schleimigem Matsch bedeckten Strecke zwischen zu Hause und dem Süßwarenladen aufzustellen. Kein Mensch war auf dem Bürgersteig, und mit einem lauten »Brrm« gab Jeremy kräftig Gas, seine Beine wirbelten durch die Luft wie rosa Feuerräder. Als er sich der Ecke näherte, ging er mit dem Tempo ein bißchen runter, ließ ein lautes »Errgh« ertönen, das jedem Weltmeister Ehre gemacht hätte, und raste schnurstracks in einen weichen, braunen Haufen, der ganz wabbelig und verschrumpelt war und ein Geräusch von sich gab, das ziemlich ähnlich klang wie Jeremy James' »Errrgh«, bloß lauter und tiefer. Als die weiche, verschrumpelte, braune Masse sich vom Bürgersteig wieder aufgerappelt hatte, stellte Jeremy James fest, daß es sich um einen Mann in einem braunen Mantel handelte. Der Mann in dem braunen Mantel war offensichtlich nicht gerade begeistert von seiner ersten Begegnung mit Jeremy James; als er sich den Matsch vom Mantel klopfte, guckte er ziemlich wütend auf Dreirad und Fahrer und sagte:

»Paß doch auf, wo du hinfährst mit dem Ding! Kannst einen ja umbringen damit! Jawohl, umbringen!«

»Tut mir schrecklich leid«, sagte Jeremy James, »ich hab dich nicht gesehen!«

»Um die Ecke gucken kann ja wohl auch keiner«, sagte der Mann im braunen Mantel. »Deshalb soll man langsam um die Ecken fahren. Dann rast man nicht in andere Leute und bringt sie um!«

Der Mann im braunen Mantel war ziemlich alt, und sein Mantel war auch ziemlich alt, der war nämlich ganz zerrissen und abgewetzt. Als er da-

mit aufgehört hatte, Jeremy James wütend anzugucken, wurde sein Gesicht sanfter, obwohl es mit sperrigen Stoppeln übersät war und nicht gerade sehr sauber schien.

»Das hast du wohl zu Weihnachten gekriegt, was?« sagte er und nickte in Richtung Dreirad.

»Ja«, sagte Jeremy James, »und es hat eine Klingel *und* eine Satteltasche.«

»Sieht man«, sagte der Mann. »Solide gebaut, das hab ich gespürt. Wenn einem so ein solides Ding in die Knochen fährt, dann merkt man, *wie* solide es ist.«

Der Mann im braunen Mantel setzte sich auf eine Vorgartenmauer und zog eine halbgerauchte Zigarette aus der Tasche. Jeremy James stellte fest, daß der Mann graue Handschuhe trug, wo oben die Finger aus den Spitzen rausguckten, und an

den Füßen trug er schwarze Schuhe, wo vorne die Zehen rausguckten.

»Frieren dir nicht die Finger und Zehen?« fragte er den Mann.

»Weiß ich nicht«, sagte der Mann, »ich spür sie nicht mehr.«

»Warum hast du nicht dem Weihnachtsmann gesagt, er soll dir Handschuhe und Schuhe zu Weihnachten bringen?« sagte Jeremy James. »Jetzt ist es zu spät.«

»Der Weihnachtsmann bringt mir sowieso nichts«, sagte der Mann. »Für solche wie mich hat er keine Zeit.«

»Hast du *gar keine* Weihnachtsgeschenke gekriegt?« fragte Jeremy James. »Nicht mal von deiner Mama und deinem Papa?«

»Hätte mich sehr gewundert«, sagte der Mann, »die sind nämlich schon zwanzig Jahre tot. Nee, mein Junge, so alten Männern wie mir schenkt keiner mehr was. Die Leute gehn an mir vorbei, oder sie rennen mich um.«

»Ich wollte dich ja nicht umrennen«, sagte Jeremy James. »Und ich habe auch ›Entschuldigung‹ gesagt.«

»Weiß ich, Junge«, sagte der Mann. »Und du hast ja auch mit mir geredet.«

Der Mann zog an seiner Zigarette und blies eine kleine Rauchwolke in die Luft. Er war wirklich ziemlich dreckig. Seine Haare, sein Gesicht, seine Sachen und sogar seine Fingernägel waren dreckig.

»Warum bist du so dreckig?« fragte Jeremy James.

»Alles bloß Schutz«, sagte der Mann. »Dreck schützt gegen die Kälte, verstehst du. Wenn der Weihnachtsmann mir ein schönes warmes Haus, schöne saubere Sachen und ein schönes warmes Weihnachtsessen bringen würde, dann brauchť ich auch den ganzen Dreck nicht.«

»Ich glaube, der Weihnachtsmann bringt solche Sachen nicht einfach so als Geschenk«, sagte Jeremy James, »dafür muß man arbeiten.«

»Da hast du recht«, sagte der Mann, »deshalb bin ich so dreckig.«

Trotzdem fand Jeremy James es ein bißchen ungerecht, daß der Mann im braunen Mantel gar nichts zu Weihnachten gekriegt hatte, und er hatte wieder eine sehr interessante Idee. Sie mußte aber noch ein bißchen ausgebrütet werden, denn fünfzig Pfennig sind schließlich fünfzig Pfennig, aber das Brüten dauerte nicht lange.

»Kannst du mal einen Augenblick warten?« fragte Jeremy James.

»Ich glaub schon«, sagt der Mann. »Hab heute keine dringenden Verabredungen.«

»Brrm, brrrmm«, machte Jeremy James und raste mit Rekordgeschwindigkeit los. »Bin in einer Minute wieder da«, rief er noch im Losfahren.

Und tatsächlich war er in einer Minute wieder da. Mit lautem »Errgh« stoppte er quietschend neben

dem Mann im braunen Mantel. Dann stieg er von seinem Dreirad und ging an die Satteltasche.
»Augen zu und Hand hinhalten«, sagte er zu dem Mann im braunen Mantel. Der Mann tat wie befohlen, und als er die Augen wieder aufmachte, stellte er fest, daß er eine volle Schachtel Lakritzbonbons in der Hand hielt.
»Ein Weihnachtsgeschenk«, sagte Jeremy James. Der Mann im braunen Mantel sah erst die Schachtel Lakritzbonbons und dann Jeremy James an. Dann sah er wieder die Schachtel und dann wieder Jeremy James an.
»Wie heißt du, Junge?« sagte er schließlich.
»Jeremy James«, sagte Jeremy James.
»Jeremy James«, sagte der Mann, »das ist das beste Weihnachtsgeschenk, das ich je gekriegt habe. Und wenn es von Jesus selber käme – es könnte nicht schöner sein. Ich werd dich nicht vergessen, Jeremy James!«
Dann stand der Mann im braunen Mantel auf und klopfte Jeremy James sanft mit einer Hand in dem kaputten Handschuh auf den Kopf.
»Muß jetzt weiter. Aber ich werd an dich denken, Jeremy James!«
»Frohe Weihnachten!« sagte Jeremy James.
»Dir auch!« sagte der Mann.
Und dann ging der Mann langsam in die eine Richtung, und Jeremy James raste mit Höchstgeschwindigkeit in die andere. Es hat doch sehr viel für sich, dachte Jeremy James bei sich, wenn jeden Tag Weihnachten ist.

DAVID HENRY WILSON

Rumpelpumpel

Am Tage nach Weihnachten lag eine kleine Puppe ganz einsam auf der Straße und weinte. Heinerle kam vorbei und fragte: »Warum weinst du denn?«
»Mich hat gestern der Nikolaus aus dem Sack verloren – huhu!«
»Wie heißt du denn?«
»Ich heiße Rumpelpumpel.«
»Willst du mit mir kommen?«
»Ja.«
Da nahm Heinerle die kleine Puppe mit nach Hause. Dann fragte er Rumpelpumpel: »Willst du in meinem Bett schlafen?«
»Nein, dein Bett ist mir zu groß.«
»Oder willst du in meinem Schuh schlafen?«
»Nein, dein Schuh ist mir zu klein.«
»Oder willst du auf dem Teppich schlafen?«
»Nein, der Teppich ist mir zu hart.«
»Oder willst du in der Badewanne schlafen?«
»Nein, die Badewanne ist mir zu naß.«
»Oder willst du auf dem Dach schlafen?«
»Nein, das Dach ist mir zu hoch.«
»Oder willst du im Schrank schlafen?«
»Nein, im Schrank ist es mir zu dunkel.«
»Ja, wo willst du denn schlafen?«
»Ich will im Puppenwagen schlafen.«
Da holte Heinerle den Puppenwagen und legte Rumpelpumpel hinein. Dann sang er Rumpelpumpel noch ein Schlaflied vor, und dann schlief Rumpelpumpel ein.

HEINRICH HANNOVER

Die Weisen und Könige knieten hin

Die Weisen und Könige knieten hin
Und fühlten des Lebens geheiligten Sinn;
Die Weisen und Könige hatten das Glück
Gesehn und gewonnen und reisten zurück.

OTTO JULIUS BIERBAUM

Die heiligen drei Könige

Wir sind die drei heiligen Könige
und folgen unserm Stern,
er ist uns vorausgezogen
über den Himmelsbogen.
Jetzt bleibt er stehn. Ganz fern!

Der Stern steht hoch am Himmel
und leuchtet hell und froh:
Kommt, ihr heiligen Könige,
da liegt ein Kind im Stroh!

Die heiligen Könige kommen geschwind
und finden im Stroh ein kleines Kind.

Sie beugen sich nieder und beten es an.

Und weil es schläft,

gehn sie leise wieder fort.

Und der Stern leuchtet ihnen,
damit sie gut nach Hause kommen.

FRIEDL HOFBAUER

Die Heil'gen Drei Könige aus dem Morgenland,
Sie frugen in jedem Städtchen:
»Wo geht der Weg nach Bethlehem,
Ihr lieben Buben und Mädchen?«

Die Jungen und Alten, sie wußten es nicht,
Die Könige zogen weiter.
Sie folgten einem goldenen Stern,
Der leuchtete lieblich und heiter.

Der Stern blieb stehn über Josefs Haus,
Da sind sie hineingegangen.
Das Öchslein brüllte, das Kindlein schrie,
Die Heil'gen Drei Könige sangen.

HEINRICH HEINE

Wir kommen daher ohn' allen Spott,
ein' schön' guten Abend geb euch Gott.

Wir kommen hierher von Gott gesandt
mit diesem Stern aus Morgenland.

Wir zogen daher in schneller Eil',
an dreißig Tagen vierhundert Meil'.

Wir kamen von Herodes Haus,
Herodes schaut zum Fenster heraus:

»Ihr lieben drei Weisen, wo wollt ihr hin?« –
»Nach Bethlehem steht unser Sinn;

nach Bethlehem, in Davids Stadt,
allwo der Herr Christ geboren ward.«

»Ihr lieben Weisen, bleibt heute bei mir,
ich will euch geben gut Quartier.« –

»Ach, lieber Herodes, das kann nicht geschehn,
wir müssen den Tag noch weiter gehn.«

Wir zogen miteinander den Berg hinaus,
wir sahen, der Stern stand über dem Haus.

Wir fanden das Kind, war nackend und bloß,
Maria nahm's auf ihren Schoß.

Und Joseph zog sein Hemdlein aus,
gab's Maria, die macht' Windeln draus.

Wir taten unsre Schätze auf
und schenkten dem Kind Gold, Weihrauch.

Gold, Weiherauch und Myrrhen fein:
Das Kind soll unser König sein!

VOLKSGUT

Hätt' einer auch fast noch mehr Verstand
Als die drei Weisen aus Morgenland
Und ließ sich dünken und wäre wohl nie
Dem Sternlein nachgereist wie sie,
Dennoch, wenn uns das Weihnachtsfest
Seine Lichtlein wonniglich scheinen läßt,
Fällt auch auf sein verständig Gesicht,
Er mag es merken oder nicht,
Ein freundlicher Strahl
Vom Wunderstern von dazumal.

WILHELM BUSCH

Die heil'gen drei König' mit ihrem Stern,
Sie essen, sie trinken, und bezahlen nicht gern;
Sie essen gern, sie trinken gern,
Sie essen, trinken, und bezahlen nicht gern.

Die heil'gen drei König' sind kommen allhier,
Es sind ihrer drei und sind nicht ihrer vier;
Und wenn zu dreien der vierte wär',
So wär' ein heil'ger drei König mehr.

Ich erster bin der weiß' und auch der schön',
Bei Tage solltet ihr erst mich sehn!
Doch ach, mit allen Spezerein
Werd' ich sein Tag kein Mädchen mir erfrein.

Ich aber bin der braun' und bin der lang',
Bekannt bei Weibern wohl und bei Gesang.
Ich bringe Gold statt Spezerein,
Da werd' ich überall willkommen sein.

Ich endlich bin der schwarz' und bin der klein'
Und mag auch wohl einmal recht lustig sein.
Ich esse gern, ich trinke gern,
Ich esse, trinke und bedanke mich gern.

Die heil'gen drei König' sind wohlgesinnt,
Sie suchen die Mutter und das Kind;
Der Joseph fromm sitzt auch dabei,
Der Ochs und Esel liegen auf der Streu.

Wir bringen Myrrhen, wir bringen Gold,
Dem Weihrauch sind die Damen hold;
Und haben wir Wein von gutem Gewächs,
So trinken wir drei so gut als ihrer sechs.

Da wir nun hier schöne Herrn und Fraun,
Aber keine Ochsen und Esel schaun,
So sind wir nicht am rechten Ort
Und ziehen unseres Weges weiter fort.

JOHANN WOLFGANG VON GOETHE

Der echte Dreikönigszug

Lange Zeit hatten wir uns nicht darüber einigen können, wer nun eigentlich den Mohren darstellen dürfe; denn den Spaß, mit rußgeschwärztem Gesicht von Haus zu Haus zu gehen, wollte sich keiner von uns entgehen lassen; schließlich hatte ich den Gedanken aufgebracht, daß nur jener einen würdigen Mohrenkönig abgebe, der mit dem schwarzen Gesicht auch ein entsprechend königlich-afrikanisches Kostüm aufzuweisen habe, und so kam es, daß Willi freiwillig zurücktrat und sich für die Rolle des Königs Melchior entschied, zumal er als Oberministrant bereits das Rauchfaß bediente und leicht echten Weihrauch beizubringen wußte, ohne den nun einmal König Melchior nicht zur Anbetung des Kindes ausziehen darf.

So stand die Wahl, wer als König Kaspar und wer als Balthasar die Reise nach Bethlehem antreten werde, nur noch zwischen dem Karrer-Hans und mir offen; und es hätte nicht viel gefehlt, so wäre ich als schwarzer König daraus hervorgegangen, weil ich den Rest einer roten Fahne, die ich auf unserem Dachboden gefunden hatte, als besonders kleidsames und majestätisches Kostüm aufweisen konnte. Aber da fiel die entscheidende Frage: »Hast du auch eine Myrrhe?«

Der Karrer-Hans hatte diese Frage natürlich nur gestellt, um Zeit zu gewinnen; denn was eine Myrrhe sei, wußte er ebensowenig wie Willi oder ich.

Damit waren wir mit unserer Beratung am toten Punkt angekommen; und weil keiner von uns dreien auch nur irgendeinen Ersatz für eine Myrrhe vorschlagen konnte, brachen wir unsere Sitzung hinter dem Opacher-Stadel ab und vertagten unsere Besprechung auf den nächsten Abend.

Als ich nach Hause kam, wurde bereits das Abendessen auf den Tisch gestellt: ich stierte in die Schüssel, ohne zu sehen, was darin dampfte, ich aß wenig und hastig, so daß man mich mit mißtrauischen Augen musterte. Und kaum war das Gebet gesprochen, machte ich mich in einem Wandschränkchen zu schaffen, darin ich zwischen Wollknäueln und Zeitungen eine Legende wußte, also ein frommes Buch, das die Evangelien der Sonn- und Festtage nebst ihrer Erklärung in sich barg.

Mit einiger Mühe fand ich schließlich das Fest der Heiligen Drei Könige oder Epiphanie, was zu deutsch »Erscheinung des Herrn« heißt, wie daneben vermerkt stand. Dann saß ich unter der Lampe am Tisch, den Kopf mit beiden Händen stützend, und las zum erstenmal die Begebenheit von den drei Weisen, die aufgebrochen waren, um den Messias zu suchen und anzubeten. Dabei fiel mir unangenehm auf, daß in dem Bericht mit keinem Wort erwähnt war, daß die drei Könige von Haus zu Haus gezogen seien oder daß sie Verse aufgesagt und dafür Süßigkeiten, Lebkuchen oder andere weihnachtliche Raritäten erhamstert hatten, wie wir es vorhatten. Das Schlimmste aber war, daß selbst in diesem dicken Buch nicht der geringste Hinweis gegeben wurde, was eine Myrrhe sei; es war nur erwähnt, daß einer der Könige Gold, ein anderer Weihrauch und ein dritter die Myrrhe als Geschenk dargebracht hatte.

Plötzlich hatte ich den Eindruck, als sei es in der Stube seltsam ruhig geworden. Eine dicke, fette Winterfliege brummte mir ins Buch, und als sie verweilte, spürte ich die Stille und schaute auf. Alle sahen zu mir her, die Geschwister mit etwas Spott im Gesicht, die Eltern mit sehr besorgten Mienen; denn es war bislang noch nie passiert, daß ich so öffentlich, ja geradezu auffällig in einem frommen Buch gelesen hatte. Ich klappte es rasch zu, stieß es in den Kasten und rannte hinaus, um mich irgendeiner peinlichen Frage zu entziehen.

»Der möchte wohl Pfarrer werden«, hörte ich Max sagen. Und alle lachten. Ich nahm mir vor, Max bei nächster Gelegenheit zu verbleuen.

Am anderen Morgen erwachte ich aus dumpfen Träumen, in denen Max den Mohrenkönig und eine riesige Kiste schleppte, in der Myrrhe war. Ich wollte ihm die Kiste entreißen, aber es gelang mir nicht, so daß mir auch der Traum keine Anhaltspunkte gab, und verstimmt begann der Tag, an dem die Entscheidung fallen mußte. Aber sie fiel nicht; und ohne Hoffnung schlich ich abends

zum Opacher-Stadel zur letzten Beratung; denn morgen war der Dreikönigstag.

Der Karrer-Hans hatte mittlerweile zwar erfahren, daß aus der Myrrhe eine Arznei gemacht werde; welcher Art sie aber sei und wie sie aussah, hatte auch er nirgends erfahren können. Und zum Apotheker zu gehen, fürchteten wir uns, weil wir bei ihm noch vom Herbst her einiges gut hatten, wegen der Stachelbeeren im Apothekergarten.

Unser Dreikönigszug schien also immer fragwürdiger zu werden; denn daß er echt und genau sein müsse – darüber bestand für uns kein Zweifel; man konnte ja schließlich nicht mit Hoffmannstropfen oder Aspirin anstatt mit Myrrhe durchs Land ziehen!

Daß diese Echtheit und Genauigkeit bei uns aber überhaupt nicht gegeben war, hatte ich aus dem frommen Buch bereits erkannt, und der Zweifel der Berechtigung zu unserem Vorhaben quälte mich allmählich so sehr, daß ich mir Luft machen mußte und meinen Freunden davon mitteilte.

Sie lachten. Sie glaubten es mir nicht, sosehr ich mich auch ereiferte. »Das mußt du uns schon schwarz auf weiß beweisen«, forderte Willi. »Und wovon hätten denn die echten Dreikönige auf ihrer Reise gelebt, wenn sie nicht Gedichte aufgesagt und dafür Birnbrot bekommen hätten, he?« fragte Karrer-Hans. »Die waren doch reich«, wandte ich ein, »die konnten doch im Wirtshaus essen!« – »So – reich meinst du? Weshalb sind sie dann den ganzen Weg zu Fuß gelaufen?«

Ich kam nicht auf gegen sie. Aber ich wußte, daß sie im Unrecht waren, und machte ihnen den Vorschlag, mich das Buch holen zu lassen, damit sie sich selber überzeugen könnten, wie unecht unser geplanter Dreikönigszug ausfallen müsse.

Da eine andere Einigung nicht zustande kam und der Zweifel nun langsam auch auf die beiden Freunde übergriff, verabredeten wir uns auf den späten Nachmittag des anderen Tages, an dem jeder seine Kostüme und Beigaben – mit Ausnahme der Myrrhe – mitzubringen hätte.

Obgleich ich an diesem Abend später als erlaubt nach Hause kam, ließ man mich ungestraft, nicht etwa wegen meiner frommen Lektüre von gestern, als vielmehr wegen meiner jüngeren Schwester, die schrecklich weinte und so sehr über Zahnweh klagte, daß sie bei jedem Bissen, den sie essen sollte, in ein wahres Indianergeheul ausbrach. Als sich Vater schließlich den bösen Zahn besehen wollte, erschrak er nicht wenig; denn mein Schwesterchen hatte viele kleine schmerzhaft brennende Bläschen im Mund, was auf eine Erkrankung deuten konnte, die vielleicht ernsthafter Natur war, so daß ich fortlaufen und den Arzt herbeiholen mußte.

Der alte Doktor Binder stellte eine Entzündung des Zahnfleisches und der gesamten Mundhöhle fest, schrieb ein Rezept für eine Arznei, mit der man die Entzündung auszutupfen hätte, und schickte mich mit dem Zettel zum Apotheker.

Dort erhielt ich das Fläschchen mit der Arznei. Unter der Haustür las ich zufällig die Aufschrift auf dem Schildchen der Flasche. »Myrrhentinktur« stand darauf gedruckt. Jetzt hieß es rasch handeln.

Ehe ich also die Stube betrat, füllte ich die Tinktur in ein leeres Fläschchen, pappte ein Zettelchen an und schrieb mit Druckbuchstaben das gleiche Wort darauf. Nur ein paar Tropfen des kostbaren Inhalts behielt ich in der Originalflasche zurück.

Ich wollte meinen Sieg auskosten, als ich am

Nachmittag des 6. Januar zum Opacher-Stadel eilte, das fromme Buch unterm Arm und die Myrrhe in der Hosentasche.

Es war ein klirrend frostiger Tag, und der Hauch wehte in weißen Schwaden von unserm Mund, als wir, eng zusammenhockend, einander die Geschichte von den drei Königen vorlasen.

»Er hat recht«, sagte Willi, als wir am Ende waren, »sie haben nicht gebettelt.« – »Wozu sind sie dann eigentlich ausgezogen?« fragte der Karrer-Hansl. »Hast du doch selbst gelesen!« gab Willi zur Antwort. »Sie haben das Kind gesucht und es angebetet.« Dann war es lange still im Opacher-Stadel. Bis endlich Willi sagte: »Gehen wir also!« Wir standen auf, holten die Kostüme unter der Strohschütte heraus und zogen sie an. Ich nahm die Blechschachtel hervor, die ich mit Ruß gefüllt hatte, und machte mich schwarz; keiner erhob Einspruch. Der Karrer-Hansl zündete den Stern an und trat hinaus; es war dunkel und kalt, und die anderen Sterne leuchteten mit dem unsern um die Wette.

Schon kamen überallher Kinder und schlossen sich an, aber ihr Johlen und Schreien verstummte, als sie den unerschütterlichen Ernst in unseren Gesichtern sahen.

Bis wir zur Kirche kamen, waren wir ein langer Dreikönigszug. Es war leer und fast dunkel im Gotteshaus, und der Stern ging uns voran und blieb bei der Krippe stehen. Dort knieten wir nieder, die Kinder alle mit uns Königen. Und wir brachten unsere Gaben: Hansl einen goldenen Messingknopf, Willi den geklauten Weihrauch. Alle sahen zu mir herüber: Ich stellte die braune Flasche mit dem Etikett und den paar Tropfen Myrrhentinktur vor das göttliche Kind hin und sah, daß es über die Aufschrift auf der Flasche lächelte. Es war alles ganz echt geworden.

EDMUND JOHANNES LUTZ

Babuschka und die drei Könige

Vor vielen, vielen Jahren, da stand einmal ein kleines Haus ganz allein zwischen den Wiesen und Feldern. Dort wohnte die alte Babuschka.

Im Sommer sangen die Vögelein im Apfelbaum, aber im Winter war alles still. Auf den Wiesen und Feldern lag der Schnee.

An einem Wintertag fegte und putzte Babuschka wieder einmal ihr kleines Haus. Weil sie allein war und viel Zeit hatte, fegte und putzte sie oft so lange, bis es allmählich dunkel wurde.

Plötzlich blieb Babuschka mitten in der Stube stehen. Durch Schnee und Wind hatte sie deutlich die Stimmen von Menschen gehört. Es mußten sehr viele sein. Babuschka hörte sie näher kommen.

Als Babuschka aus dem Fenster sah, wollte sie kaum ihren Augen trauen. Da kamen zuerst drei weiße Pferde, die einen prächtigen geschmückten Schlitten zogen. Drei Männer saßen in dem Schlitten. Sie waren bunt und fremdländisch angezogen. Jeder von ihnen trug eine schwere Krone, mit Edelsteinen reich verziert. Dann kamen noch viele Männer zu Pferd oder zu Fuß, es war eine lange Reihe, und die ersten standen schon vor Babuschkas kleinem Haus.

Als es an die Tür klopfte, hätte Babuschka sich gern versteckt. Sie fürchtete sich und wartete lange. Dann aber zog sie den Riegel zurück und trat vor das Haus. Waren es Könige, die vor der Tür standen? Dunkel erinnerte sich Babuschka, daß man Menschen, die eine Krone trugen, Könige nannte. Waren sie streng und böse, wie man ihr erzählt hatte?

Aber da lächelte einer der drei Fremden und sagte freundlich: »Fürchte dich nicht! Wir sind einem hellen Stern gefolgt und suchen den Ort, wo ein Kind geboren wurde, das uns allen Freude und Erlösung bringt. Willst du nicht mitgehen, Babuschka? Wir haben den Weg verloren im tiefen

Schnee. Hilf uns den Weg wiederfinden, damit wir dem Kind unsere Gaben bringen!«

Der kurze Wintertag ging schon dem Ende zu. Babuschka sah in das Schneegestöber hinaus. »Kommt in die Stube und wärmt euch! Ich mache erst noch die Arbeit im Haus fertig. Morgen werde ich gewiß mit euch gehen.«

Doch die drei Könige wandten sich ab. »Wenn du nicht mitkommen kannst, Babuschka, wir müssen gleich wieder aufbrechen. Für uns gibt es keinen Aufenthalt.« Babuschka sah ihnen lange nach. Mit allen, die bei ihnen waren, zogen sie wieder durch Wind und Schnee über das weite Land.

Babuschka war in ihr Haus zurückgekehrt und hatte die letzte Ecke saubergemacht.

Noch lange saß sie am Tisch und dachte daran, was die drei Könige ihr von dem neugeborenen Kind erzählt hatten; daß es allen Menschen Freude und Erlösung bringen werde. Wenn ich doch mitgegangen wäre, dachte Babuschka, ich hätte das auserwählte Kind mit eigenen Augen gesehen. Und sie bereute nun, daß sie zurückgeblieben war. Auch als sie sich zum Schlafen niederlegte, fand Babuschka keine Ruhe. Sie konnte den Morgen kaum erwarten. Tief im Herzen hatte sie nur noch den einen Wunsch, das Kind zu finden und ihm Geschenke darzubringen, wie es die Könige tun wollten.

Schon in der ersten Tagesfrühe machte sich Babuschka auf den Weg. Sie trug in der Reisetasche die wenigen kleinen Geschenke, die sie in ihrer Hütte gefunden hatte. Auch wenn sie nicht kostbar waren, so hoffte Babuschka doch, daß sich das Kind darüber freuen würde.

Sie trat aus dem Haus und suchte die Spuren im Schnee, die ihr den Weg der Könige zeigen sollten, aber der Wind hatte die Spuren längst verweht.

So ging sie allein und ohne Hilfe in das verschneite Land hinein, klopfte an viele Türen und fragte: »Sind drei Könige hier vorbeigekommen? Kennt ihr das auserwählte Kind, und wißt ihr, wo es geboren wurde?« Aber nicht einer von allen konnte ihr Antwort geben.

Fremde Kinder spielten im Schnee. Babuschka sah ihnen gerne zu. Seitdem sie hinausgezogen war, um das eine Kind zu suchen, hatte sie alle Kinder liebgewonnen. Aber nicht lange durfte sie stehenbleiben.

Babuschka wanderte weiter. Schritt für Schritt, den Stock in der Hand, wanderte sie von Dorf zu Dorf. Freundlich wurde sie aufgenommen, aber vergeblich fragte sie überall:

»Wißt ihr den Weg zu dem auserwählten Kind?« Und weiter stapfte die alte Babuschka über das schneebedeckte Land. Die Wege sind weit in diesem Land, und niemand weiß, ob sie das Kind gefunden hat.

Aber die Leute erzählen, daß bis auf den heutigen Tag, wenn es Winter geworden ist, eine alte Frau durch die Straßen und Gassen geht.

Sie schaut in die Stuben hinein, und manchmal finden die Kinder am anderen Tag ein kleines Geschenk auf der Fensterbank, nur eine Zuckerstange oder ein einfaches Spielzeug.

Die gute alte Babuschka ist in der Dunkelheit an ihrem Haus vorbeigekommen.

PAUL SCHAAF

Stiefelmanns Kinder

Stiefelmanns Kinder waren sehr arm. Wenn sie das Trautchen nicht gehabt hätten, so wären sie Hungers gestorben. Aber das Trautchen fand immer noch etwas zu essen, das kochte es für sie. Es kochte eine Suppe von Rüben oder ein Mus von Kartoffeln. Dazu aßen sie trockenes Brot. Richtig satt wurden sie nur selten einmal, aber sie mußten doch nicht Hungers sterben. Das Trautchen kochte auf einem alten Öfchen, das ihre Brüder gefunden hatten. Es war nur ein kleines Öfchen, aber es hatte ein langes Rohr, das machte die Stube warm. Es war auch kein richtiges Haus mehr, in dem die Kinder wohnten. Es hatte ein Dach, es bestand aus alten Türen und Brettern und Blech, und oben darauf lagen ein paar Wackersteine gegen den Wind.

In dem kleinen Stübchen aber darunter, da wohnten nun Stiefelmanns Kinder. Da kochte das Trautchen, und da schliefen sie auch alle viere in einem einzigen Bett. Das war einstmals ein großer Schrank gewesen, schön mit Blumen bemalt, das stand dort in der Ecke, und seine Füße waren aus Ziegelsteinen. Auf der einen Seite schliefen die beiden Brüder und auf der anderen schliefen die beiden Schwestern. Denn sie waren ihrer vier, das Trautchen und die zwei Brüder, die hießen Hans und Franz, die waren fast gleich groß, und dann hatten sie noch ein Schwesterchen. Das hieß Christinchen und war noch so klein, daß es nicht weit laufen konnte. Drum hatten sie es auf dem Schlitten mitgenommen, als sie mitten im Winter von zu Hause fortmußten. Den ganzen weiten Weg war es auf dem Schlitten gesessen und immer nur ein Stückchen gelaufen, bis sie zuletzt das Häuschen gefunden hatten, in dem sie nun wohnten.

Des Abends, sobald es dunkel wurde, mußten sie immer gleich ins Bett. Denn sie hatten kein Licht, so gerne sie auch eines gehabt hätten. Sie erzählten sich dann noch eine Weile, wie es zu Hause gewesen, als ihr Vater noch nicht in den Krieg mußte und sie ihre liebe Mutter noch nicht verloren hatten.

Es gab ja auch die Abende, da war es hell in dem Stübchen. Das kam, wenn der Mond über dem Hause stand. Er schien dem Raben Kunibert auf die Federn. Die sahen dann blau aus und glänzten. Dem Raben gefiel es gut. Er schlief dann nicht, sondern begann leise in der Rabensprache zu sprechen. Da hörten die Kinder gern zu. Der Rabe Kunibert war mit ihnen gekommen, den weiten, weiten Weg von zu Hause bis hierher. Den Raben hatte schon der Vater gehabt, und der hatte ihn von seiner Großmutter geerbt. Aber er war noch viel älter, wenn sein Gefieder auch immer noch schön schwarz war. Nur auf seinen Backen waren ein paar Federn weiß geworden, das sah aus wie ein Bärtchen. Jetzt wohnte er mit in dem Häuschen. Er saß da meistens auf dem Bett und schlief.

Sein Lieblingsplatz aber war oben auf dem Ofenrohr, wenn es noch etwas warm war. Da ward es ihm so wohl, daß er anfing zu sprechen.

Das hatte er immer gekonnt. Es war nicht viel, aber es klang sehr komisch. Er machte so ein ernstes Gesicht dazu, als sei er es gar nicht, der da sprach. Er konnte nur ein paar Worte, nämlich: Schäm dich, macht nix und lebe hoch! Andere konnte er nur in der Rabensprache. Manchmal konnte er auch lachen. Hehe, machte er leise. Es klang, als wenn ein Mensch lachte.

Ohne den Raben wäre es für die Kinder vielleicht nicht gutgegangen. Aber die beiden Brüder nahmen ihn jedesmal mit, oder er kam ihnen nachgeflattert, wenn sie sich zum Singen an die Straßen begaben. Er saß dann dem Hans auf der Schulter.

Da blieben die Leute stehen. Vielleicht wären sie nicht stehengeblieben wegen der zwei Buben, die ein Lied sangen. Aber den Raben wollten sie betrachten. Kunibert betrachtete sie auch. Er sagte dann: »Schäm dich!« oder er sagte: »Macht nix!« Manchmal sagte er auch: »Lebe hoch!« Das tat er, wenn die Leute den Buben etwas schenkten.

So lebten sie in dem zerfallenen Haus, so gut sie es konnten. Es war nicht weit vom Walde weg, wo sie das Holz für das Öfchen holten. Auch der Rabe flog mit in den Wald. Vielleicht dachte er dort, wie er es früher schön gehabt hatte. Auch die Kinder dachten viel daran. Immer mehr dachten sie daran, als nun Weihnachten kommen wollte. Sie mußten an den Vater denken, der immer noch nicht aus dem Kriege heimgekommen war, und an die Mutter mußten sie denken. Niemand wußte zu sagen, wo sie geblieben war, aber gewiß suchte sie immerfort nach ihren Kindern.

Eines Abends aber, als sie alle zusammen immer betrübter wurden deswegen, da sagte das Trautchen, sie könnten doch einmal in den Wald gehen und nach dem Christkindchen ausschauen. Es müßte ja unterwegs sein jetzt um die Zeit. Aber der Franz sagte: »Es gibt ja doch keines mehr für uns, und Holz haben wir ja schon genug geholt.« »Schäm dich!« rief Kunibert, der auf der Ofenröhre saß. Der Hans aber sagte, sie sollten es doch einmal versuchen. Er hätte einen Traum gehabt, als würde es doch noch einmal richtig Weihnachten auch für sie. »Lebe hoch!« rief der Rabe.

Da zogen sie sich ihre dicken Jacken an und setzten ihre Pudelmützen auf, und das Trautchen wickelte das Christinchen in ein Tuch und hob es auf den Schlitten, und dann machten sie sich auf in den Wald, und Kunibert kam auch mit.

Es ist sehr kalt gewesen in dem Wald und ganz still unter den Bäumen, und lange Zeit haben sie kein lebendiges Wesen gesehen. Manchmal ist der Schnee von den Zweigen heruntergefallen, obwohl doch gar kein Wind ging. Der hat die Kinder zugeschüttet, so daß sie sich selber nicht mehr sehen konnten. Sie lachten darüber, wenn es hernach langsam wieder Licht wurde um sie her, und sie sahen aus wie mit lauter Zucker bestreut. Später aber, als es immer kälter und dunkler wurde, da hat es zuerst dem Christinchen nicht mehr gefallen auf seinem Schlitten, und es begehrte nach Hause, an den Ofen.

Da traf gerade der Rabe Kunibert seine Bekannten. Die saßen alle in einem hohen, kahlen Baum. Viele hundert Raben waren es, die da ganz still gesessen sind, und Kunibert setzte sich zu ihnen, und sie fingen auf einmal an, leise mit ihm zu sprechen in der Rabensprache. Da zogen die Kinder weiter mit dem Schlitten und ließen Kunibert bei seinen Bekannten, denn der würde ihnen schon nachkommen.

Auf einmal aber rief das Christinchen, daß es etwas gewahre. Es gewahre einen goldenen Schein, der gewiß von dem Christkindchen komme. Da sahen die anderen ihn auch und setzten sich mit dem Schlitten in Trab. Zwischen den Bäumen war er nun ganz deutlich zu sehen. Lauter Gold schimmerte da hervor. Als sie aber eine Weile gefahren waren, immer darauf zu mit dem Schlitten durch den hohen Schnee, da gewahrten sie, daß es sich bewegte und sachte nach oben stieg, und dann war es nur der Mond, der dort aufging. Aber er war so groß und so schön, wie sie ihn noch nie gesehen hatten. Eine Weile sind sie dagestanden und haben ihn betrachtet. Dann ist es dem Christinchen aber wieder sehr kalt geworden, und die Brüder hungerte es. Auch das Trautchen spürte großen Hunger. Aber es sagte nie etwas davon, als wenn es dann satter wäre.

Als sie aber eben den Schlitten wenden wollten, da war Kunibert plötzlich wieder zur Stelle und flügelte so vor ihnen herum, als wollte er sie nicht umkehren lassen. Dazu rief er immerfort: »Macht

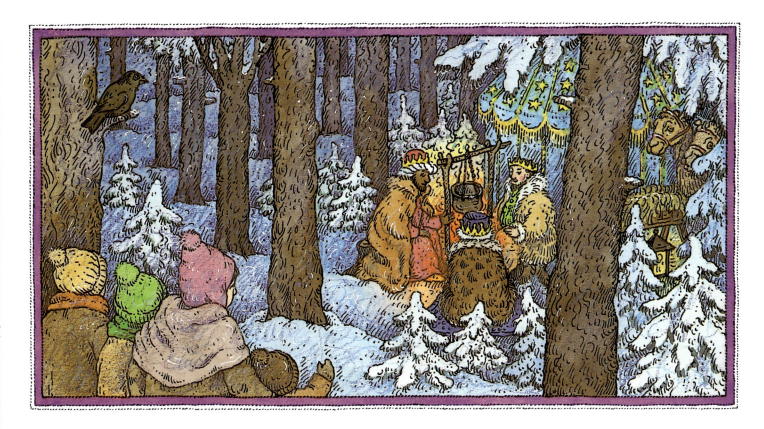

nix, macht nix!« Zugleich war der Weg, den sie doch eben noch gekommen waren, spurlos im Schnee verschwunden. Es war wie verzaubert. Aber der Hans sagte: »Unser Kunibert hat recht, es macht wirklich nichts, dann fahren wir eben ohne Weg weiter.«

Und wirklich sollte es nicht lange währen, da gewahrten sie abermals einen lodernden Schein. Aber diesmal war er nicht golden, sondern rot. Das kam von einem Feuer, das unter den Bäumen brannte, und um das Feuer sind dort drei Männer gesessen, und über dem Feuer hing ein Kessel, und hinter den Männern stand ein schönes, hohes Zelt, himmelblau, mit goldenen Sternen bestickt. Neben dem Zelt aber war noch etwas. Drei Tiere standen dort angebunden, die fraßen aus einer Krippe, und unter der Krippe hing eine große Laterne.

Der Rabe flatterte gleich auf das Zelt und setzte sich auf den goldenen Knopf zuoberst auf der Stange. Da saß er und schien sehr zufrieden und lachte: Hehe. Es war gut, daß er das tat, denn sonst wären die Kinder sehr erschrocken. Der eine von den Männern, der war nämlich topfschwarz im Gesicht, und nur seine Augen sahen weiß aus und funkelten.

Da sagte der Franz, sie müßten keine Angst haben, denn er weiß nun, sagte er, daß es welche vom Zirkus sind, die hier im Walde übernachteten, weil sie ja in der Stadt nirgendwo einen Platz dafür hätten. Wie er das noch sagte, da ist das eine von den Tieren, das an der Krippe gelegen hatte, aufgestanden. Es wurde immer höher und hatte einen langen dünnen Hals und war hellbraun wie ein Reh. Es war kein Pferd und auch kein Maulesel wie die beiden anderen Tiere, sondern es war ein Kamel mit einem purpurnen Sattel auf dem Höcker und mit einem goldenen Zügel.

Da sagte der Hans: »Nein, es sind keine vom Zirkus, sondern ich denke mir schon etwas.« Er hat sich aber das Richtige gedacht, denn wie der Mohr nun aufstand von dem Feuer und so freundlich lachte mit seinen weißen Zähnen in dem schwarzen Gesicht, da sahen sie, daß es ein König sein mußte. Denn unter dem Pelz, den er umhängen hatte, war er prächtig gekleidet, und auf seinem Turban, um die rote Spitze herum, trug er ein Krönlein von Gold mit Zacken, die waren mit funkelnden Edelsteinen besetzt. Das Christinchen aber hat sich gar nicht gefürchtet vor dem schwarzen Mann, sondern mit dem Finger auf ihn gezeigt und hat auch so freundlich gelacht wie er.

Da hat der Hans seine Mütze abgenommen und einen schönen Diener gemacht und sein Bruder auch, und dann sagte er: »Guten Abend, Herr König!«, und das Trautchen machte einen tiefen Knicks. Dann stellten sich die beiden Buben nebeneinander, wie sie sonst auf der Straße gestanden, und sangen ihm ihr Lied vor: Lustige Buben sind wir allezeit, juchheirassa, juchhe! und behielten ihre Mützen in den Händen dazu. Es klang wunderschön in dem Wald, wo es so still war, und man hörte nur, wie das Reisig krachte unter dem Kessel. Dem Mohren schien es sehr gut zu gefallen, aber zuerst setzte er den beiden Knaben ihre Mützen wieder auf, und dann führte er sie an das Feuer zu den beiden anderen Männern.

Das waren auch Könige, das könnt ihr euch nun schon denken, denn es sind ja die Heiligen Drei Könige aus dem Morgenland gewesen. Sie hatten auch goldene Kronreifen auf. Der eine trug ihn wie ein Kränzlein um seinen Hut, der mit kostbarem Pelz besetzt war. Der andere aber, das war der jüngste und schönste von ihnen, trug ihn auf dem bloßen Haupt, obwohl es doch so kalt gewesen ist. Der alte König, der mit dem langen weißen Haar und Bart, der gab ihnen die Hand, ganz wunderbar freundlich, als kenne er sie schon lange, und sprach: »Du bist das Trautchen, und du bist der Hans und du der Franz, und das ist das liebe Christinchen.« Der junge König aber sagte: »Setzt euch nur her zu uns, liebe Stiefelmanns Kinder, und eßt mit uns zu Nacht. Denn wenn wir gegessen haben, und unsere Tiere haben auch gegessen, dann müssen wir weiterziehen.«

»Jawohl, Herr König«, sagte der Hans, »vielen Dank auch, dann sind wir so frei.«

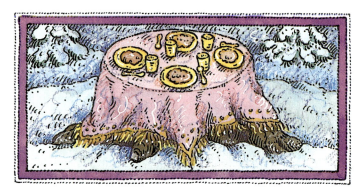

Inzwischen war der Mohr in das Zelt getreten, und als er wieder hervorkam, da hatte er für jeden einen goldenen Teller mitgebracht und ein goldenes Becherchen. Die stellte er auf den Baumstumpf bei dem Feuer und deckte ein seidenes Tuch darauf. Dann fingen sie an zu essen. Die Könige, die haben nicht sehr viel gegessen. Ein Bißlein Brot oder zwei und ein Schlücklein von dem Wein, den der Mohr ausschenkte aus einem goldenen Krug, das war ihnen genug. Aber den Kindern hat es gemundet wie nie zuvor in ihrem Leben. Der Mohr fütterte das Christinchen, und immer, wenn es nichts mehr auf seinem Tellerchen hatte, dann schlug es die Hände zusammen, und der Mohr tat es auch und lachte dazu. Es war ihnen aber gar nicht mehr kalt, sondern es war ihnen wärmer, als es jemals in ihrem Stübchen am Ofen geworden war. Das kam von dem Feuer her, obwohl es schon ausgehen wollte und nur noch ein kleines Flämmchen flackern ließ.

Als sie aber gegessen und getrunken hatten und alle so recht von Herzen satt waren rundherum, da war das Christinchen eingeschlafen in der Wärme, und die drei Könige sagten, daß ihre Zeit nun gekommen wäre. Sie müßten nun weiterziehen, denn gleich würde der Stern aufgehen, der sie führte in der Nacht. Zum Abschied aber wollten sie ihnen etwas schenken, weil sie sich nicht gefürchtet hätten vor ihnen, und weil sie so brave und tapfere Kinder wären.

Da nahm der Mohr den Kessel von dem Feuer und gab ihn dem Trautchen. Er war nicht groß und war schwarz wie des Mohren Gesicht, und innen war er nun ganz leer, so gut hatte es den Kindern geschmeckt. Der junge König aber nahm die Laterne, die unter der Krippe hing, und sagte zum Hans: »Nimm sie mit, wir brauchen sie nicht mehr«, und blies sie aus. Dem Franz aber schenkte der alte König das kleine Bündel von dem Reisig, das noch übriggeblieben war, und sagte: »Nimm es mit, ihr werdet es brauchen können in dem kalten Winter.«

Die Kinder wußten nicht, was sie davon halten sollten, doch sie bedankten sich artig und standen auf, mit dem Kessel und der Laterne und dem Reisigbündel unter den Armen. Das Trautchen aber wickelte dem Christinchen das Tuch fester um die Schultern, denn mit einem Male wollte es wieder so kalt werden, wie es vorher in dem Walde gewesen. Als sie aber eben fortgehen wollten, da rief der junge König: »Das kleine Schwesterchen haben wir ja vergessen, was geben wir ihm? Doch weckt es nicht auf, es ist ja schon eingeschlafen.« Zugleich nahm er seine Krone vom Haupte und brach einen Zacken von ihr ab, in dem ein funkelnder Stein steckte. »Gebt es dem Christinchen«, sagte er, »wenn ihr glücklich zu Hause angekommen seid.«

»Lebe hoch!« rief der Rabe und kam herabgeflattert und setzte sich auf den Schlitten. Und wie er noch so flatterte und rief, da ging das Feuer aus, und mit einem Male war es dunkel und kalt um sie her. Da standen sie in dem Schnee, und keine Könige waren mehr zu sehen und kein Zelt und keine Tiere. Nicht einmal ein bißchen Asche war zu sehen in dem Schnee, wo es eben doch gebrannt hatte, und der Schnee war nicht einmal geschmolzen. Sie sahen es immer deutlicher, denn nun wurde es auch wieder hell von dem Monde, immer heller, weil er ja schon hoch am Himmel stand. Und jetzt sahen sie auch wieder, wo sie mit dem Schlitten gefahren waren, und ihre Fußstapfen sahen sie auch in dem Schnee, aber keine anderen sonst, als wäre alles nur ein Traum gewesen. Aber den Kessel hatte das Trautchen ja in der Hand, und der Hans die Laterne, die nicht brannte, und der Franz das Bündel Reisig unter dem Arm, und oben an Chistinchens Mütze, wo sie ihn hingesteckt hatten, da funkelte der Zacken von der Krone. Die Kinder aber wußten nicht, was sie von alledem halten sollten. Erst als sie wieder zu Hause angelangt waren, sollten sie es erfahren.

Denn als der Franz nun den Ofen anzündete mit dem Reisig, da brannte es so lichterloh, wie keines gebrannt hatte jemals zuvor, und im Nu war die Stube so herrlich warm, wie sie noch nie geworden war. Und als das Trautchen nun den Topf auf den Ofen setzte, da war er schon ganz schwer, und es dampfte schon heraus, so süß und so milde, wie es ihnen gemundet hatte bei den drei Königen im Wald. Da wußten sie es schon immer besser.

»Jetzt will ich aber doch die Laterne anzünden«, sagte der Hans. Aber er hatte es kaum gesprochen, da brannte sie so hell und so schön wie die Kerzen am Christbaum brennen, und brannte immerfort und leuchtete, und der Ofen wärmte, und das Reisigbündel verzehrte sich nicht. Sooft er auch nachlegen wollte, immer war es, als hätte er noch kein einziges Spänlein davon fortgenommen. Das Christinchen aber schlief nicht mehr. Es saß vor dem Ofen und spielte mit dem Zacken von der Krone. Er funkelte so schön in dem Licht der Laterne. Da hielt es ihn mit dem Stein ans Auge und blickte hindurch, als sähe es durch ein Fernrohr. Mit einem Male rief es mit heller Stimme: »Der liebe Vater!« und dann rief es noch einmal:

»Die liebe Mutter!« Der Rabe Kunibert aber hüpfte umher und schlug mit den Flügeln und rief immerfort: »Lebe hoch!« und lachte: Hehe.

Da blickten auch die anderen Kinder durch den Stein, und da sahen sie ihren Vater stehen. Ganz freundlich sah er aus, als sollte er nun bald wiederkommen. Dann sahen sie abermals hindurch, und da sahen sie auch die Mutter. Ganz liebreich schaute sie aus, als wollte sie nun bald wiederkommen.

Da wollen wir nun warten mit ihnen, weil sie es so schön warm haben in ihrer Stube immerdar und satt zu essen und ein Licht, das ihnen leuchtet. Denn nun muß es ja doch einmal wieder gut werden mit Stiefelmanns Kindern, das ist gewiß. Darauf wollen wir nun warten mit ihnen, ganz fröhlich, wir alle zusammen.

PAUL ALVERDES

Die Krone des Mohrenkönigs

Damals, in jenen Tagen und Nächten, als die Dreikönige aus dem Morgenland unterwegs waren, um nach dem Jesusknaben zu suchen und ihm mit Myrrhen, Weihrauch und Gold ihre Huldigung darzubringen, sind sie, so ist uns als Kindern erzählt worden, auch in die Gegend gekommen, wo ich in früheren Jahren zu Hause gewesen bin: also ins Böhmische, über die schlesische Grenze herein, durch die großen verschneiten Wälder. Das mag man, vergegenwärtigt man sich die Landkarte, einigermaßen befremdlich, ja abwegig finden; indessen bleibt zu erinnern, daß die Dreikönige, wie geschrieben steht, nicht der Landkarte und dem Kompaß gefolgt sind auf ihrer Reise, sondern dem Stern von Bethlehem, und dem wird man es schwerlich verübeln können, wenn er sie seine eigenen Wege geführt hat.

Jedenfalls kamen sie eines frostklaren Wintermorgens über die Hänge des Buchbergs gewandert und waren da: nur sie drei allein, wie man uns berichtet hat, ohne Troß und Dienerschaft, ohne Reitpferde und Kamele (die hatten sie wohl zurücklassen müssen, der Kälte wegen, und weil sie im tiefen Schnee kaum weitergekommen wären, die armen Tiere). Sie selbst aber, die Dreikönige aus dem Morgenland, seien ganz und gar unköniglich gewandet gewesen; in dicken, wattierten Kutschermänteln kamen sie angestapft, Pelzmützen auf dem Kopf, und jeder mit einem Reisebündel versehen, worin er nebst einiger Wäsche zum Wechseln und den Geschenken, die für den Jesusknaben bestimmt waren, seine goldene Krone mitführte: weil man ja, wenn man von weitem schon an der Krone als König kenntlich ist, bei den Leuten bloß Neugier erregt und Aufsehen, und das war nicht gerade nach ihrem Geschmack.

»Kalt ist es!« sagte der Mohrenkönig und rieb sich mit beiden Händen die Ohren. »Die Sterne am Himmel sind längst verblaßt – wir sollten uns, finde ich, für den Tag eine Bleibe suchen.«

»Recht hast du, Bruder Balthasar«, pflichtete König Kaspar ihm bei, sich die Eiszapfen aus dem weißen Bart schüttelnd. »Seht ihr das Dorf dort? Versuchen wir's gleich an der ersten Haustür, und klopfen wir an!«

König Melchior als der jüngste und kräftigste watete seinen Gefährten voran, durch den knietiefen Schnee auf das Haus zu, das ihnen am nächsten war.

Dieses Haus aber, wie es der Zufall wollte, gehörte dem Birnbaum-Plischke; und Birnbaum-Plischke, das darf nicht verschwiegen werden, stand bei den Leuten im Dorf nicht gerade im besten Ruf, weil er habgierig war und ein großer Geizkragen – und aufs Geld aus, herrje, daß er seine eigene Großmutter, wenn sie noch lebte, für ein paar Kreuzer an die Zigeuner verkauft hätte, wie man so sagt. Nun klopfte es also an seiner Haustür, und draußen standen die Könige aus dem Morgenland, aber in Kutschermänteln, mit Pelzmützen auf dem Kopf, und baten den Birnbaum-Plischke um Herberge bis zum Abend.

Zuerst hat der Plischke sie kurzerhand wegschicken wollen, weil nämlich: mit Bettelleuten mochte er nichts zu tun haben, knurrte er. Aber da hat ihm der König Melchior einen Silbertaler unter die Nase gehalten, um ihm zu zeigen, daß sie die Herberge nicht umsonst begehrten – und Plischke den Taler sehen, die Augen aufreißen und die Haustür dazu: das war eins.

»Belieben die Herren nur einzutreten!« hat er gesagt und dabei nach dem Taler gegrapscht, und dann hat er gekatzbuckelt, daß er sich bald das Kreuz verrenkt hätte. »Wenn die Herren so gut sind und möchten mit meiner bescheidenen Stube vorliebnehmen, soll's ihnen an nichts fehlen!« Seit er den Taler bekommen hatte, war Birnbaum-Plischke wie ausgewechselt. Vielleicht, hat er sich gesagt, sind die Fremden reisende Kaufherren – oder verkleidete polnische Edelleute, die mitsamt ihrem Leibmohren unerkannt über die Grenze wollten; jedenfalls sind sie was Besseres, weil sie Geld haben, und zwar viel, wie es scheint: denn wer zahlt schon für ein paar Stunden am warmen Ofen mit einem vollen Taler? Da kann, wenn du Glück hast, Plischke, und es den Herren recht machst, leicht noch ein zweiter herausspringen.

Solches bedenkend, führt Birnbaum-Plischke die Könige in die gute Stube und hilft ihnen aus den Mänteln; dann ruft er sein Weib, die Rosina, herzu und sagt ihr, sie soll eine Biersuppe für die Herren kochen, aber geschwind, geschwind, und daß sie ihm ja nicht an Zucker und Zimt spart, die Nelken auch nicht vergißt und zum Schluß ein paar Löffel Branntwein darantut!

Die Plischken erkennt ihren Alten kaum wieder. Was ist denn in den gefahren? Er aber scheucht sie zur Tür hinaus, in die Küche, und poltert, daß sie sich sputen soll, denn die Herren sind hungrig und durchgefroren und brauchen was Heißes zum Aufwärmen, und da ist eine Biersuppe akkurat richtig für sie, die wird ihnen guttun. Er selbst eilt hernach in den Holzschuppen, schleppt einen Korb voll Buchenscheitern herbei, und dann schürt er im Kachelofen ein mächtiges Feuer an, daß es nur so prasselt.

Den Königen ist es nicht entgangen, wie gründlich sich Birnbaum-Plischkes Verhalten geändert hat, und es ist ihnen nicht ganz wohl dabei, denn sie können den Blick nicht vergessen, mit dem er sich auf den Taler gestürzt hat.

»Kann sein«, sagt der König Melchior, während Plischke noch einmal um Holz hinausläuft, »kann sein, daß es besser ist, wenn wir ein Häusel weitergehen: Der Mann da gefällt mir nicht.«

König Kaspar ist einer Meinung mit ihm. Doch der Mohrenkönig erwidert: »Bedenkt, liebe Brüder, daß wir in Gottes Hand stehen! Wenn es sein Wille ist, daß wir das Kindlein finden, um dessentwillen wir seinem Stern hinterdreinwandern Nacht für Nacht: dann wird er auch dafür sorgen, daß uns unterwegs kein Leid geschieht – weder hier, unterm Dach dieses Menschen, der voller Geldgier und Falsch ist, noch anderswo.« Das sehen die Könige Kaspar und Melchior ein, und sie schämen sich ihres Kleinmuts und sagen zum König Balthasar: »Recht hast du, Bruder Mohrenkönig! Wir wollen uns Gott befehlen und bis zum Abend hierbleiben, wo wir nun einmal sind.«

Bald danach tischte Plischkens Rosina ihnen die Biersuppe auf, und das heiße Gebräu, das nach Zimt und nach Nelken duftete und ein wenig nach Branntwein obendrein, tat den Königen wohl, auf die kalte Nacht hin: so wohl, daß der Mohrenkönig die alte Plischken um das Rezept bat und es sich aufschrieb und ihr dafür einen Taler verehrte, obgleich, wie er meinte, ein solches Rezept nicht mit Geld zu bezahlen sei.

Was aber eine richtige Biersuppe ist, noch dazu, wenn die Köchin nicht mit dem Branntwein gespart hat: die macht, wie man weiß, nicht nur warm, die macht auch schläfrig. Den Königen aus dem Morgenland kam das gerade recht, sie hätten sich ohnehin ein paar Stunden aufs Ohr gelegt, wie sie das allerorten zu tun pflegten, wo sie Tagrast hielten.

Sie waren dabei, was ihr Lager anging, nicht wählerisch. Schon wollten sie auf dem hölzernen Fußboden ihre Mäntel ausbreiten, um sich daraufzulegen, in Hemd und Hosen, das Reisebündel unter dem Kopf und die Jacke, so weit sie reichte, als Zudecke über den Leib – da kommt Birnbaum-Plischke hinzu, schlägt die Hände über dem Kopf zusammen und sagt, daß er das nicht zuläßt, daß sich die Herren Reisenden auf den Fußboden legen. Das könnten sie ihm nicht antun, da müßt' er sich ja sein Lebtag in Grund und Boden schämen: kurzum, er besteht darauf, daß die drei ihm hinauffolgen in die Schlafkammer, wo die Rosina inzwischen schon alles frisch bezogen hat, und daß sie in ihren eigenen, Plischkens, Betten schlafen, denn anders macht er's auf keinen Fall, und das dürften sie ihm nicht abschlagen. Damit eilt er auch schon hinaus und zieht die Tür hinter sich zu.

Die Könige Kaspar und Melchior haben sich staunend angeblickt und den Kopf geschüttelt; aber der Mohrenkönig, der Balthasar, hat ganz einfach sein Reisebündel neben die Tür geworfen und angefangen, sich auszuziehen.

»Wie lang ist es her«, rief er lachend, »daß wir in keinen richtigen Betten geschlafen haben? Kommt, worauf wartet ihr, da ist Platz genug für uns!« Die Könige Kaspar und Melchior mußten ihm recht geben, und nachdem sie den Birnbaum-Plischke noch einmal herbeigerufen und ihm den Auftrag gegeben hatten, er möge sie gegen Abend wecken, sie müßten bei Einbruch der Dunkelheit weiterziehen, legten auch sie ihre Bündel und Kleider ab; und es zeigte sich nun, daß der Mohrenkönig sich nicht verschätzt hatte: Plischkens Ehebett war so breit und geräumig, daß sie zu dritt darin unterkamen, ohne sich gegenseitig im Weg zu sein. Das frische Leinen duftete nach Quendelkraut, das die Rosina als gute Hausfrau in ihrer Wäschetruhe nicht missen mochte, das Lager war weich und warm, und die Biersuppe tat ein übriges nach der langen Nacht: den Königen aus dem Morgenland fielen die Augen zu, und es dauerte kaum ein paar Atemzüge, da schliefen sie tief und fest, und der Mohrenkönig fing voller Inbrunst zu schnarchen an, als gelte es, einen ganzen Palmenhain kurz und klein zu sägen.

So schliefen sie also und schliefen und merkten nicht, wie sich Birnbaum-Plischke auf leisen Sohlen hereinschlich und sich an ihren Bündeln zu schaffen machte, atemlos und mit flinken Fingern. Denn Plischke ist nicht von gestern; er ahnt, daß die fremden Herren in seiner Kammer von reicher Herkunft sind, und nun will er es ganz genau wissen, was es mit ihren Bündeln auf sich hat. Er durchwühlt sie – und findet die Königskronen!

Da ist es um ihn geschehen. Ohne sich lang zu besinnen, nimmt er die größte und kostbarste der drei goldenen Kronen an sich (daß es die Krone des Mohrenkönigs ist, kann er natürlich nicht wissen, woher denn auch), und nachdem er die Bündel wieder verschnürt hat, eilt er mit seiner Beute hinab in den Ziegenstall, wo er sie unters Stroh schiebt und einen leeren Melkeimer drüberstülpt. Hoffentlich, denkt er, merken die Fremden nichts davon, wenn sie aufwachen und sich anziehen – hoffentlich...

Aber die Könige aus dem Morgenland schöpfen keinen Verdacht, wie Plischke sie wecken kommt. Außerdem sind sie in Eile, sie essen nur rasch noch ein paar Löffel Hafergrütze, dann ziehen sie ihre Mäntel an, schlagen die Krägen hoch, geben Plischkens zum Abschied zwei Taler, bedanken sich für das gute Quartier und das Essen und ziehen ahnungslos ihres Weges.

Die Sterne funkeln über den Wäldern, der Schnee knirscht bei jedem Schritt, und Birnbaum-Plischke steht unter der Tür seines Hauses und blickt den Dreikönigen nach, bis sie endlich zum Dorf hinaus und verschwunden sind.

Nun hält es ihn nicht mehr länger, er rennt in den Ziegenstall, stößt den Melkeimer mit dem Fuß weg und zieht unterm Stroh die goldene, mit Juwelen besetzte Krone hervor. Er läuft damit in die Küche, wo die Rosina gerade dabei ist, die Teller und Löffel zu spülen; und wie sie die Krone in seinen Pratzen funkeln und blitzen sieht, da erschrickt sie und wendet sich von ihm ab. »Plischke!« ruft sie. »Was soll das, um Himmels willen, was hast du da?«

Plischke erklärt ihr des langen und breiten, woher er die Krone hat; und er will sie, so sagt er ihr, einem Goldschmied verkaufen, drüben in Bunzlau oder herüben in Reichenberg – je nachdem, wo ihm mehr geboten wird. Sie aber, die Rosina, will das nicht hören, sie fällt ihm ins Wort und beginnt zu keifen. »Plischke!« zetert sie. »Bist du um allen Verstand gekommen? Die Fremden werden dich an den Galgen bringen, wenn sie herauskriegen, was du getan hast!«

»Nu, nu«, beschwichtigt sie Plischke, »die haben ja keinen Beweis gegen mich, die können die Krone ja sonstwo verloren haben – da mach dir nur keine Sorgen, Alte, das hab ich mir alles genau zurechtgelegt.«

Und dann sticht ihn der Hafer, da nimmt er die Krone des Mohrenkönigs in beide Hände und setzt sie sich auf den Schädel, zum Spaß nur, aus schierem Übermut – und, o Wunder, sie paßt ihm wie angegossen, als sei sie für ihn geschmiedet. »Sieh her!« ruft er der Rosina zu und tanzt damit in der Küche herum. »Wie gefall ich dir mit dem Ding?«

Die Plischken, kaum daß sie ihn flüchtig betrachtet hat, fängt zu lachen an. »Aber nein doch!« prustet sie. »Laß den Unsinn, Alter, und wasch dir den Ruß vom Gesicht, du siehst ja zum Fürchten aus!«

»Welchen Ruß denn?« fragt Birnbaum-Plischke und schaut in den Spiegel neben dem Küchenschrank; und da sieht er, daß seine Stirn und die Wangen schwarz sind, die Nase, das Kinn und die Ohren ebenso – schwarz, wie mit Schuhwichse vollgeschmiert. »Sonderbar«, meint er, »das muß von der Lampe kommen oder vom Ofenschüren ... Schaff Wasser her, Alte, und Seife, damit ich das wieder runterbringe!«

Dann setzt er die Krone ab, zieht das Hemd aus und wäscht sich; er schrubbt das Gesicht mit der Wurzelbürste und heißem Wasser, mit Soda und Seifenlauge. Es ist wie verhext mit der schwarzen Farbe, sie läßt sich nicht wegrumpeln, auch mit Waschsand nicht, eher scheuert er sich die Haut durch.

Da dämmert es Plischken, daß er zu einem Mohren geworden ist; und die Rosina merkt auch, daß die Farbe echt ist und nie mehr abgehen wird.

»Ogottogott!« schluchzt sie. »Was werden die Leute bloß sagen, wenn du mit deiner schwarzen Visage ins Dorf kommst! Die werden sich schief und krumm lachen, wenn sie dich sehen! Und glaub mir, die Kinder werden dir nachlaufen, wo du auftauchst, und schreien: ›Der Mohr kommt, der Mohrenplischke!‹ Und alles nur, weil du die Krone gestohlen hast!«

»Was denn?« meint Plischke betroffen. »Was soll denn die Krone damit zu tun haben, daß ich schwarz bin?«

»Das fragst du noch?« fährt die Alte ihn an. »Ich sage dir: Weil du die Krone gestohlen hast, bist du zur Strafe ein Mohr geworden – das ist doch so klar wie nur irgendwas auf der Welt! Und ein Mohr wirst du bleiben in alle Ewigkeit, wenn du sie nicht zurückgibst!«

»Die Krone?« ruft Plischke. »Die Krone soll ich zurückgeben? Überleg dir mal, was du da redest, Alte!«

»Da gibt's nichts zu überlegen«, sagt die Rosina, »begreif das doch! Zieh dir die Stiefel an, Plischke, und lauf, was du kannst, damit du die Herren einholst und die Geschichte ins reine bringst!«

Plischke, nach einigem Wenn und Aber, sieht ein,

daß ihm keine Wahl bleibt: die Alte hat recht. Also her mit den Stiefeln, den Mantel an und die Mütze auf! Und die Krone!

»Wir schlagen sie in ein Tuch ein«, sagt die Rosina. Das tut sie auch, und dann schiebt sie den Birnbaum-Plischke zur Tür hinaus in die Kälte. »Lauf zu!« ruft sie hinter ihm drein. »Lauf zu und verlier die Spur nicht!«

Der Mond scheint, es ist eine helle Nacht, und die Spur, die die Könige hinterlassen haben, ist leicht zu finden; sie führt über Berg und Tal, durch die Wälder und über Blößen, immer geradeaus, wie mit dem Lineal gezogen. Plischke, was-hast-du-was-kannst-du, folgt ihr, so schnell ihn die Füße tragen – und endlich, schon tief im Böhmischen ist es, die Sterne am Himmel verblassen bereits, und hinter den Bergen zeigt sich der Morgen an: endlich erblickt er die drei vor sich, einen Hügel emporsteigend. »Heda!« schreit er und »Hallo!« und »Wartet doch, wartet doch! Ich bin's, ich hab was für euch!«

Da bleiben die Könige stehen und wenden sich nach ihm um, und der Birnbaum-Plischke nimmt seine letzte Kraft zusammen und rennt auf sie zu mit den Worten: »Ihr habt was vergessen bei uns in der Schlafkammer – das da... Ich hab es gefunden und bin euch nachgerannt: hier!« Damit schlägt er das Tuch auseinander und hält ihnen die gestohlene Krone hin. »Die gehört euch doch – oder?«

Der Mohrenkönig erkennt sie sogleich, und er freut sich darüber, daß Plischke sie ihm gebracht hat. »Hab Dank, guter Mann«, sagt er. »Weit hast du laufen müssen, um sie mir nachzutragen: Gott lohn es dir!«

Birnbaum-Plischke blickt überrascht in das freundliche schwarze Gesicht des Fremden; und plötzlich, er kennt sich kaum wieder, kommt er sich fürchterlich schäbig vor. Etwas würgt ihn im Halse, das muß er loswerden, sonst erstickt er dran.

»Herr«, bringt er mühsam hervor, »sag nie wieder ›guter Mann‹ zu mir! Du mußt wissen, daß ich ein Dieb bin – und daß ich die Krone gestohlen habe.«

»Gestohlen?« staunte der Mohrenkönig. »Und wiedergebracht?«

»Weil mir's leid tut«, stammelte Plischke, »und weil es nicht recht war. Verzeiht mir, ihr werten Herren, ich bitte euch sehr darum!«

Die Dreikönige aus dem Morgenland blickten sich an, und es schien, daß sie einer Meinung waren.

»Wenn es dir leid tut«, sagte der Mohrenkönig, »dann sei dir verziehen, Alter, und alles hat seine Ordnung. – Aber was hast du denn?«

»Ach«, druckste Plischke herum, denn mit einemmal war es ihm wieder eingefallen, »es ist bloß... Ich möchte sagen... Mir ist da ein dummes Ding passiert. – Werd' ich auch wieder ein weißes Gesicht haben, wenn ich zurückkomme in mein Dorf?«

»Dein Gesicht wird so weiß sein wie eh und je«, versprach ihm der Mohrenkönig. »Doch scheint es mir auf die Farbe, die eines Menschen Gesicht hat, nicht anzukommen. Laß sie von mir aus schwarz oder gelb oder rot sein wie Kupfer – Hauptsache, daß du kein schwarzes Herz hast! Die Leute freilich, die sehen das nicht. Aber einer sieht es, der alles sieht: das bedenke!«

Dann wandten die Könige sich zum Gehen, und Plischke allein zurücklassend (mochte er zusehen, wie er mit sich ins reine kam), zogen sie ihres Weges.

OTFRIED PREUSSLER

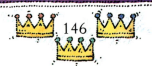

Es ist ein Ros' entsprungen

Satz: Michael Praetorius (1571—1621)
Worte: aus Köln (1599)
Weise: 15. Jh.

1. Es ist ein Ros' ent-sprun-gen aus ei-ner Wur-zel zart. Und hat ein Blüm-lein bracht mit-ten im kal-ten Win-ter wohl zu der hal-ben Nacht.
Wie uns die Alten sun-gen von Jes-se kam die Art.
2. Das Rös-lein, das ich mei-ne, da-von Je-sa-jas sagt, Aus Got-tes ew'-gem Rat hat sie ein Kind ge-bo-ren wohl zu der hal-ben Nacht.
hat uns ge-bracht al-lei-ne Ma-rie die rei-ne Magd.

Der Satz ist original von vier Singstimmen auszuführen. Am Klavier werden die eingeklammerten Noten nicht gespielt.

Ich wünsch Euch ein glückliches Jahr

Ich wünsch Euch ein glückliches Jahr,
Viel besser, als das alte war,
Einen Wagen und einen Schimmel,
Daß man fahren kann in den Himmel.

Was denken in der Neujahrsnacht
Die Kater und die Katzen?
Sie denken, daß im alten Jahr
Der Mausefang bescheiden war,
Und strecken in das neue Jahr
Begehrlich ihre Tatzen.

Was denken in der Neujahrsnacht
Die Pudel und die Möpse?
Sie denken, daß nicht jeden Tag
Ein Knochen auf dem Teller lag,
Und wünschen für den Neujahrstag
Sich Leberwurst und Klöpse.

Was denken in der Neujahrsnacht
Die Vögel hierzulande?
Sie denken an die Storchenschar,
Die hier im Sommer fröhlich war
Und die nun wandelt, Paar um Paar,
Im warmen Wüstensande.

Was denken in der Neujahrsnacht
Die Knäblein und die Knaben?
Sie denken, ob der Frost bald weicht
Und ob ein Mensch den Mond erreicht
Und ob sie nächstes Jahr vielleicht
Schuhgröße vierzig haben.

Was denken in der Neujahrsnacht
In aller Welt die Mädchen?
Die Mädchen denken unentwegt
Und angeregt und aufgeregt
An das, was man im Sommer trägt,
Ob Gretchen oder Kätchen.

Was denken in der Neujahrsnacht
Die alten, alten Leute?
Sie denken unterm weißen Haar,
Wie sonderbar das Leben war,
Und daß das Glück sie wunderbar
Geleitet hat bis heute.

JAMES KRÜSS

Zum neuen Jahre

Wie heimlicher Weise
Ein Engelein leise
Mit rosigen Füßen
Die Erde betritt,
So naht der Morgen.
Jauchzt ihm, ihr Frommen,
Ein heilig Willkommen,
Herz, jauchze du mit!

In ihm sei's begonnen,
Der Monde und Sonnen
An blauen Gezelten
Des Himmels bewegt!
Du, Vater, du rate,
Lenk du und wende!
Herr, dir in die Hände
Sei Anfang und Ende,
Sei alles gelegt!

EDUARD MÖRIKE

Zum Jahresende

Die Erde, ein besondrer Ball,
bewegt sich wie im Tanze
und ewig kreiselnd durch das All
mit Mensch und Tier und Pflanze.
Sie braucht, so lernen wir's, ein Jahr,
die Sonne zu umkreisen.
So sind wir Menschen immerdar,
sogar im Schlaf, auf Reisen.
Schwestern und Brüder, labt euch heut
an Wein und guten Gaben,
da wir den Sonnenball erneut
einmal umkreiselt haben!
Es freue sich, was lebt und liebt,
solang die Winde wehen,
solang es Mond und Sonne gibt,
solang sich Sterne drehen.
Wir reisen weiter durch das All,
solang die Welt sich dreht,
solang der gelbe Sonnenball
noch fest am Himmel steht.

JAMES KRÜSS

Ich bin glücklich

»Morgen ist Silvester«, sagte meine Großmutter Dodo, »du weißt doch?«
»Nein«, antwortete ich und lächelte geheimnisvoll. »Ich weiß aber etwas anderes.«
»Was kann das wohl sein?« fragte Dodo und versuchte ebenfalls geheimnisvoll dreinzuschauen.
Der 31. Dezember war Dodos Geburtstag. Für mich war es ein besonderer Tag, fast so wichtig wie mein eigener Geburtstag – nicht nur, weil ich von Dodo immer ein »Nicht-Geburtstagsgeschenk« bekam, wie sie es nannte, sondern weil ich etwas hatte, worauf ich mich nach Weihnachten freuen konnte. Das Nachbarmädchen Hanna tat mir immer leid, weil sie nach Weihnachten so traurig war. »Es dauert noch acht Monate bis zu meinem Geburtstag«, stöhnte sie, »und ein volles Jahr bis nächste Weihnachten!«
Aber ich hatte Glück. Ich hatte kaum Zeit, die Bücher fertigzulesen, die ich zu Weihnachten geschenkt bekommen hatte, und die anderen Weihnachtsgeschenke auszuprobieren, und schon mußte ich mir über ein Geburtstagsgeschenk für Dodo den Kopf zerbrechen.
Am Silvestertag versammelten wir uns vor dem Frühstück rund um den Weihnachtsbaum, um Dodo zu beglückwünschen und ihr die Geburtstagsgeschenke zu überreichen, die unter dem Baum lagen.
Dodo blickte auf das Buch, den Spitzenschal und die warmen Pantoffeln, die Mutter und Vater für sie unter den Baum gelegt hatten, und lächelte.
Dann sah sie sich mein Geschenk an. Ich hatte für sie ein Bild gemalt: einen Strauch mit großen, flachen weißen Blüten. Die Blüten waren viel zu groß, ich wußte es. Aber große Blüten sind wie eine große Liebe, dachte ich. Und ich liebte Dodo sehr. Der Vogel war auch zu groß. Jetzt, da Dodo das Bild in den Händen hielt, schämte ich mich plötzlich. Das Bild ist nicht gut genug für sie, dachte ich. Aber als ich in ihr Gesicht blickte, sah ich ihr glückliches Lächeln, und ich war beruhigt. Sie dankte mir mit Umarmungen und Küssen, dann bückte sie sich und hob ein viereckiges Paket auf.
»Da hast du dein ›Nicht-Geburtstagsgeschenk‹«, sagte sie. »Pack es aus.«
Es war eine Spieldose. Ich sah gleich, es war nicht die mit dem Menuett von Mozart, denn es war ein Vogel auf dem Deckel und nicht ein Mädchen auf der Schaukel. Ich wollte die Dose spielen hören, aber erst, wenn ich allein war.
Meine Eltern waren erstaunt, als ich sagte: »Ich möchte sie erst nach dem Frühstück anhören.« Aber Dodo nickte. Sie verstand.
Nach dem Frühstück ging ich zurück zum Weihnachtsbaum. Lange Zeit schaute ich mir das schöne Bild auf dem Deckel an. Dann drehte ich vorsichtig und langsam die Kurbel, wie Dodo es mir gezeigt hatte. Plötzlich war das Zimmer erfüllt von einem blühenden Holunderstrauch im Mai, und ein einsamer kleiner Vogel sang ein Lied von Lieb und Treu.
Ich saß unter dem Weihnachtsbaum, roch die Tannennadeln, lauschte dem Lied des Frühlings und erinnerte mich an seine Blumen und Düfte. Ich dachte an all die Winter und Sommer, an die Weihnachtstage und Geburtstage, die ich erlebt hatte, an die große, schöne Welt. Weihnachten war vorbei, aber ich war trotzdem glücklich.
Arme Hanna, dachte ich. Sie ist jetzt wieder todunglücklich, weil sie so lange auf ihr Geburtstagsfest warten muß. Aber ich hatte Glück. Ich mußte nicht auf besondere Tage warten. Ich hatte Dodo. Ich hatte Dodo jeden Tag.

ILSE-MARGRET VOGEL –
MARION PONGRACZ

*A*lle Glocken sollen schwingen:
*B*leib, o Friede, bleib im Land!
*C*höre sollen laut erklingen:
*D*unkler Krieg, sei du verbannt!
*E*ltern soll'n sich nicht verkrachen.
*F*ußballfreunde sollen schrei'n,
*G*astarbeiterkinder lachen.
*H*eiter soll's im Schulhaus sein.
*I*mmer soll's zu essen geben.
*J*eder hab es warm, wenn's schneit.
*K*einer soll im Dunkel leben.
*L*icht sei da zu jeder Zeit.
*M*üßt ihr Krankheit oder Sorgen,
*N*ot und Ärger überstehn,
*O*effnet euer Herz für morgen:
*P*lagen kommen, Plagen gehn.
*Q*uält euch nicht mit Hirngespinsten.
*R*at jibt's ümmer, da un hier.
*S*uchste eenen Menschen, findst'n.
*T*rauste ihm, denn traut er dir.
*U*nd nun wünsch ich allen Schülern,
*V*ätern, Müttern, Lehrern auch,
*W*ie auch den Theaterspielern
X-fach Glück nach altem Brauch.
*Y*psilon, die Schülerschar
*Z*ieh vergnügt ins neue Jahr!

JAMES KRÜSS

Zu Neujahr

Will das Glück nach seinem Sinn
Dir was Gutes schenken,
Sage Dank und nimm es hin
Ohne viel Bedenken!

Jede Gabe sei begrüßt,
Doch vor allen Dingen:
Das, worum du dich bemühst,
Möge dir gelingen!

WILHELM BUSCH

Neujahrsnacht

Diese Nacht ist ein Fluß.
Mein Bett ist ein Kahn.
Vom alten Jahr stoße ich ab.
Am neuen lege ich an.
Morgen spring ich an Land.
Dies Land, was ist's für ein Ort?
Es ist keiner, der's weiß.
Keiner war vor mir dort.

JOSEF GUGGENMOS

Die vier archimedischen Punkte

In den Wochen vor und nach der Jahreswende pflegt es Ansprachen zu schneien. Sie senken sich sanft, mild und wattig auf die rauhe Wirklichkeit, bis diese einer wärmstens empfohlenen, überzuckerten und ozonreichen Winterlandschaft gleicht. Doch mit dem Schnee, wie dicht er auch fällt, hat es seine eigene Bewandtnis – er schmilzt. Und die Wirklichkeit sieht nach der Schmelze, mitten im schönsten Matsch, noch schlimmer aus als vor dem großen Schneetreiben und Ansprachengestöber.

Was war, wird nicht besser, indem man's nachträglich lobt. Und das, was kommt, mit frommen Wünschen zu garnieren ist Konditorei, nichts weiter. Es hat keinen Sinn, sich und einander die Taschen vollzulügen. Sie bleiben leer. Es hat keinen Zweck, die Bilanz zu frisieren. Wenn sie nicht stimmt, helfen keine Dauerwellen.

Rundheraus: das alte Jahr war keine ausgesprochene Postkartenschönheit, beileibe nicht. Und das neue? Wir wollen's abwarten. Wollen wir's abwarten? Nein. Wir wollen es nicht abwarten! Wir wollen nicht auf gut Glück und auf gut Wetter warten, nicht auf den Zufall und den Himmel harren, nicht auf die politische Konstellation und die historische Entwicklung hoffen, nicht auf die Weisheit der Regierungen, die Intelligenz der Parteivorstände und die Unfehlbarkeit aller übrigen Büros. Wenn Millionen Menschen nicht nur neben-, sondern miteinander leben wollen, kommt es aufs Verhalten der Millionen, kommt es auf jeden und jede an, nicht auf die Instanzen. Das klingt wie ein Gemeinplatz, und es ist einer. Wir müssen unser Teil Verantwortung für das, was geschieht, und für das, was unterbleibt, aus der öffentlichen Hand in die eigenen Hände zurücknehmen. Wohin es führt, wenn jeder glaubt, die Verantwortung trüge der sehr geehrte, wertgeschätzte Vordermann und Vorgesetzte, das haben wir erlebt. Soweit wir's erlebt haben . . .

Ich bin ein paar Jahre älter als ihr, und ihr werdet ein paar Jahre länger leben als ich. Das hat nicht viel auf sich. Aber glaubt mir trotzdem: wenn Unrecht geschieht, wenn Not herrscht, wenn Dummheit waltet, wenn Haß gesät wird, wenn Muckertum sich breitmacht, wenn Hilfe verweigert wird – stets ist jeder einzelne zur Abhilfe mitaufgerufen, nicht nur die jeweils »zuständige« Stelle. Jeder ist mitverantwortlich für das, was geschieht, und für das, was unterbleibt. Und jeder von uns und euch – auch und gerade von euch – muß es spüren, wann die Mitverantwortung neben ihn tritt und schweigend wartet. Wartet, daß er handle, helfe, spreche, sich weigere oder empöre, je nachdem. Fühlt er es nicht, so muß er's fühlen lernen. Beim einzelnen liegt die große Entscheidung.

Aber wie kann man es lernen? Steht man nicht mit seinem Bündel Verantwortung wie in einem Wald bei Nacht? Ohne Licht und Weg, ohne Laterne, Uhr und Kompaß?

Ich sagte schon, ich sei ein paar Jahre älter als ihr, und wenn ich bisher auch noch nicht, noch immer nicht gelernt habe, welche Partei, welche Staatsform, welche Kirche, welche Philosophie, welches Wirtschaftssystem und welche Weltanschauung »richtig« wären, so bin ich doch nie ohne Kompaß, Uhr und Taschenlampe in der Welt herumgestolpert. Und wenn ich mich auch nicht immer nach ihnen gerichtet habe, so war's gewiß nicht ihr, sondern mein Fehler. Archimedes suchte für die physikalische Welt den einen festen Punkt, von dem aus er sich's zutraute, sie aus den Angeln zu heben. Die soziale, moralische und politische Welt, die Welt der Menschen nicht aus den Angeln, sondern in die rechten Angeln hineinzuheben, dafür gibt es in jedem von uns mehr als einen archimedischen Punkt. Vier dieser Punkte möchte ich aufzählen.

Punkt 1: Jeder Mensch höre auf sein Gewissen! Das ist möglich. Denn er besitzt eines. Diese Uhr kann man weder aus Versehen verlieren noch mutwillig zertrampeln. Diese Uhr mag leiser oder lauter ticken – sie geht stets richtig. Nur wir gehen manchmal verkehrt.

Punkt 2: Jeder Mensch suche sich Vorbilder! Das ist möglich. Denn es existieren welche. Und es ist unwichtig, ob es sich dabei um einen großen toten Dichter, um Mahatma Gandhi oder um Onkel Fritz aus Braunschweig handelt, wenn es nur ein Mensch ist, der im gegebenen Augenblick ohne Wimperzucken das gesagt und getan hätte, wovor wir zögern. Das Vorbild ist ein Kompaß, der sich nicht irrt und uns Weg und Ziel weist.

Punkt 3: Jeder Mensch gedenke immer seiner Kindheit! Das ist möglich. Denn er hat ein Gedächtnis. Die Kindheit ist das stille, reine Licht, das aus der eigenen Vergangenheit tröstlich in die Gegenwart und Zukunft hinüberleuchtet. Sich der Kindheit wahrhaft erinnern, das heißt: plötzlich und ohne langes Überlegen wieder wissen, was echt und falsch, was gut und böse ist. Die meisten vergessen ihre Kindheit wie einen Schirm und lassen sie irgendwo in der Vergangenheit stehen. Und doch können nicht vierzig, nicht fünfzig spätere Jahre des Lernens und Erfahrens den seelischen Feingehalt des ersten Jahrzehnts aufwiegen. Die Kindheit ist unser Leuchtturm.

Punkt 4: Jeder Mensch erwerbe sich Humor! Das ist nicht unmöglich. Denn immer und überall ist es einigen gelungen. Der Humor rückt den Augenblick an die richtige Stelle. Er lehrt uns die wahre Größenordnung und die gültige Perspektive. Er macht die Erde zu einem kleinen Stern, die Weltgeschichte zu einem Atemzug und uns selber bescheiden. Das ist viel. Bevor man das Erb- und Erzübel, die Eitelkeit, nicht totgelacht hat, kann man nicht beginnen, das zu werden, was man ist: ein Mensch.

Vier Punkte habe ich aufgezählt, daß ihr von ihnen aus die Welt, die aus den Fugen ist, einrenken helft: das Gewissen, das Vorbild, die Kindheit, den Humor. Vier Angelpunkte. Vier Programmpunkte, wenn man so will. Und damit habe ich unversehens selber eine der Ansprachen gehalten, über die ich mich eingangs lustig machte. Es läßt sich nicht mehr ändern, höchstens und konsequenterweise auf die Spitze treiben, indem ich, anderen geschätzten Vor- und Festrednern folgend, mit ein paar Versen schließe, mit einem selbst- und hausgemachten Neujahrsspruch:

> Man soll das Jahr nicht mit Programmen
> beladen wie ein krankes Pferd.
> Wenn man es allzu sehr beschwert,
> bricht es zu guter Letzt zusammen.
>
> Je üppiger die Pläne blühen,
> um so verzwickter wird die Tat.
> Man nimmt sich vor, sich schrecklich zu bemühen,
> und schließlich hat man den Salat.
>
> Es nützt nicht viel, sich rotzuschämen.
> Es nützt nichts, und es schadet bloß,
> sich tausend Dinge vorzunehmen.
> Laßt das Programm und bessert euch drauflos.

ERICH KÄSTNER

Ehre sei Gott in der Höhe

Worte: aus der Heiligen Schrift
Weise: Ludwig E. Gebhardi (1787—1862)

Kanon zu 4 Stimmen

Eh - re sei Gott in der Hö - he! Frie - de auf Er - den, auf Er - den und den Men - schen ein Wohl - ge - fal - len. A - - men, A - - men.

✦✦✦ Inhalt ✦✦✦

6 Advent, Advent	50 Der gläserne Vogel
7 Es war einmal eine Glocke	53 Der lebendige Weihnachtsbaum
Der 4. Dezember	54 Der Tannenbaum, der nicht geschmückt
8 Am 4. Dezember	wurde
9 Sterntaler	57 O Tannenbaum
10 Zwischen Ochs und Eselein	
13 Bald, ihr Kinder, wird's was geben	58 Lieber guter Weihnachtsmann
	59 Wie Joschi zu seinem Meerschweinchen
14 Der Nikolaus kommt heut ins Haus	kam
15 Zwetschkenkrampus	61 Anton und der Weihnachtsmann
16 Nun höret einmal	63 Die Kleider des Nikolaus
18 Geschichte eines Pfefferkuchenmannes	65 Geht der Dämmerwind
19 Der kleine Nikolaus	
20 Der kleine Flori und der Nikolaus	66 Christkindchen, ich will artig sein
21 Knecht Ruprecht	67 Die Weihnachtswünsche des kleinen Nim-
22 Was schenken wir dem Nikolaus?	mersatt
Als die Großmutter mit dem Nikolaus	Ich wünsch mir was
sprach	Weihnachtsüberraschungen
25 Laßt uns froh und munter sein	68 Traumbescherung
Niklas ist ein braver Mann	Denkt euch
	Das arme reiche Kind
26 Am Fenster blüht der Eiskristall	69 Woher das Christkind kommt
27 Die Vögel warten im Winter vor dem Fen-	73 Was unter dem Weihnachtsbaum liegt
ster	74 Der Kahlkopf
Die Frösche	75 Weihnachtsgeschenke für den Papa
Die drei Spatzen	77 Die Weihnachtsmäuse
28 Herr Wenzel und sein Gartenzwerg	79 Die Geschichte vom Weihnachtsbraten
30 Das Häschen und die Rübe	81 Das Wunder
Bärenglück	85 Kling, Glöckchen, kling
31 Schlittenfahrt	
32 Wanderlied	86 Christkind ist da
Warum es keine Weihnachtslärche gibt	87 Zwiesprach
34 A, a, a, der Winter, der ist da	89 Hirtenlied
35 Schneeflöckchen	Die Hirten
	91 Ein Kinderlied auf die Weihnachten
36 Es stand ein weißer Mann im Schnee	92 Weihnachten – wie es wirklich war
37 Ein Schneemann für Isabell	93 Eine Wintergeschichte
38 Schnüpperle backt Pfefferkuchen	94 Vom Ochsen und vom Esel
39 Der erste Schnee	Zwischen Ochs und Esel
40 Paradies-Schnee	96 Der Teufel an der Krippe
41 Die Stadt der 1.000 Schneemänner	97 Der kleine Hirte und der große Räuber
45 A, B, C, die Katze lief im Schnee	99 Die Legende von der Christrose
	110 Die Flucht nach Ägypten
46 Ein Tännlein aus dem Walde	115 Das Peitschchen
47 Der allererste Weihnachtsbaum	120 Wie Till Eulenspiegel Weihnachten gestoh-
49 Das Weihnachtsbäumlein	len hat

123 Die Weihnachtsmaus
124 Der Mann im braunen Mantel
127 Rumpelpumpel
128 Ihr Kinderlein, kommet
129 Stille Nacht, heilige Nacht

130 Die Weisen und Könige knieten hin
131 Die heiligen drei Könige
133 Der echte Dreikönigszug
135 Babuschka und die drei Könige
137 Stiefelmanns Kinder

142 Die Krone des Mohrenkönigs
147 Es ist ein Ros' entsprungen

148 Ich wünsch Euch ein glückliches Jahr
149 Zum neuen Jahre
    Zum Jahresende
150 Ich bin glücklich
151 Zu Neujahr
    Neujahrsnacht
    Die vier archimedischen Punkte
153 Ehre sei Gott in der Höhe

Alphabetisches Verzeichnis der Gedicht- und Liedanfänge

A, a, a, der Winter, der ist da   34
A, B, C, die Katze lief im Schnee   45
Advent, Advent, ein Lichtlein brennt   6
Alle Glocken sollen schwingen   151
Am Fenster blüht der Eiskristall   26

Bald, ihr Kinder, wird's was geben   13

Christkindlein, Christkindlein   89
Christkindchen, ich will artig sein   66
Christkind ist da   86
Christkind, komm in unser Haus   90

Das ist ein fröhlich Fahren   31
Denkt euch – ich habe das Christkind gesehn   68
Der Nikolaus kommt heut ins Haus   14
Der Sommer ist verglommen   32
Die Erde, ein besondrer Ball   149
Die Heil'gen Drei Könige aus dem Morgenland   131
Die heil'gen drei König' mit ihrem Stern   132
Diese Nacht ist ein Fluß   151
Die Weihnachtsmaus ist sonderbar   123
Die Weisen und Könige knieten hin   130
Du lieber, heil'ger, frommer Christ   90

Ehre sei Gott in der Höhe   153
Ei, du liebe, liebe Zeit   39

Ein Bär läuft durch den Winterwald   30
Ein großer Teich war zugefroren   27
Ein Tännlein aus dem Walde   46
Es ist ein Ros' entsprungen   147
Es roch so warm nach den Schafen   89
Es stand ein weißer Mann im Schnee   36
Es war ein kleines Mädchen   9
Es war einmal eine Glocke   7
Es war einmal ein Pfefferkuchenmann   18
Es war einmal ein Tännelein   49
Es wird schon finster um und um   16

Geh in den Garten am Barbaratag   8
Geht der Dämmerwind   65
Gesegnet sei die Heilige Nacht   87

Hätt' einer auch fast noch mehr Verstand   132
Heiliger Sankt Nikolaus   14
Herein, herein, Herr Nikolo   16
Hier unten im Turme   88
Hinten im Garten, o lustige Pracht   41
Holler, boller, Rumpelsack   16

Ich bin der Sperling   27
Ich hab mir was ausgedacht   68
Ich strick ein Paar Strümpfe für den Papa   67
Ich wünsch Euch ein glückliches Jahr   148
Ich wünsch mir was   67
Ihr Hirten, erwacht   89

Ihr Kinderlein, kommet   128
Im Winter geht die Sonn   31
In einem leeren Haselstrauch   27
Inmitten der Nacht   88

Joseph, lieber Joseph mein   87

Kling, Glöckchen, kling   85

Laßt uns froh und munter sein   25
Lieber, guter Nikolaus   16
Lieber guter Weihnachtsmann   58

Man soll das Jahr nicht mit Programmen   153
Maria hielt den Herrn im Schoß   90

Niklas ist ein braver Mann   25
Nikolaus, komm in unser Haus   16
Nikolaus, Du frommer Mann   16

O Tannenbaum   57

Rosinenaugen und Hörndln aus Mandeln   15

Santi Niggi Neggi   16
Schneeflöckchen, Weißröckchen   35
Sintaklaas, Sintaklaas   16
So ward der Herr Jesus geboren   88
Stille Nacht, heilige Nacht   129

Vom himel hoch da kom ich her   91
Von der Mutter ein Kleid aus Seide   73
Von drauß', vom Walde komm ich her   21

Was denken in der Neujahrsnacht   149
Weihnachten – wie es wirklich war   92
Wenn's Weihnachten ist   90
Wer kommt denn da geritten?   16
Wie heimlicher Weise   149
Will das Glück nach seinem Sinn   151
Wir kommen daher ohn' allen Spott   131
Wir sind die drei heiligen Könige   131
Wo die Kinder folgen gern   16

Zieh dein Mützlein auf die Ohren   31

Quellenverzeichnis

Katrin Arnold, *Das arme reiche Kind*, aus: DER STERNENWAGEN, © 1983 Verlag Heinrich Ellermann, München.

Ludwig Askenazy, *Der lebendige Weihnachtsbaum*, aus: Ludwig Askenazy, DU BIST EINMALIG, mit Bildern von Helme Heine, © Gertraud Middelhauve Verlag, Köln.

Barbara Bartos-Höppner, *Schnüpperle backt Pfefferkuchen*, aus: Barbara Bartos-Höppner, SCHNÜPPERLE, 24 Geschichten zur Weihnachtszeit, © C. Bertelsmann Verlag GmbH, München, 1969.

Hans Baumann, *Der Teufel an der Krippe*, © by Autor

Paul Biegel, *Die Kleider von Sankt Nikolaus* (De Kleren van Sinterklaas), aus: DE TOVERHOED, © Uitgevermaatschappij Holland BV, Haarlem, übersetzt von Mirjam Pressler.

Rudolf G. Binding, *Das Peitschchen*, aus: Rudolf G. Binding, DAS PEITSCHCHEN, © C. Bertelsmann Verlag GmbH, München.

Max Bolliger, *Was unter dem Weihnachtsbaum liegt*, aus: WEISST DU, WARUM WIR LACHEN UND WEINEN? © Verlag Ernst Kaufmann, Lahr. *Eine Wintergeschichte*, © Max Bolliger/Beatrix Schären, EINE WINTERGESCHICHTE, Artemis Verlag, Zürich, 1976.

Bertolt Brecht, *Die Vögel warten im Winter vor dem Fenster*, aus: Gesammelte Werke, © Suhrkamp Verlag, Frankfurt am Main, 1967.

Winfried Bruckner, *Die Stadt der 1.000 Schneemänner*, aus: WEIHNACHTSFRIEDEN, Gütersloher Verlagshaus Gerd Mohn, © by Autor.

Christine Busta, *Sternschneiden*, aus: DIE STERNENMÜHLE, Otto Müller Verlag, Salzburg.

Vera Ferra-Mikura, *Herr Wenzel und sein Gartenzwerg*, aus: ADVENTS-TRÄUME, Gütersloher Verlagshaus Gerd Mohn, © by Autor. *Eis*, aus: LUSTIG SINGT DIE REGENTONNE, © 1964 by Verlag Jungbrunnen, Wien - München.

Roswitha Fröhlich, *Wie Joschi zu seinem Meerschweinchen kam*, aus: Lebendig, Angelika (Hg.), NUR NOCH 24 TAGE BIS WEIHNACHTEN, © 1984 by Sanssouci Verlag AG, Zürich.

Josef Guggenmos, *Neujahrsnacht*, aus: WAS DENKT DIE MAUS AM DONNERSTAG? Georg Bitter Verlag, Recklinghausen. *Warum es keine Weihnachtslärche gibt*, aus: EIN ELEFANT MARSCHIERT DURCHS LAND, Georg Bitter Verlag, Recklinghausen. *St. Nikolaus*. © aller Beiträge by Autor. *Weihnacht*, aus: NUR NOCH 24 TAGE BIS WEIHNACHTEN, Sanssouci Verlag, © by Autor.

Peter Hacks, *Im Winter geht die Sonn erst mittags auf die Straße...*, aus: DER FLOHMARKT von Peter Hacks, © der Kinderbuchverlag Berlin-DDR, 1965.

Hanna Hanisch, *Ein Schneeball für Isabell*, aus: Hanna Hanisch, KOPF-KISSEN-GESCHICHTEN, rotfuchs 283, Copyright © 1981 by Rowohlt Taschenbuch Verlag GmbH, Reinbek.

Heinrich Hannover, *Rumpelpumpel*, aus: DER MÜDE POLIZIST, Rowohlt Verlag, © 1972 by Heinrich Hannover, mit Genehmigung der Liepman AG, Zürich.

Friedl Hofbauer, *Die heiligen drei Könige/Was schenken wir dem Nikolaus?/Zwetschkenkrampus/Sterntaler*, aus: MINITHEATER, Fingerspiele – Spielgedichte für Kindergärten, Familie und Großeltern, © by Herder

Verlag Wien - Freiburg - Basel 1983. *Es stand ein weißer Mann im Schnee*, aus: DIE GROSSE WIPPSCHAUKEL, © by Herder Verlag Wien - Freiburg - Basel. *Das Häschen und die Rübe*, entnommen aus der 1977 im Verlag Jugend und Volk erschienenen Lizenzausgabe (Kinderbuchausgabe) DER KÖNIG MIT DEN PFERDEOHREN, Copyright 1977 by Jugend und Volk Verlagsges.m.b.H., Wien - München.

Franz Hohler, *Weihnachten – wie es wirklich war*, aus: WEIHNACHTS-FRIEDEN, Gütersloher Verlagshaus Gerd Mohn, © by Autor.

Erich Kästner, *Die vier archimedischen Punkte*, aus: DIE KLEINE FREI-HEIT, Copyright © by Erich Kästner Erben, München.

Marie Luise Kaschnitz, *Das Wunder*, aus: LANGE SCHATTEN, mit freundlicher Genehmigung der Claassen Verlag GmbH, Düsseldorf.

Irina Korschunow, *Der kleine Flori und der Nikolaus*, © by Autor.

James Krüss, *ABC-Gedicht/Zur Jahreswende*, beide Beiträge aus: Bull, VERSE ZUM FEIERN, Don Bosco Verlag. *Was denken Tiere in der Neujahrsnacht*, aus: JAMES' TIERLEBEN, Annette Betz Verlag, Wien - München, © by Autor. *Die Weihnachtsmaus*, aus: DER WOHL-TEMPERIERTE LEIERKASTEN, © C. Bertelsmann Verlag GmbH, München, 1961.

Selma Lagerlöf, *Die Legende von der Christrose*, aus: Selma Lagerlöf, GE-SCHICHTEN ZUR WEIHNACHTSZEIT, © by Nymphenburger Verlagshandlung, München, übersetzt von Marie Franzos.

Mira Lobe, *Woher das Christkind kommt*, aus: WEIHNACHTSGE-SCHICHTEN UNSERER ZEIT (Hrsg. Barbara Bartos-Höppner), © 1971 by Arena-Verlag Georg Popp, Würzburg.

Eva Marder, *Der gläserne Vogel*, aus: WARTEN AUF WEIHNACHTEN, Verlag Friedrich Oetinger, Hamburg, © by Autor.

Lene Mayer-Skumanz, *Der kleine Hirte und der große Räuber*, aus: DER STERN, © Herder Verlag, Wien - Freiburg - Basel.

Juliane Metzger, *Nikolaus*, © by Autor.

Tilde Michels, *Als die Großmutter mit dem Nikolaus sprach*, aus: WENN WEIHNACHTEN KOMMT, Verlag Friedrich Oetinger, Hamburg, © by Autor. *Der Kohlkopf*, aus: ALLES IST WEIHNACHTEN, © Deutscher Taschenbuch Verlag, München.

Christopher Morley, *Der Tannenbaum, der nicht geschmückt wurde*, aus: WEIHNACHT IN ÜBERSEE. Hg. von Elisabeth Schnack, © 1979 by Verlags AG Die Arche, Zürich und Elisabeth Schnack.

Johan le Povre Moyne, *Zwischen Ochs und Esel*, aus: ZWISCHEN OCHS UND ESEL, Arche Verlag, Zürich, © Union-Verlag (VOB), Berlin-DDR.

Erwin Moser, *Die Weihnachtsmäuse*, © by Autor.

Johannes W. Paul, *Weihnachtsgeschenke für Papa*, © by Autor.

Otfried Preußler, *Die Krone des Mohrenkönigs*, aus: DER ENGEL MIT DER PUDELMÜTZE, © K. Thienemanns Verlag, 1985.

Margret Rettich, *Die Geschichte vom Weihnachtsbraten*, aus: WIRKLICH WAHRE WEIHNACHTSGESCHICHTEN, © 1976 Annette Betz Verlag, Wien - München.

Gina Ruck-Pauquèt, *Paradiesschnee*, aus: WEIHNACHTSFRIEDEN, Gütersloher Verlagshaus Gerd Mohn, © by Autor.

Paul Schaff, *Babuschka und die drei Könige*, aus: ICH UND DU UND DIE GANZE WELT, © Gertraud Middelhauve Verlag, Köln.

Edith Schreiber-Wicke, *Anton und der Weihnachtsmann*, aus: DER TAG, AN DEM ANTON DEN WOLF TRAF, © 1986 by Annette Betz Verlag, Wien - München.

Jura Soyfer, *Wanderlied*, aus: ASTORIA, Copyright © by Thomas Sessler Verlag Bühnen- und Musikverlag, Wien.

Hans Stempel und Martin Ripkens, *Bärenglück*, aus: PURZELBAUM, © 1972 Verlag Heinrich Ellermann, München.

Ludwig Thoma, *So ward Herr Jesus geboren*, aus: GESAMMELTE WERKE in sechs Bänden, © R. Piper & Co. Verlag, München, 1968.

Felix Timmermans, *Die Flucht nach Ägypten*, aus: DER HEILIGE DER KLEINEN DINGE UND ANDERE ERZÄHLUNGEN. © Insel Verlag, Frankfurt am Main, 1974.

Ilse-Margret Vogel, Ich bin glücklich (I am happy) übersetzt von Dr. Marion Pongracz, By permission of Harper & Row, Publisher, Inc., from DODO EVERY DAY, by Ilse-Margret Vogel, Copyright © 1977 by Ilse-Margret Vogel.

Karl Heinrich Waggerl, *Vom Ochsen und vom Esel*, aus: UND ES BEGAB SICH, © Otto Müller Verlag, Salzburg.

Jay Williams, *Wie Till Eulenspiegel Weihnachten gestohlen hat* (The Christmas Thief), aus: CRICKET volume 3, number 4, 1975, übersetzt von Dr. Marion Pongracz, © by Russell & Wolkening, Inc., New York.

David Henry Wilson, *Der Mann im braunen Mantel*, aus: WENN SCHWEINE FLÜGEL HÄTTEN, © 1979 Verlag Friedrich Oetinger, Hamburg.

Winfried Wolf, *Der kleine Nikolaus*, aus: HAT DER FUCHS AUCH EINE GROSSMUTTER? © Otto Maier Verlag, Ravensburg.

Wir danken den jeweiligen Autoren und Verlagen für die freundliche Genehmigung zum Abdruck vorstehender Beiträge. Sollten in unserem Weihnachtsbuch Werke von noch geschützten Autoren aufgenommen worden sein, deren Quellen hier nicht angeführt sind, so konnten diese trotz intensivem Nachforschen des Verlages nicht ermittelt werden. Wir bitten die Besitzer solcher Rechte, sich mit uns in Verbindung zu setzen.

DAS GROSSE BUCH DER KINDERLIEDER

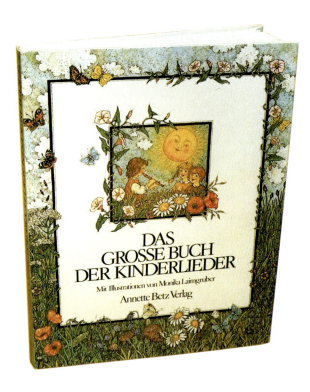

Einhundertsechsundvierzig der schönsten und bekanntesten Kinderlieder des deutschen Sprachraums sind hier zu einem Haus- und Familienbuch vereint, das mit seiner Farb- und Klangfülle Augen- und Ohrenschmaus zugleich ist. Der klare, einheitliche Notensatz für Singstimme und Klavierbegleitung wird durch Greifakkorde für Gitarrebegleitung ergänzt. Tanzlieder sind mit kurzen Spielanleitungen ausgestattet.

Herausgegeben von Roswitha Weixelbaumer
Notensätze von Karl Heinz Taubert
Illustrationen von Monika Laimgruber

Annette Betz Verlag